現代コリア、乱気流下の変容 2008-2023

A・V・トルクノフ
G・D・トロラヤ
I・V・ディヤチコフ
下斗米伸夫【監訳】

作品社

序文

この七五年ほど朝鮮〔コリア、以下同義で理解する〕半島は地球上で最もホットな場所となり、世界の主要国の政治家や研究者による注目の的となってきた。国際的関心は緊張の勃発に伴って高まってきたが、西側で関与した観察者が必ずしも客観的な分析を考慮してきたわけではない。おそらくこの朝鮮地域のように評価や展望が分極化し、政治化してきた問題地点は世界でも多くはない。朝鮮半島問題をめぐっては長期にわたり大規模な情報戦が戦わされている。

朝鮮半島という結節点は何十年にもわたって〔日米中露という〕世界の主要四大国の利害が交錯したアジアでのいくつかのポイントの一つであった。一九九一年以降生じた世界秩序の中で、ここでは現在の新しい構造変動的な変化のなか、紛争の潜在性が強化されることはあっても緩和されることはなかった。今日「コリアという腫物」は増大する米中対立の刺激となっており、また地域大国間の相互関係が絡み合った巣となっている。おまけに地球の戦略的安全保障の基礎にまで転移している。とりわけ核の不拡散レジームの問題でこの点は顕著である。

新しい世界秩序の確立にむけての移行を加速しているのは、おそらくコロナウイルスのパンデミックスである。そこには民族主義の空前の増大、国際法の腐食、利己主義的利益追求、国際的協調関係の劣化、グローバルな管理システムの崩壊がみられる。朝鮮半島についてはこれらがいかに影響しているのだろうか。

韓国はかなりの経済潜在力が維持されてはいるものの、しかしその生気はやや失われ、対外関係的には大きな役割を果たすことはなかった。〔米国からの〕対外的な押しつけを逃れようとする努力はほとんど成功しなかった。しかし全体としてはこの国の未来への脅威の基礎となるものはない。経済的困難は一時的な性格を帯びており、国は科学技術を基礎とした新しい成長軌道にはいろう。しかし韓国が米国の後見から脱することはないだろうし、ましてや展開しているような米中対立の条件の下ではそうである。

まことに奇妙ではあるが、グローバル秩序の転換が朝鮮民主主義人民共和国〔DPRK、KNDRは以下原則的に北朝鮮と略〕の立場を強化しているのである。北朝鮮は、新しく形成されたグローバルな従属関係の中にあって、あたかも「硬い胡桃」のようである。それはこの一〇年間ほどグローバル化の波から外れたまま、自己の存立基盤の自主性を整えており、大量破壊兵器や厳格な秩序といった自己を守る手段を維持している。

新しいグローバル社会での傾向は、北朝鮮の国家的生存のパラダイム、つまり硬直した自主的国民国家構造とも適合しており、それへの挑戦とはなってはいない。そのうえパンデミックとその結果を利用し、自己の国内に隔離した中央集権的統制システムを作るという国際的、そして国内的な構造は北朝鮮の実践ともまったく対応しているのだ。民主主義諸国はまさにこのことゆえに北朝鮮を厳しく批判してきたのではあるが。新しい条件下では北朝鮮の現実こそが、残念なことではあるが、ニュー・ノーマルとすらなってきた。

新しい傾向とか潮流とかによって、歴史的過程の惰性を克服することはできないことはもちろんのことである。北朝鮮でも韓国でも指導部は変わり、世界でのパワー・バランスも変化したにもかかわらず、基盤となっている状況の対立構造の要因は最近数十年間にわたり維持されてきた。鋭い緊張と緊張緩和との揺れ動く振り子の動きの中で、しかし両朝鮮国家の本質、その相互関係は変わらなかった。

現在の国際関係の現状では、地域的安全保障への解決策は見つかっていないことを認めなければならない。何より主要なアクター相互の利益が一致しないのである。もっとも最近十年の軍事戦略バランスでは顕著な「対立的な安定」とでもいうべき情勢が確立されている。

この主題についてはロシアを含め何百冊もの著作が書かれてきた。この著作の著者の一人は『現代朝鮮の興亡――ロシアから見た朝鮮半島現代史』（明石書店、二〇一三）の編著者でもある。この著作は、韓国の経済的奇跡、北朝鮮での核へのひそかな歩み、韓国の権威主義の中に生まれた「韓国式民主主義」とその世界での発達した国への成長、そして政治的な分極化の中における「二つのコリア」の文化文明的進化を初めて分析してきた。本書はその著作の続編であり、二〇〇八年の出版以降の時期を解明するものである。

前著は二〇世紀末から二一世紀初めにかけての時期であり、朝鮮半島にとって期待の時期でもあった。主要な傾向となったのは「太陽政策」によって北朝鮮への影響を図る金大中《キムデジュン》と彼の後継者、盧武鉉《ノムヒョン》の政策であり、同時に米朝対話の時期でもあった。保守的な共和党ブッシュ政権ですら、北朝鮮での核兵器への道が進展したことに伴って、かれらとのかなり真剣な対話を図らざるをえなかった。

しかし二〇〇〇年代最初の一〇年の後半になると「雪解け」は偽りだったことが明らかになった。韓国では「保守派のリベンジ」が始まり、権力についたのは古色蒼然たる保守派であり、彼らにとって北朝鮮とは第一の敵に他ならなかった。米国は依然として「北朝鮮は崩壊に近づいている」という幻想に浸っていた。北朝鮮の頑固さに加えて、米国が自己の期待から譲歩への準備がなかったことは妥協を困難なものにした。平壌の上層部は、国の指導者の健康問題と「王座継承」問題に準備がなかったことから経済や対外的な実験に幻滅していた。中途半端な市場経済的性格の改革は人民の生活を多少は改善したが、新しい社会的摩擦を生んだ。対外的圧力の強化と制裁は問題を悪化させ、このため北朝鮮は安心して「手動的管理」と、なれ親しんだ「ネジを巻く」政策に戻った。本書が書かれた二〇二〇年代初めには歴史が繰り返されたかのようだった。

南北はそれぞれ別個の道を歩んでいる。「導きの星」はそれぞれ異なっており、双方の接近はいまのところ見られない。最大の問題は北朝鮮の将来の役割、自己の運命、そして発達方向である。世界の社会主義体制が崩壊し、これに伴って北朝鮮への支持も停止した時、平壌の体制は他の共産主義国家のモデル同様、崩壊は時間の問題と西側・韓国は考えた。当時は北朝鮮の吸収という形でうれた果実が、統一によって韓国の手中に入るものと想定された。これによって核問題も解決するかに思われた。したがって北朝鮮の金体制といった破滅寸前の体制に、核問題での妥協策を探るといった譲歩策は正当化されるものではなかった。

しかしこれは北朝鮮の現実を知らない無知からくる破局的な過誤であった。ロシアのまじめな専門家にはこの立場には決して同意できなかった。

北朝鮮は一九九〇年代初めまでには「古典的な社会主義国家」ではなく、古代の東洋的専制にも似た「貴族的神政政治」の類になっていた。たいへん孤立しており、もっぱら厳しい行政的警察的統制によって際立っていた。このため、たとえ対外的支援によったとしても「人民反乱」への期待、ルーマニア崩壊のシナリオによる「独裁」の一掃は全くありえなかった。

　北朝鮮のエリートは複雑な家族、血縁、そして身分的なネットワークから成り立っている。儒教的封建的伝統によりながらもその内部には一種の業績主義支配（メリトクラシー）が形成された。彼らは一枚岩であり、高いレベルでのアサビーヤ（一六世紀アラブの思想家イブン・ハルドゥーンの用語法にいう氏族的なエリート間の連帯性）を持っているものの、敗北した場合には別の解決策がないのである。他の社会主義国では若いエリートは、成功した資本家か国際的オリガルフになれると思っていた。しかし北朝鮮のエリートにはそのようなことは生じないことがよく理解されている。地球上にはもはや逃れるための「静かな港湾」は実際上はなく、破綻国家のかつての政治家を受け入れる場所はない。韓国の勝利後は彼らの運命は悲惨なものとなる。したがって彼らは内部での争いを避け、最後まで同じボートに乗って戦うしかないのだ。もっとも対外的影響を行使するようなエージェントといえども、たとえどのような社会でも不可避的に生じる北朝鮮上層での派閥や矛盾に由来するような利益を引き出すことは難しい。彼らはより整備された抑圧装置により厳しく監督されているのだ。

　経済の市場経済化が政治体制の解体をもたらすという西側の期待にも関わらず、実際には解体や国の統一は、ノメンクラトゥーラだけでなく、北朝鮮の新資本家層も望んではいない。彼らは社会的にみれば中央アジアやカフカスでの一九七〇年代の現地の働き手を想起させる。かれらは国家機関と癒着しており、統一すれば特権的な地位を失うことになるとよく理解しているのだ。

　こうして二〇一一年末の国家指導部の交代によっても、西側や韓国で多く期待されたような最高指導部での分裂や体制の崩壊は起きなかった。権力の座に就いた金正恩《キムジョンウン》はおおくの「貴族」的代表者を抑圧したが、庶民に触れることはなかった。しかし不満なエリートによるどのような「国家転覆」への期待も無駄であった。もっとも金正恩は、当初の改革寄りと対外世界との対話への性向にもかかわらず、まもなくシステムの自発的な人質となり、伝統的な権力的な抑圧と、そして前例のない軍事的潜在力強化へと向かうことを強いられた。

北朝鮮の社会経済体制は、何十年も臨戦態勢になっており、かなりの程度国際世界から孤立してきた。もっとも大胆な北朝鮮の対外貿易をめぐる評価でも、最良の年ですら国内総生産の一五－二〇％を超えることはない。これは他の発展国と比してかなり低い数字である。したがってこの社会は大変安定しており、孤立を強制されても生き伸びることができる。新しい科学技術の達成も北朝鮮の状態を緩和している。模範となっているのは情報科学であり、太陽光発電などはコンパクトであまりエネルギーを要しない。また新素材はそれほど製造が困難ではない。もしもこのような体制の生存可能性を証明せよと望むとしたら二〇二〇年一月からのコロナウイルス危機に対するかなり厳しい、迅速で、効果的な対応をあげることもできよう。

しかし忍び寄るような転換措置はすでに講じられており、金正恩体制下では加速された。一九九〇年代ですらすでに北朝鮮は経済崩壊は阻止できた。それは公然とではないが、強いられてなされた市場的な梃子を利用許可したことである。金正日《キムジョンイル》統治の下ですら市場経済化は始まっていた。特に二〇〇九年のよく練られたわけでもない「ベルトを締める」という通貨改革の実施に伴う破局によってであった。

この国は制裁をうまくかわし、自己の輸出製品を中国との間で販売し、合法、非合法でのサイバー作戦で新しい資金調達方法を編み出し、地下経済構造を利用しては必要物資や贅沢品を購入し、パンデミックでの鎖国のもとでも経済破局に至ることはなかった。北朝鮮は少しずつではあるが近代化し、国の平和進化と発展にとっての大きな潜在的機会を有している。

もちろん、生産力の真剣な進歩や技術水準の鋭角的向上には今可能性はない。このためには経済の解放による販路の拡大、投資や技術の確保が必要だからだ。これを期待してはならない。第一に指導部が恐れているため、社会への統制と「有害な影響」とのバランスを図っているからだ。第二に、北朝鮮には核・ミサイル計画に対する西側の厳格化する制裁措置がかっている。こうして北朝鮮は世界金融システムと合法的国際貿易システムとからは切り離されており、「自己の力を当てにして」しか生きられないし、グローバル化への関与は「影にかくれた」やり方によるのだ。

こういう背景と比して、別の道を歩んだ韓国社会の社会経済の進歩は、大変印象的である。二〇〇八年の金融経済危機の喪失にもかかわらず、経済技術的進歩を継続し、先進国の仲間入りをはたした。政治過程は試行錯誤を繰り返しているが、今のところ未成熟だとはいえ、完全な民主主義への移行を語ることはできよう。もっとも裏面には、国内政治的な混沌と、統治機関の不十分な構造、ポピュリズムの跋扈、そして社会問題の堆積もある。

一九八〇年代の末から、韓国では権威主義から民主主義への単純とはいえない移行が生じている。韓国人には、不自由な時代の記憶はまだ新しく、そこに戻ることを多くの人は欲してはいない。権力システムの成熟とエリートの「粛清」への主たる手段となっているのは社会からの批判である。不道徳なビジネスマン、名誉を汚した政治家に対するものである。したがってイメージ上での「滅菌」は重要となり、すべての国民が最高指導層をより強く問い続けているのだ。

その結果として指導者はこの不公平な審査のまえに生き残れなくなっている。民主化期の政治指導者の多くは、選挙期には公正と恩恵の体現者として売り込むものの、任期が終了すると裁判にかけられ、牢獄に行くことにもなる。韓国政治史はこの点で驚くほど周期性がある。時間がたつにつれ大統領は腐敗、依怙贔屓、その他権力乱用への関与が暴露され、指導者は人気がなく、支持もなくなり、そしてしばしば自由もなくする。

本書であつかう時期の当初、二〇〇八年には韓国で「保守的リベンジ」が生じた。李明博《イミョンバク》は先行した自由主義期の統治と比して政治構造の再編成を行った。この後の朴槿恵《パククネ》時代にも続けられた政治的再編成は、国が当面した課題を解決できたのだろうか。経済での突破は結局生じなかったし、対外関係は悪化した。韓国は自己の意図に反してそれまで蓄積された、世界の対立の人質となった。

二〇一七年におきた保守勢力から自由主義勢力への劇的な権力移行も、国内問題を解決できなかったどころか、政治でも経済でもそれが増殖した。新大統領の文在寅《ムンジェイン》は経済を社会志向経済にしようという実験を始めた。このような実験は韓国社会には理解されず、蓄積された問題を解決するのに役立ちそうもなかった。政治面で言えば、自由主義的政府は必ずしも自由主義とは言えないが、それは保守政治についてもいえることで、権力は批判に耳を傾けず、自己の敵対者をたたいてばかりいるのだ。

権力の交代は対外政策での転換にもつながらなかった。ソウルは軍事的政治的には依然としてもっぱら米国依存である。他方では韓国の自主性とは中国との経済的での恒常的関係により制約されている。歴史問題をめぐる日本との関係は、保守派の時期に始まったが、文政権の下で解決できるどころかより深刻化した。核問題と朝鮮半島をめぐる大きな期待があったが、すでに二〇一九年には双方とも空転し始めた。

二〇一七年に朴槿恵政権が終わったことは世論を揺るがし、スキャンダラスな罷免は韓国が以前とは同じでないという意味で転換になると思われた。しかし政治は以前同様の支配集団間の派閥争い、陰謀、脅威といった見慣れた軌道に戻った。このような有害な「お荷物」はソウルが自己の国益を守るためにはいつも邪魔となっている。

朝鮮半島での軍事政治情勢は対抗的な手詰まりとでもいえる状況だ。ここでのダイナミクスは、飛行上での「乱気流ゾーン」にたとえることができる。旅客には大変不愉快な思いをさせるものの、しかしほとんどいつも災禍が生じるわけではない。もっともそのほとんどというのが曲者でもある。

七〇年前に始まった朝鮮戦争は事実上、そして法的にも、終わったわけではない。第二次世界大戦で勝利した超大国間での「代理戦争」であった。これは国際政治史では新しい時代の始まりであった。長続きしなかった「勝利者の協調」に続くものであった。朝鮮戦争はグローバルな二極対立構造の形成を促進し、それはその後四〇年にもわたって国際政治の風景となってきた。それどころか、この毒々しい紛争の種はその後も成長し、我々の眼前で展開された新世界秩序の形成（この時代を後代からは「泣き叫ぶ二〇年」と呼ぶこともありえる）にあっても存在し、一九九一年以降を支配した自由主義的秩序での廃墟のなかで生き残った。

北東アジアでは、冷戦が終わった直後はほとんど忘れかけた、朝鮮戦争に由来した「陸の」ソ連、中国、北朝鮮、と「海の」米国、日本、そして韓国との二つの三角関係の対峙が目立つ。

もちろん同盟関係、もしくは疑似同盟関係があることは、この二つのブロック内でも、あるいは相互にも、一致があるとか矛盾がないことを意味するものではない。米国が指導した同盟は、厳格な垂直構造となっているが、東京とソウルの二つのジュニア・パートナーはお互いに、時には鋭く対立してもいる。

これに対し、戦後のほとんど、少なくとも一九五〇年代末以降は、北朝鮮は「尾が犬を振り回す」戦術をとってきた。それはソ連と中国の間で立ち回り、その古い同盟者同士の裏をかいては二股の利益を得た。ソ連が崩壊した後は、今度はワシントンと北京との間で同じ戦術を試みたが、成功はしなかった。双方の大国とも北の核プログラムをめぐって和解できなかったからである。すると今度は、米中ロ日韓の間の矛盾を以前同様に自己の課題に合わせて利用している。

北朝鮮は米国からの承認を得ることを自己の対外政策の主要課題としている。このことで、国際舞台で「合法的存在」となり、経済発展での協力を得ることが可能となり、中国への従属から脱却できるのだ。

その際まさに平壌こそ軍事政治的主導性を発揮し、これには関係当局も対応せざるをえなくなるような能力を有すると見る観察者は正しいといえよう。

シンガポールで二〇一八年六月に始まった米朝間の直接対話こそまさにこのような前例のない分岐点となった。この時朝鮮半島での質的に新しい段階が訪れたと多くの人に思われた。というのも米朝間の対話とはそれまでは単に名称だけであって双方は一度も真剣に妥協を見出そうとは思わなかったからである。それ以前は双方とも単に自己のかくれた目的のためにイメージ戦略を展開してきただけであった。それまでの米国の北朝鮮政策とは単に降伏することを望むのみで、北朝鮮のステータスに見合うような受け入れ可能な話し合いを真意にのぞむものではなかった。

原因はなにか。対等な立場での和解とは、「ペテン師国家」を公式的にも遇し、「独裁体制」の安全を保障することを意味する。このことは多くの要因から米国の政治的階級にとっては受け入れられるものではなかった。つまり戦争での失敗という古いトラウマ、全体主義への不寛容、中国への抑止、東アジアでの軍事的存在の必要性、である。後者は、もし北朝鮮が「平和への脅威」でないと認めることになると存在する口実がなくなることになる。米国がデタントの時期にも、北朝鮮を巻き込むこととは「軟着陸」させることによって北朝鮮の崩壊を促すことになるという状況認識からだった。この点では米国には超党派的合意があり、トランプ大統領の共和党政権による「北朝鮮とのデタント」の試みとは、簡単にいえば、その後のより厳しい反動を呼ぶためだった。

北朝鮮もこの計算は十分承知しており、それにもかかわらず、「唯一の超大国」との直接対話の可能性を利用することは自己の立場を強化し、国際的な権威をあげるためだった。平壌はベトナムという先例があるとみたが、それは米国と闘い、勝利し、そして東南アジアでの米国との重要な、しかし独立したパートナーとなった。しかし北朝鮮ではこの目的は非現実的であり、あるいは少なくとも将来のことであり、この対話の機会とは核とロケットの抑止能力完成のための時間稼ぎのためであり、したがってより後の対話のための立場強化の目的のためであった。

朝鮮半島問題とは、その発生期からして二項対立の性格があった。それは直ちに国際問題となったにもかかわらず、その起源から言えば二つの民族主義的エリート間による、完全に相手を屈服させるための内戦であった。当の朝鮮人にとっては、資本主義かそれとも共産主義かというイデオロギー的な動機にもかかわらず、それは統一朝鮮を支配するのは誰か、またグローバル的な対立構造の中でこの国がどちらの陣営に属するかという対立でもあった。

両国とも直接には、どちらも勝たなかった朝鮮戦争を最終的に勝利させるという夢を拒否してはこなかった。つまりは統一というコードで呼ばれる夢である。韓国憲法は以前と同様、朝鮮民主主義人民共和国体制の崩壊と南による北の吸収はただ時間の問題であり、これに対する回答こそ、歴史の論理によって命じられているということだ。もっとも若い世代はますますこのことを希求してはいないのだが。また北朝鮮国家イデオロギーの基礎には、実際行動には必ずしも結びつかないとしても、「傀儡体制としての韓国」の完全な否定ということがある。北朝鮮の国名にもなっているが「朝鮮」こそ、北の指導下で奇跡的にも統一するということは半神話的な夢であると宣伝で狙うことなのである。

金正恩もこの自分の祖先から受け継いだ遺産から自由ではない。これこそ権力維持にとっての一種の

「指令書」となっているからだ。その際、北朝鮮の軍事エスタブリッシュメントにとっては、しかも必ずしも防衛的だけとは限らない将来の南との戦争に備えることは除外されていない。韓国もまた、たとえ言葉の上だけであったとしてもこの立場が除去されるまでは、北からの侵略への疑いは維持される。このことが抑止の必要性を生み出し、米国との同盟関係強化の必要をうむものの、北朝鮮の危険を誘発してもいる。痛ましい歴史的記憶、事実上未完のままの戦争に関するつらい記憶は維持され、異常に発達した嫌疑と誤解、南北の社会システム間での格差は依然として超えがたい障害として今日まで維持されている。

時折このような障害が民族主義を基礎にすることによって克服されると思われることもある。二〇一八年にはソウルと平壌の前例のない接近、最高レベルの首脳会談によって事実上平和的合意は達せられるかに思われた。しかしそれを現実化することは不可能であった。南はあまりに北との関係で米国に依存しすぎていた。金正恩はしばしば怒ったが、それはたとえ真に対話を求めるのだという文大統領との約束をも直接実施することはできないからだった。韓国指導者にあまりに自主性がないため、対話を続行できる意味がなかったと彼は考えたのである。

残念なことに希望はかなえられなかったものの、二〇一八年の一件は、「トランプ要因」、「金正恩要因」、そして「文在寅要因」が結合した結果として肯定的な方向に行くこともできたのだ。だが「熱気は警笛と共に去った」。アメリカの「影の政府」やエリートにとっては、北朝鮮との平和共存という戦略的決定をおこなうには相当距離があるのだ。

しかし二〇一七年の「堅固さの試練」によって新しい可能性も現れた。北朝鮮は「炎と怒り」に頼ることはなく、米国も自己の軍事力のみで第一撃をおこなうこともしなかった。世界もワシントン自身も朝鮮問題に武力での解決はないことが明らかになった。平壌はこのことを事実上の米国との戦略的対等と理解し、それ以上の譲歩を急がなかった。

半島での安定と進歩とは、二一世紀半ばの世界の主導的な諸勢力の利益の実現と絡んでいる。北朝鮮と国境を接し歴史的にも朝鮮問題に巻き込まれてきたロシアにとっても無関心ではいられない。

我が国は冷戦終結後一貫して、朝鮮半島の多くの問題の解決には、すべてこの問題の参加者の合法的利益を考慮しながら、対等な対話と主権の尊重の基礎に立って解決すべきと主張してきた。このような観点は残念ながら西側では支持されない。その結果として先にあげたトライアングル同士の対立という矛盾の原因ともなっている。しかしロシアはいつでも多面的アプローチ、地域安全保障と協力の安定した仕組みを作る目的での関係アクター同士の利益のバランスと協調という多面的な接近法を支持してきた。

朝鮮情勢でのロシアの行動の肯定的な効果という可能性はまだ汲みつくされてはいない。もちろんそれはそれぞれの合法的な利益に反しないということを考慮すべきである。さらに、我々の朝鮮半島問題解決への多面的外交での努力を強めることは我が国の地域での権威を高め、したがってたとえ解決には成功しなかったとしても、東アジアというダイナミックに発展する地域での我が国の経済利益と安全保障の判断への力強い表明にもなる。

こうした相互に関係するすべての問題を総合的に検討することこそが本書の主題となっているのだ。

日本語版への序文

本書のロシア語版が出版されてから二年以上が経過した。この間に朝鮮半島だけでなく世界中が本質的に変化した。はじめにコロナ・パンデミックという災禍が全世界を席巻した。そしてヨーロッパ紛争〔ウクライナ戦争〕によって、国際関係が世界的な再編成の時期に入った。この間に北朝鮮と大韓民国で起きていることは、多くの点で本書が描いた過程の継続ではあるものの、新しい展開についても簡潔に述べよう。

韓国にとっては二〇二一年の主要な内政上の主題となったのは、たかまる大統領選挙の競争である。進歩派は京畿道知事である李在明《イジェミョン》を最高権力者への候補としたが、保守派は前検事総長の尹錫悦を指名した。投票者は文在寅の固い統治指導スタイルに飽きており、保守的反対票の相場が高まった。社会の非和解的な分裂が生きており、人々は双方とも候補者に投票するよりも、この二人のイメージが良くないこともあってイデオロギー的志向に従って投票した。二〇二二年春の投票結果は尹候補側がわずか一％以下という僅差だが、勝利した。

文大統領は、自己の任期が終わる最後まで偉大な歴史的成果という外交史での希望を失っていなかった。

職を去るにあたって、ソウルは一九五〇−五三年の朝鮮戦争の終結宣言に署名するという政策を積極的に進めようとした。それは戦後秩序の複雑な過程を解決するという話ではなかった。もしそうだとしたらその構成参加者をどうするか、例えばロシアを除外することが望ましいのかといった争点が生じえた。だが既に七〇年も前に終わった戦争の終わりという現状を確認することだけでも、ワシントンにとっては平壌へのふさわしくない「報償」であって、それは本来なら北朝鮮からの譲歩があってのみはじめて可能となるということだった。

もっとも韓国の接近法の微妙さに気付かないわけにはいかない。というのもそれを公然と米国が否認するとしたら、米国の表象を傷つけ、平壌は米国の「敵対政策」だという批判に力を与えるだろう。なぜ北朝鮮とは戦争状態でもないのにワシントンが承認しないのか、と。とはいえ北朝鮮は美辞麗句を並べただけの文書を受け取るだけでは決して満足せず、もし合意したとしたら何らかの寛大さを引き出せないだろうかと精査を試みた。

韓国内政での権力構造の変化とともに、世界的、というよりも朝鮮の政治文化の伝統に従って、事態は推移した。尹政権の最初の年の仕事となったのは進歩派との評判をめぐる闘争であった。野党は大統領選挙こそ失ったものの、二〇二四年までは議会では多数派を占めるからである。つまるところ新政権は、旧政権とまだ得点を争っているのだ。その争点域にあるのが北朝鮮との関係である。前大統領の文在寅は、一六名の北朝鮮の同僚漁民を殺害した罪を背負って亡命してきた漁民を北朝鮮に送還させたという船員釈放事件や北に逃亡した韓国公務員の死去に見られるように、北朝鮮に対して弱腰であるということで非難されている。反対派も、二〇二二年一二月に、収賄のかどで自由剝奪され収監された前の保守的大統領李明博を恩赦したことを明らかに非難することで意趣返しした。運命のいたずらではあるが、尹錫悦自身は、文在寅の同僚の検事総長として李明博を収監した人間でもあった。

批判の口実としては、前政権の対日政策に対して向けられた。尹錫悦は、保守派と進歩派との双方とも前任者によって加熱された日本との歴史論争をともかくもみ消そうとあらゆることをすすめた。新大統領はかつての宗主国にたいしての和解的な声明を出し惜しまなかった。三月一日の朝鮮の民族解放記念日には、いつもとは異なった演説がなされた。

二〇二三年春の尹錫悦の東京訪問もまた忠誠心のショーであるように見られた。もっともその現実的成果は顕著とはいいがたい。双方は、二〇一九年末に米国の圧力で進められた軍事情報包括保護協定の交渉に関する意見の違いを解決した。日本は韓国に、高純度化学製品（フッ化水素）の提供を「白紙」に戻した。双方は、専門的にはまだ初めてというわけではないが、ワシントン―ソウル―東京間のトライアングルの定着をすすめた。米国は何十年もわたってこの差異を縮めようとしてきたが、しかし日韓間の論争は常に障害となってきた。

韓国の政治家にとっては日本に少しでも甘いとなると批判の対象ともなる。反対派は尹錫悦に対してその「恥ずべき屈従」と「協調」とを批判してきた。大統領の陣営からかなりの部分が距離を置き出し、その結果大統領も日本に対する対抗的な姿勢に回帰するといった、かつて李明博時代に展開した政策になる可能性も捨てきれない。

二〇二〇－二一年の重要なトピックとなったのはコロナ・ウイルス疾患との戦いであった。韓国ではワクチン接種は相対的には遅く二〇二一年二月からであったが、すでに一〇月には一九歳以上という成人では七割に達し、一二月には九割にいたった。政権はこの成功に刺激されて社会的距離の確保というシステムの廃止に踏み切ったが、デルタ株、オミクロン株の急速な拡大という背景のもとで、後退を余儀なくされた。

二〇二二年一〇月末には悲劇が韓国を襲った。ハロウィーンの前日、梨泰院地区の狭い急坂に群衆が殺到し、外国人を含む一五〇人の民衆が亡くなった。マスク着用や一〇人以上の集会を禁止すると言ったパンデミックの制限を解除したことが原因となった。世界の多くの国とは異なって、これらの手段が厳格に守られたため、人々は大衆行事をまち焦がれていた。

この事件直後当局はこの悲劇を予見や防止できなかったからと批判を受けたが、しかし実際はこれをどうするかはなかなか困難でもあった。将来この事件は尹錫悦の名声にとっての汚点の一つになるかもしれない。予期できない不幸な事態が起きることに大統領個人の責任がないのはもちろんではあるが、しかし大衆の意識のなかには「良き指導者のもとでは、悪しきことは起こらない」といった考えが根強いのだ。この責任を問う声には、人口の多くがこの事件で心理的なトラウマを負ったこともある。多くの韓国人は「文明社会」ではこのような悲劇はおきようもないと率直にかたる。もっとも近年の世界を見渡すだけでも、「文明」をどのように定義しようとも、このような災禍は起こりうるものなのだ。

外部からの北朝鮮ウッチャーにとって、厳格な検疫隔離体制こそ主要な注目の対象となった。二〇一九年のハノイ首脳会談における米国大統領との会見が失敗してから、金正恩は外交とか、外部世界との関係といったことを蔑視し始めた。前世紀にも前例がなかったような国家の完全な閉鎖体制の実験をめざし始めた。もちろんこのことは、恐るべきウイルスとの戦いといった必要に迫られてのことであった。もちろんこのようなことは、普通の朝鮮人が信じているように、雪や海水で洗い落とすこともできたが。しかしこのことは指導層にとっては臆病な自由市場改革を反転させることにもなった。社会状況に対する統制は著しく強化され、経済に対する中央集権的な統制の梃子が強められた。多くの他の国と同様、平壌は国民の福祉には大して関心がなかったし、人民は困りはてた。

しかし二〇二〇年から北朝鮮はワクチンや人道援助の供給すら完全に拒むという完璧なまでの隔離体制を維持し続けた。二〇二二年からは政府は大変に慎重ながらも中国との貿易を恐る恐る始めた。しかしウイルスは北朝鮮に侵入し、ワクチン未接種の人口に瞬く間に広がった。公式報道だけでも、北朝鮮人口の五分の一に当たる四七七万人が罹患した。八月には当局はウイルスとの戦いへの勝利を宣言したが、しかし北朝鮮は国際社会に再び門戸を広げようとはしない。南北間の緊張が増すなか、平壌が言うには病原菌は、分断線を経由して北に対する南からの冊子や「奇妙なもの」に紛れ込んで入ってきた。

ロシア人の専門家は、その外交官の無私な活動もあって、閉鎖国家の実情をよりよく理解している。ロシアは北朝鮮当局の敵対的な雰囲気のなかでも平壌に大使館を置いてきた数少ない国の一つだ。しかしそれでも二〇二一年にはかなりの数のロシア外交官職員を避難させなければならなかった。幾人かの外交官は北朝鮮とロシア国境の鉄道橋をトロッコで越えて祖国に戻るという不健全な状況が生じた。中国を経由して帰国するには、北朝鮮側から隔離されないために北朝鮮の許可を得なければならなかった。すべての橋を経由した交通が閉ざされており、何事も北朝鮮に戻さないという条件で出国した。

しかしそれでもたとえ生活は甘くはないとしても北朝鮮が崩壊するとは限らない、という歴史のもっとも悪い時代を想起させる。平壌は、国連安保理事会や個別の国家によるもっとも厳しい制裁下ですら生き延びることができたからである。二〇二一年一月には朝鮮労働党第八回党大会が開かれたが、いまや五年に一度は定期的に開かれるようになったと言うことである。中央委員会の総会や政治局会議も定期的に開かれているが、これは金正恩の国家管理を「標準化」し、「正常化」するという意欲の表れである。

同時にパンデミックによっても反ウイルス活動によっても北朝鮮は崩壊しなかったし、二〇二二年のミサイル・テストの頻度が示しているように、国防建設の計画を妨げはしなかった。二〇二二年までは、二〇一八年にシンガポールで金正恩が約束した約束を守り、長距離ミサイルを発射したり、核実験を行うというような赤線を越えることもなかった。総じてこの状況は米国外交にとっても都合良く、北朝鮮への批判はいつもの決まり事となった。つまり平壌はアメリカを挑発はしなかった。こうして朝鮮半島ではつかの間の安定がもたらされた。

しかしこの短い小康状態のあとは、二〇一九年のハノイ米朝首脳会談の失敗を受けて新しい緊張期間が始まった。一般の人々には、北朝鮮がミサイル実験を繰り返していることは、対立関係が高まっていることのもっともはっきりした指標となっている。二〇二二年には実にたくさんの各種のミサイル実験が、以前試みられたものも、新しいものもふくめて行われた。二〇二一－二二年には各種の発射が行われたけれども、二二年のもっとも新規の実験は長距離ミサイル火星一七号の実験だった。

二〇二二年三月と一一月、そして二〇二三年三月春にも、最高指導者の臨席の下に実験が行われたが、特異な資材が使われた。最初の発射では、一〇分間のビデオでトレーラーがアクション映画さながらに演出された。このスタイルの演出がどの程度現実的なのか、それともアイロニーだったかはわからないが、しかしこの演出では「ウイルス」を考慮してインターネットを介してビデオ映像が配信された。

秋には、北朝鮮の最高指導者の公式の写真には娘が同伴した。彼女は金正恩とその妻李雪主にそっくりに見えた。この少女は二〇二三年はじめの軍事行事でも父親のとなりにいた。このPR作戦はもちろん目標を達成した。出版物では、娘が公的に出現したことが、北朝鮮の指導者が後継者を選んだのかどうかをめぐる、熱心だが的外れな議論がつづいた。もし仮にそうだとしたら北朝鮮は女性を指導者に選ぶことに準備できていることになる徴表なのかは明らかでない。この点で北朝鮮の政治では今や女性は重要な役割を占めている。指導者の妹の金与正《キムヨジョン》、外相の崔善姫《チェソンヒ》はそれぞれ、南北関係と米国との関係を担当している。もう一つはっきりしない問題は、軍事行動が娘の出現に注意を向けさせたのか、それともその逆なのか、ということである。

二〇二二年の他の発射実験は「政治的商品化」にとってはそれほど幸運とはいえなかった。北朝鮮が公開した資料はすべてをカバーしたとはいえず、ときには以前公表した実験材料の使い回しだった。例えば、一〇月の巡航ミサイルの写真は、おそらく二〇二一年九月にとられたものか、そのリメーク写真であった。この秘密保持こそ北朝鮮では以前は当たり前ではあったが、独立の分析者やインテリジェンスの専門家の能力を技術的観点から評価している。平壌はこうして意図的にコントラストをつけることで、その行動に与える政治的ハイライトを演出している。

注目すべき点があるのは二〇二二年春の火星一七号の発射である。北朝鮮は二〇一八年ハノイでのトランプ大統領との長距離ミサイル実験を行わないという約束を今年になって反故にした。「シンガポールのモラトリアム」の後半は核実験の拒否であったことから、多くの専門家は今年の新実験を予期したが、それは起こらなかった。

しかし九月にそれ以外のことが生じた。北朝鮮は核武力に関する法令を採択、それは核ドクトリンをアップデートした。北朝鮮が核兵器を使用することができる条件とは、全体的にはかなり標準的なものである。国に対する大量破壊兵器の使用、指導部に対する「斬首作戦」、その他対外侵略の破局的シナリオ、に対してである。もっとも具体的な言葉は解釈の余地を残し、場合によっては先制攻撃も可能となる。ソウルからの「先制攻撃」の修辞にたいする対応という言い方がそうである。二〇二一年初め大統領予定者となった尹錫悦の選挙キャンペーンにおいて、またリベラルといわれた国防相徐旭《ソウク》によってもなされた。

つまり平壌にとっての敵対者のやり方も無視されていない。二〇一八年にトランプ大統領は朝鮮半島において米韓大規模演習を行わないと約束した。しかし新大統領ジョー・バイデンはこの約束にもはや拘束されないと考えた。もっとも両朝鮮間の対話をうながした文在寅政権の時期には演習は短縮されて行われた。韓国の新大統領尹錫悦は、偶然もあって大統領となったこともあって、彼の対米政策はこの方法を踏襲している。つまり忠誠心のあかしとして、合同演習を行う形になっている。

二〇二二年の演習では参加戦力はいくつかの点で新記録を画したことが、平壌を極度に心配させている。とりわけ演習参加者たちは北朝鮮に対する攻撃作戦の演習を行っていることを隠さない。そこから北側のミサイル実験を繰り返し、他の軍事行動を行っている。演習の中止を求めておこなう国境水域に対する砲撃もそうだし、南の空域に対する北のドローンの浸透作戦もそうだ。

あきらかに尹錫悦政権は平壌に対する外交的アプローチを模索してはいない。形式的には、他の保守系の大統領と同様に北側との「穏健な接触」を模索していると言うものの、それを求めるとはいえない。実際が示していることは、南北とも韓国の新政権の任期発足時にはお互い「神経戦」を試みて真意を探ろうとする。それは二〇一三年の朴槿恵政権の発足時もそうだったし、二〇一七年に文在寅が彼女と変わったときにも試みられた。今年は、ソウルの反応とは軍事作戦を維持拡大し、示威的にロケット発射実験をおこなうと言った「左右対称的」な軍事訓練を行なった。

これに加えて二〇二二年尹錫悦は米国の戦術核兵器を韓国に戻すということを選挙戦前から定期的に口にした。バイデン大統領がソウルを訪れたとき、この考えは「アメリカの核の潜在力」を訴える総括文書に反映された。もっと脅威なのは韓国の当局者や権力に近い専門家が、自身の核を保有するという必要性を説いており、国民の間でもこの考えの支持者が増えていることだ。

他方米国は、中国への地域的、グローバル的、周辺的封じ込めに韓国が関与することであることを主たる中心的長期課題であるとしている。

核問題に関してはバイデン政権の方針はすでに明確だ。この問題で事実上、交渉することはない。ワシントンにとって北東アジアは紛争の温床であって、同盟国を「チェック」し、中国に対する問題を作りあげることである。米国にとって中国問題とは朝鮮半島よりも重要であって、他の問題同様、何の利益もないような平壌との交流は妨げるのが、米国政府の意見でもある。隔離状態にある北朝鮮指導部との対話の場所も問題であって、権威ある人物は国を離れようとしないし、また平壌を訪問することも不可能である。

米中間の対立が増大するなか、韓国にとっては極度に不都合な状況においている。こうしてソウルは二〇二二年の北京五輪への「外交的ボイコット」に賛成しなかったし、それどころかそれを賞賛した。北京が自信を高めていることや、韓国に対中ミサイル防衛システムを配備したこと、そして中米関係が悪化していることが韓国社会での反中感情を悪化させた。

選挙中は文在寅政権のこれ見よがしの北京に対する忠誠心を批判した尹錫悦政権ではあるが、権力についてから新大統領は総じて注意深い方針をとってきた。ソウルは、古くからの同盟者の指導下にあるものの、アメリカの反対者だからといって敵対視することを急いではいない。韓国外交は反中的な「自由で開かれたインド太平洋戦略」や半導体製造での同盟には注意深い。

ロシアが二〇二二年二月に「特別軍事作戦」を発動したことでは、われわれロシアの南北朝鮮それぞれに対する態度に影響したが、ソウルも平壌も異なったように反応した。

北朝鮮は国連総会でも二国間関係でもロシアを積極的に支持した。夏には北朝鮮はドネック、ルガンスク共和国を承認し、秋にはその住民投票を支持したが、それによってこれら地域はロシア領になったのだ。

他方北朝鮮はヨーロッパの状況と朝鮮半島との間に相似たものを見る。北朝鮮は長らく自己の安全の保障を米国から得ようとしているが、体系的に「米国の覇権主義」や「支配主義」を非難する。他方、ロシアを支持しないことは北朝鮮にとっては西側とワシントンと協調することになるが、かれらは実際には敵対者だ。つまり北朝鮮は自らの選択を、歴史的、イデオロギー的、道徳的、そして実際的な熟慮によって決めている。

しかしロシアは、北朝鮮の安全保障の要求を理解し、平壌が感じる脅威観が朝鮮半島核の問題の主要問題だと論じてきた。二〇二二年三月中ロは、国連安保理で火星一七号ミサイル発射を非難し、新しい制裁をもとめる決議に拒否権を行使した。このことは、世界で起きていることの反映ではあるけれども、ロシアと中国とが北朝鮮の核問題に対し以前から外交的解決を訴えてきたこと、「有罪の人物」を特定し、自動的に制裁を課すべきではないと訴えていたことに注目せざるを得ない。

二〇二二年半ばからは西側の出版物や公的声明で、ロシアと北朝鮮とが制裁逃れの秘密の軍事協力をはじめたことが報じられた。提案されたシナリオとは全く無稽な話であって、ロシアが砲弾を北朝鮮から、直接、もしくは第三者を介して行うというものである。あるいは特別軍事作戦に北朝鮮が派兵して参加するという。このような偽情報はいくつかの目標を同時に達成するものであって、モスクワと平壌がともに制裁対象国であって、余りわかってない、もしくは偏見のある聴衆に「悪の枢軸」という表象を植え付けさせるものである。ロシアに対する非難は、韓国兵器がより多くウクライナに入ることへのモスクワの懸念を示したときに大きくなり始めた。

北朝鮮は遠く離れた地での戦争に参加しないことも、またロシアがこの紛争を余計「国際化」するつもりがないことも明らかである。いわゆる「秘密の供給」という話は、北朝鮮がなぜ、いかにして、いつロシアに提供するかがはっきりしないのである。北朝鮮の通常兵器について言えば、その通常兵力は極めて時代遅れのソ連時代の代物であって、当時北朝鮮は武器の購入者ではあっても販売者ではなかった。だからこそ北朝鮮は核戦力を防衛政策の基本に据えているのである。ロジスチックスも問題だ。前述したようにパンデミックで北朝鮮は世界から文字通り隔離されており、彼らをバイパスした大規模な輸送などありようもない。さらにいえば、朝鮮半島に危機が迫っているときに平壌がその武器の貯蔵を分け与えるなどありようもない。

二〇二二年二－三月にリベラル派の文在寅政権は権力を去るにあたって、モスクワの行動を非難、ロシアに制裁を課し、ロシア側もまた韓国を非友好国に加えた。しかしロシアの政治家や専門家がみたところ、韓国は反ロシア的措置を西側や東方での隣人ほどの規模や熱心さでは行っていない。ソウルは包括的制裁措置や追加的制裁措置をとっていないし、ロシア指導部やビジネスに対して個人制裁には及んではいない。韓国のモスクワ批判は、米陣営の国家にしては「最低限受容できる」範囲のものとなっている。

韓国のビジネス界もまたロシアとの関係を切る準備はない。二〇一四年にソウルが反ロ制裁を控えたとき、多くの韓国企業は、西側企業が去って行くなかで大きな比重を得た。状況は悪化しているにもかかわらず、このような考え方はビジネスマンのなかにも表れていると考えられる。

ヨーロッパ危機と世界的変化のなかでいくつかの企業は西側でもあらたなニッチを得た。たとえば韓国の鉄鋼製造業者や核技術者は、政治的理由でロシアの競争者に協力することを拒んだ顧客にアクセスできた。ソウルはウクライナに武器を送るカナダやポーランドへの武器供給を相当に増やしたのである。二〇二一年の全武器輸出の二倍に当たる分を韓国は二〇二二年にポーランドに輸出した。韓国は公式的にはキーウへの直接武器提供から距離を置いているけれども、ウクライナに対する輸出を増やしている。多くの困難はあるけれども、ロシアの韓国に対する関係は、日本との関係が「これ以上悪くなりようがない」水準とすれば、「まだ悪くなるかもしれない」水準にとどまっている。

二〇二三年半ばには、一九五〇―一九五三年の朝鮮戦争休戦七〇年を記念した行事が中ロの代表団も参加して行われた。ロシアの国防相ショイグと中国共産党中央委員会政治局員李鴻忠が参加して北朝鮮のミサイルも含めたパレードが行われた。もちろんこのことは核不拡散体制の崩壊と言ったような、幾人かの専門家が早急に宣言したほどではなかったが、平壌にとっては大きな政治的業績となった。九月には北朝鮮国家評議会議長の金正恩が、パンデミック明けからはじめて、最初の外交訪問としてロシアを訪問した。これはモスクワとの関係を改善する絶好の機会となった。ロシアにとっては北朝鮮が「自己隔離」から脱して政治的支持を表明したことは国際的観点からいい機会となった。金正恩がロシア大統領プーチンと会った二〇一九年と同様にロシア極東であったことは「ワシントン、ソウル、東京」トライアングルに対する応答となった。

この集団は近年ますます反中国だけでなく、反北朝鮮の志向を強めているし、ロシアにも友好的とはいえない。二〇二三年一〇月にはラブロフ外相が北朝鮮のカウンターパートである崔善姫外相や指導者とあった。この会見は政治対話を狙ったものであって、この後にはプーチン大統領の北朝鮮への応答訪問も行われることになる。こうした交換訪問を背景として、ロシアと北朝鮮が「秘密の協力」を行っているという話が西側でも聞かれるようになった。二〇二三年八―九月の声明からは、この交換訪問を通じて北朝鮮による砲弾の供給に関する「合意」がなされたところだと伝えた。もっとも西側はそれ以前にも供給はすでに行われていたと主張したのだが。このような評価のブレはこのような作り話の日和見的性格をものがたっている。二〇二三年九月にラブロフ外相はロシア側の制裁への態度が変わったと声明した。ここでのポイントとは、ロシアがもはや制裁を実行しないということではなく、平壌に対するこれ以上の新しい制裁を課しはしないということである。このような決定はすでに二〇二二年春の国連安保理会議での投票時に現実に示された。二〇二三年秋の金正恩訪問時に、プーチンは制限がすでに課されていることを強調した。モスクワは国連安保理の責任あるメンバーとして行動するのであって、採択された決議文には軍事面での協力の機会も提供されていると強調した。

これはその通りである。例えば国連安保理制裁決議では合同軍事演習は禁じられていないし、北朝鮮の弾道ミサイル発射は禁じられているものの衛星技術での協力も制約されてはいない。ソウルも、ロシアと北朝鮮との関係をやや警戒して観察しているもののモスクワの議論は聞いているのである。一〇年にもわたって平壌の核関連の活動が強まる間は、そしてパンデミックによる閉鎖期間はその国際的孤立は強まった。現在は制裁と「自己隔離」によって北朝鮮の実際的協力は中華人民共和国に限定されてきたし、このことが平壌にとって決して有利だともいえない。ロシアとの外交活動の復活はこの状況を変えようとする試みを意味しているといえよう。

二〇二二年には世界中で緊張が増したが、朝鮮半島もまた例外ではない。この傾向は、もし二〇二三年逆転しないとすれば、パンデミックの時期と同様に「高止まり」の水準にとどまるであろう。永年にわたって朝鮮半島は対決的な土地であり、乱高下してきたものの、しかも安定していた。この地球的に高まる大混乱のなか、きわどいバランスが揺さぶられないことを願いたい。ここでは対外的な要因がなかったとしても内部での緊張は極めて高いからだ。

将来において何が起きるかは見守るしかない。未来を予測することは、過去をよく知ることによって「容易となる」。このような期待を込めて読者に本書を読んでいただきたいと願っている。

序文　001
日本語版への序文　014

第一部　二つのコリア——分岐する発展経路（二〇〇七－二〇二〇）

第二部　朝鮮半島の核・ミサイル問題、外交的解決の試み

＊本文中〔　〕は訳者による注記である。
＊所属・役職はすべて当時のものである。

現代コリア、乱気流下の変容　２００８-２０２３

第一部
二つのコリア
——分岐する発展経路（二〇〇七－二〇二〇）

第1章　北朝鮮——金正日時代の黄昏

「王位継承」と政治権力の継続問題

二一世紀の朝鮮民主主義人民共和国〔以下、原則的に北朝鮮と略す〕最初の一〇年の後半は相対的沈滞と改革への拒否が目立ち、いわば半分「殻の中」に閉じこもった状態だった。その主たる理由とは北朝鮮が核保有国となったため、国際的孤立が高まったことである。第二にこの「孤立」とは、「国家を形成する」個人としての金正日《キムジョンイル》の健康悪化問題がかかわり支配層のなかで不安定さが条件ともなった。

この時点までは国の内外情勢はやや改善されてきた。北朝鮮の安全保障のために「核という霊魔」を経済的に何十年も求めた結果、対外的侵攻に対する難攻不落さを確保できた。二〇〇六年一〇月九日の核実験は失敗したという外部でひろがった当初の懐疑論をよそに、のちには核専門家もこれが成功し、核の敷居をこえたということを認めざるを得なかった。

第二は、金正日の健康問題の悪化である。彼は二〇〇八年八月に脳卒中となり、昏睡状態に陥った。彼はかろうじて生きている状態だった。フランスの脳神経外科医が招待され、その結果左半身が左側の手足も部分的に麻痺し、体重も減少した。医者は余命あと三－五年と見た。

後継者問題と権力の平和的な移行という問題が驚くべき緊急性を持ってたち現れた。

平壌の宮廷事情は複雑だった。儒教の伝統（南北双方ともこの重要性はけっして軽視できないが）に従えば、これは長男である金正男《キムジョンナム》が継承すべきだった。一九九八年には社会安全省の重要職務とコンピュータ・テクノロジー・センターのトップに就いた。二〇〇一年一月彼は父に同行して上海に行って、中国政府の情報テクノロジーを担当する役人と会い、交渉した。しかし金正男は金正日と事実婚をしていた女優、成《ソン》蕙琳《ヘリム》の息子だが、父の金はその後彼女と距離を置いた。このため彼女は一九七四年から二〇〇二年に亡くなるまでモスクワに住み、死後は市営トロイツコエ墓地に葬られた。

これに対し新しいスターの愛人となった高容姫《コヨンヒ》は踊り子出身であったが、前妻とその子供とを嫌って明らかに術策をめぐらした。もっともこのことをすべてが彼女を迎え入れたわけではない。というのも高はもともと民族的には朝鮮出自だが敵対国の出身、つまりは日本うまれの韓国出身者で、彼女の日本名は高田姫といったからである。金日成は息子の彼女との正式な婚姻を認めなかった。

しかし金正男にとってはかれの「軽薄さ」が仇となった。「最後の一撃」となったのは、二〇〇一年五月に成田空港で犯した事件であった。ドミニカ旅券を不法に所持して家族とともに非合法に東京でのディズニー・ランド観光に行こうとして当局に拘束された。父はこの迷惑事を許すことなく、北朝鮮エリートの間では正男はもはや後継者とはみなされなくなった。彼は二〇一七年にマレーシアで殺害されるまで、基本的にはマカオで放埒な生活スタイルを過ごした。

こうして後継者への系譜は高容姫の子供たちに期待された。もっとも金正日にとって問題とは、彼の子供たちがまだあまりに若く、とても後継者にふさわしいエリートとして成熟しているとは思われなかったことである。金日成は息子の正日を権力の座につけるために永年にわたって時間をかけた。すでに一九六〇年代から国家機関で働き、七〇年代最初から報道機関では「党の中心」とみなされだし、父親は彼により多くの権限を付与した。だが一九八〇年の第六回朝鮮労働党大会になってはじめて、党中央委員会政治局入りし、その他の権力機関でも高位についた。金正日にはそのように時間をかけて後継者を育成する時間はなかった。

高容姫の長男である金正哲《キムジョンチョル》（一九八一年生まれ、一説にはプロのギター奏者）は父親の眼鏡にはかなわなかった。父親は彼の「女の子的な性格」（西側の観察者からすれば心理的な偏向、内向性だが）を嫌った。金の若い妹の与正もまた性的にみてもエリートがみとめる国家指導者にはなれなかった。儒教思想からすれば女性は従属的地位の扱いであった。

なにより父親は一九八四年生まれの金正恩を買っていたが、彼は朝鮮での王位継承の伝統的基準にはかなっていなかった。つまり最も若いし、婚外婚の息子である。

しかし客観的選好が優先された。正恩は多くの観察者によれば若いころから厳しい性格で、怒りっぽく、そして決断力があった。父が権力を彼に渡すことは決して思い付きからではなかった。家族のなかでは一〇歳から「将軍さま」と呼ばれていた。

こうして最後の金正日の課題となったのは、国の安定を図ることであり、変革という危険な企てを拒否することであり、権力のソフトな継承を図るためには異端的な考えを拒否することであった。

この課題は、北にとって敵対的な保守勢力が韓国において権力についたことからして現実的問題だった。彼らは平壌の体制崩壊への希望を隠さなかった。ソウルの権力の回廊ではこの崩壊の考えが体制の固定観念となった。このような期待はワシントンの一部でも共有されていた。実際オバマ政権は朝鮮問題から身を引き、韓国に一切を任せた。このような感情は北朝鮮でも放映された「アラブの春」によっても油をそそがれた。

したがって、さらに中央集権化することが必要となった。金正日は、たとえ当初は変化への気分があったとしても、その後は発達よりも自己保存の課題のほうが最重要となった。

新指導者の登場

利用できる情報によると、金正日は早くも二〇〇九年一月には後継問題の選択を強いられたようである。正恩は一月八日にわずか二五歳となったばかりであった。

この時以降、公的宣伝機関は金正日の若い息子の「驚くべき賢明さと多様な才能」とが熱心に流布するようになった。先軍政治の総路線の下で、軍用の党文献には「偉大な金正恩同志、尊敬すべき若き将軍」といったタイトルの宣伝が出てきた。彼の軍事的達成が強調された。参謀本部総政治管理部からは「我々は、若き将軍さま、金正恩同志を我が司令官として承認する」という「忠誠の書簡」が続いた。軍が率先して金正恩の後継支持での主導的役割を認めたことは注目に値する。そのスローガンは「若き将軍、同志金正恩の率いる党中央に命をささげる」となった。

彼の表象は芸術作品でも宣伝された。金正日と金正恩の双方の偉大さをたたえる歌が作られ、「偉大な忠誠の家系を継いで」とか「あゆみ」が長征のことを語った。二〇〇九年夏には正恩は父の護衛隊長となり、国家防衛委員会の委員となった。

もっとも指導者の取り巻きサークルではすべてがこの人選を歓迎したわけではなかった。長男の金正男のほうがよりふさわしい正統な後継者に思われた。彼は影響力ある親戚の張成沢《チャンソンテク》、つまり金正日の妹の夫である人物の共感を得ていた。

二〇〇九年四月金正恩は北朝鮮の国家防衛委員会メンバーとなった。最高人民会議で一新され一三名に拡大したのである。憲法でも改正があり、一九九二年改正に次いで、一九九八年の改正では「国家防衛委員会議長」職の項目が登場し、「北朝鮮の最高指導者」として「国家のすべての事項」を指導するものとなった。

金正恩は二〇〇九年五月の選挙では最高人民会議の被選挙者リストにノミネートされたものの、しかし最後の立法者リストには載せられなかった。明らかに将来の指導者にはその他大勢の職務はふさわしいものではなかった。二〇〇九年五月二八日には北朝鮮指導者として金正日は正恩の名前を挙げたものの、公式にはこのことは確認されてはいない。

二〇一〇年が権力継承への移行準備にとって境界の目の年となった。重要なのは九月の第三回労働党協議会であった。この会議体は一九六六年以降は一度も開かれることはなかった。党大会もまた一九八〇年以来はなかったことを想起したい。党中央委員会ですら一九九三年以降は開催されなかった。当時続いていた困難な年にはこれらの総括を実施するのは問題であって開かれることはなかった。この党協議会も開催が延期され、一時は陰謀かと騒がれたものの、じつは九月初めの台風のおかげであったようである。

二〇〇九年九月二八日の協議会では、金正恩は中央委員会メンバーとなり、党軍事委員会の副議長となった。その前日に朝鮮人民軍大将ともなり、北朝鮮における真の権力の二つの主要機関のもう一つをも兼務した。同日中央委員会総会が開催され、政治局幹部会員、書記局、そして中央軍事委員会に選出された。

九月三〇日、金正日と並んだ金正恩の写真が初めて『労働新聞』のトップ頁に掲載された。

多くの新人が党の指導機関に登用された。しかし指導部の若返りはなく、政治局メンバーの大半は一九二〇－三〇年代生まれのものばかりであった。金正日の親戚も選ばれた。妹の敬姫《ギョンヒ》、その夫張成沢、金日成の従妹の夫、楊亨燮《ヤンヒョンソプ》である。

政治の人選はすべて首領のコントロール下にあったが、後継者の地位は危ういものであった。こういった人事交代の結果、潜在的な後継候補は他にとっては上司であると同時に、他の者の統制下になった。

このあと息子は事実上すべてに父とともに出現するようになった。彼の容貌は、（噂されたところでは妹に率いられた）イメージ・メーカーの産物として、人民のなかでまだ権威ある祖父を彷彿とさせるものであった。報道は金正恩を「愛され尊敬された同志」とよんで、たたえ始めた。彼を社会意識の中で後継候補として報じることは「アラブの春」以降加速された。権威主義体制が突然に崩壊することの危険性は平壊にあっても実感せずにはおられなかった。

他方、このような秩序を、つまり上からの指示を当然視することに疑いを持つことは死の恐怖を伴うものであり、下層の中では頭をよぎることも許されなかった。これを疑う者の運命は通常は決して望ましいものではなかった。

社会経済状況――「過去を振り返る時」

二〇〇二年に試みられたわずかばかりの経済改善の試みは、二〇〇〇年代の最初一〇年の後半には改革を押し戻す傾向にとってかわられた。ベトナムのドイモイ方式の経験に似た関心が出たことは事実であるが、しかし市場改革は困難な時期に見られた逸脱であるとして忌避の対象と見られた。そうすればウリ式の社会主義が死滅しようと思われた。古くは二〇〇七年、盧武鉉《ノムヒョン》大統領に対し、金正日は「改革・開放」の処方箋を押し付けるやり方に反対した。

しかし一九九〇年以降の現実は、国営企業の計画経済は崩壊の淵にあり、旧世紀の平等主義的な配分システムとは大きく異なった。国防産業を除いて国営企業の労働者でも自分の商売と小企業、一部はまじめなビジネスで食いつないだ。新世紀になって、かなり多くの商人とか、彼らを支える対外調達、輸出入の半密輸集団、卸売り貿易や私的セクターが生まれだした。

「新朝鮮人」がノメンクラトゥーラや中レベルの法執行機関の役人と癒着し始めた。賄賂システムが生まれ、国中に広がり、ビジネスを作り、支え、土地を貸し、輸送手段や施設や、あまつさえ不動産を購入することも可能になった。経済成長期の韓国でも腐敗は構造的にあったことは慌てて付加しよう。それが事業に障害とならなければ、である。

同時に国有財産の段階的な「民営化」も始まった。それは当初は党機関の名前で始まり、中央地方の公権力、そして軍事組織や特殊警察機関も始めた。たいていの官庁や機構の周辺に各種関連企業や組織機関もまた対外貿易から消費財に至るまで、現実のビジネスに携わった。

二一世紀初めの南北間でのデタントの発達とともに、国民への統制機関は抑圧しようとしたものの乱れも生じだした。商品を輸入することから始まり、リベラル思想や大衆文化も輸入された。北朝鮮では韓国のＫポップや連続テレビ番組が特に人気が出た。もっとも北朝鮮に敵対的な韓国の政府の出現や米国との対話の終わりにともなって、ある種の対抗措置も必要になった。

内外情勢が逆流し始めたので、金正日は反動的に動いた。臆病なリベラル感情は完全に無に帰し、かわって伝統的な権力継承への安定が求められた。体制の方向指示は「改革には及ばず」となった。二〇〇八年以降北朝鮮は、「私的所有者的本能との戦い」、「ブルジョワ的な表れ」との戦いとなった。主として韓国からの「異文化」の浸透との戦いが始まった。

先軍政治には新しい刺激を与えられたが、これは全生活を軍事化することであった。再び経済は軍事的手法と、「経済戦線」での、軍に固有の「命令された熱狂」方式、つまりは一種の強制労働で景気づけることとなった。

早くも二〇〇六年一二月には当局は被扶養者以外の健常者男性による市場での活動を禁じた。健常者は国営企業で働くこととなったが、もっともその国営企業は遊休であった。このような決定は指導部が現実生活から乖離していることを示したものであった。のちになると五〇歳以下の女性が市場で活動することが禁じられた。だが一九九〇年代から社会主義経済の崩壊に伴って、「切実なパン」を稼ぐのは彼女たちであった。二〇〇七年一〇月に朝鮮労働党中央委員会は「市場問題」の文書をだし、市場が不安と投機の対象となっていることを批判した。売り手は価格を吊り上げ、余剰利益を上げている。稼働年齢の女性が交易に従事していると批判された。密売品が市場にあふれている。まずその商品は韓国製であって、市場には「敵に関する」危険な「ファンタジー」があふれていることを促していた。指定された場所以外で市場を建設することは社会不安をよび、都市の景観を乱す。同時に市場での醜聞や他の事件は敵によって撮影され、敵の宣伝に利用される、とされた。

このような禁止措置は、国民の従順さや厳しい抑圧措置にもかかわらず、時として反抗を呼んだ。二〇〇八年三月初めの清津《チョンジン》の事件はその例であった。

同時に社会分野でも「ネジを巻く」ような統制が強化された。非合法に密輸された映像、特に韓国製のビデオ映像に対する措置が強められた。人々の移動や商品の動きに対する統制が強化され、国内の密輸された商品が統制された。法履行機関は販売用の商品を没収した。この強化措置により、北朝鮮から中国への移住民の数が一九九八年の二〇－二五万人から、二〇〇七年には三万－四万に減少した。

間もなく、「ブルジョワ的傾向」に対する抑圧措置が全面的に強化された。「聖バーソロミューの夜」（一六世紀フランスの宗教弾圧）のような効果を、二〇〇九年一一月の通貨改革がもった。これは交換に限界をもうけた通貨の強制的交換であった。市民は一日にたった一〇万ウォン（三〇ドル）を一週間で交換できるだけであった。のちに抗議もあったために五〇万ウォンに引き上げられた。だがパニックが国を襲い、自殺者が続出、自発的抗議まで起きた理由は、国民の貯金がなくなったからであった。最も強い被害を受けたのは市場で交換させられた「新朝鮮人」たちであった。インフレのスパイラルがおそった。

外国の専門家からすればこの措置とは「中産階級」の一掃をねらう略奪行為に外ならなかったと一致して評価した。彼らは九〇年代の飢餓を通じて国家セクターの機能麻痺から学んで、それへの寄生以外の方法で稼いだ人々である。改革は、多かれ少なかれ富んだ市民の貯金を一挙に奪い、経済の非国家セクターの基盤を奪った。

その結果とは、まったく想像できる経済破局にほかならなかった。経済の頓挫と住民からの大衆的反発に当面して、権力は後退した。こうして「過去に戻る」政策は驚くべきみじめな失敗に終わった。

贖罪の犠牲となったのは労働党計画財政部長の朴南基《パクナムギ》であって、改革を行おうとされたのである。二〇一〇年一月に彼は解任され、そして処刑されたと信じられている。最高指導部に対する「下からの批判」を防ぐ目的で権力は免罪符として、二〇〇九年末には「金正日の贈り物」として国民一人あたり五〇〇ウォンが与えられた。

次第に市場生活は日常に戻ってきた。しかし緩和措置はあまりに遅く、改革についてはだれも口をつぐんだ。北朝鮮の戦略を紡ぐ長老イデオローグや「経済学者」たちは、たとえもし望んだとしても意味ある改革を始めることはできなかった。しかしどこにもそのような希望はなく、政治体制の不合理な抑圧で全く抑え込まれた。

しかし何らかの化粧直し程度の改革は受け入れなければならなかった。経済宣伝や科学技術的進歩では、主として自足的で「主体」的な必要性を強調し始めた。鉄鋼、化学肥料、生産過程のコンピューター化、いわゆる「経済知識」の創造（二〇一〇年三月の科学技術働き手の全共和国大会）が、国際協力の必要性、特に中国との関係が宣伝された。

対外投資を招く経済の技術的な再装備や近代化のための一連の手段の改革が公示された。二〇一〇年一月には朝鮮でのもっとも古くからの貿易センターで、経済ゾーンの日本海沿岸の羅津が特別市となって宣伝された。同月、対外投資を招くための国際投資グループ朝鮮大豊や、国営開発銀行ができた。

ほかの措置として中国との国境の黄金坪島と威化島に二つの経済自由地域が二〇一一年六月五日の北朝鮮最高人民会議の指令でできた。しかし一般的に新しい試みは尖端的で実験的な性格を帯びており、慢性的な経済問題を効果的に解決できはしなかった。

第2章　北朝鮮での金正恩時代の始まり——政治統合

新指導者と党内の陰謀

二〇一一年一二月一七日、金正日がタイミング悪く、北部の現地指導の最中に心臓麻痺で亡くなったことは指導部にとっても想定外であった。少なくみて二〇一二年四月の金日成生誕一〇〇周年まで、彼の統治は最低でもあとしばらくは続くものと想定されていたからである。いくつかの予想では、その時点になってはじめて権力の移行の準備が公的にも完成するはずであった。

金正日の死後、党指導部はただちに最年少の息子に全権限を譲ることに躊躇はみせなかった。すでにそのときまでに北朝鮮の最高権力は「君主制的伝統」にしたがって、そして権力の自己保存の本能にそって行動していた。すべてにとって、騒々しい論争は「容易に船を転覆させる」ことは自明であった。ノメンクラトゥーラ階級はただちに新しい「君主」への忠誠を誓った。

すでに二〇一一年一二月一九日には権力は金正恩への人民の忠誠を呼びかけたが、それは「自己の父の始めた事業の継承者」であるからだった。二〇一一年一二月二四日、朝鮮労働党機関紙『労働新聞』は、彼を軍隊の偉大な指揮官であるとはじめて公的に呼んだ。同紙の社説は、「我々は血の涙でもって金正恩が偉大な指揮官にして指導者であることを誓う」と書いた。

一二月二九日におわった服喪の儀式の間、金正恩は北朝鮮の党、軍、そして人民の最高指導者であると公言された。二〇一一年末、党中央委員会政治局は、公式的にも彼を朝鮮人民軍の最高司令官であると呼んだ。

二〇一二年四月一二日の第四回朝鮮労働党協議会において、金正恩は第一書記に選出されたが、この職務は金正日が象徴的に永遠の総書記と呼ばれたがゆえに、特別に作られた職務であった。彼は同時に朝鮮労働党中央委員会の政治局幹部会メンバーと、同党中央軍事委員会委員長となった。

二〇一二年四月一三日、最高人民会議で彼は国家防衛委員会の「第一議長」となり、事実上の国家元首となった。同時に採択された憲法の最新版では北朝鮮は「核保有国」となり、二〇一二年四月一五日、金日成生誕一〇〇周年記念日の軍パレードにおいて、金正恩は彼の最初の公的な演説をおこなった。演説では国の国防力増強が引き続き課題となった。二〇一二年七月一八日、金正恩は北朝鮮の元帥となったが、これは国で最高位の軍事的呼称である。

権力の最初の年に彼は不満、不忠誠分子を除去することに努め、政策決定の採択と執行のメカニズム形成を全体として完成させた。

新指導者の第一歩はこうして、密輸業者の国境を閉鎖し、主としてなにより軍部の不満分子を抑圧し、現地での状況視察を強化した。これは状況を評価するだけでなく、「威嚇する」ためでもあった。「異分子の影響との闘争の強化」を呼び掛けたことは自由化というよりも「ネジを巻く」方向に進んだ。二〇一二年一〇月八日の社会安全省の声明では「人民の精神に浸透する人民共和国への敵対的イデオロギーと文化に対抗する戦いを強化」するとあった。

父親時代には特権的地位にあった北朝鮮の軍エリートに対する金正恩の攻撃は、かなり大胆にして予想外の措置でもあった。党指導者にとって欠かせない国家防衛委員会議長、最高司令官となった彼は、軍を統治の主要な梃子から外した。それはすべての軍、政府や党からは不動の地位と思われた最も高位な軍の指導者、朝鮮人民軍総参謀長だった李英浩《リヨンホ》次帥を二〇一二年七月一六日に解任したことだった。その後、国防相の玄永哲《ヒョンヨンチョル》も解任された。彼は二〇一六年に対空機関砲で射殺されたとも伝えられた。かれは金日恩の演説中に居眠りをしていたことも罪状の一つとされた。興味深いのは彼のロシア訪問直後になされたことであって、このことは金が厚情を結んだ人物へのロシア軍のありうる反発をも恐れなかったことである。

ほかの高位の軍人も被害を受けた。これらのことは、先軍政治を掲げてきた前任者金正日とするどい対比をなすものである。それ以前に軍は資源や海産物など他の活動の輸出許可の多くを独占し、将軍たちが外貨を稼ぎ、その結果富裕となり、強力で不可侵であった。いまやこの儲かる活動は政府と党とが奪い去った。同様に核とミサイルとが軍事力の基本部分として注意が払われ、二〇一二年に地位が上がって戦略ミサイル軍となった。ほかの軍事力部門はといえば今や主としてただ働きの労働者になった。政治的要因としての軍はこうして著しく権力を制限された。

もっとも重要なことは、権力のパラダイム・シフトが生じたことである。他の古典的な社会主義国と同様に、北朝鮮でも権力が行使されるのは、金正日時代の軍事的垂直構造を通じてではなく、党の構造を通じてなされる。

もっとも安全保障措置への関心は減らなかった。金正恩は二〇一三年の朝鮮半島の政治軍事危機を通じて高まった核・ミサイル要因を強化する方向に舵を切った。他方で通常兵力は劣化が著しかった。朝鮮労働党中央委員会の三月総会で採択された併進宣言が決定的役割を果たした。この宣言はソ連が無償軍事援助提供を打ち切ったあとの関係冷却化を見越して早くも一九六二年一二月に金日成が採用したものであった。もちろん一九六〇年代には核兵器の要素抜きで概念化されたものであったが、これは「片手に銃を、片手に鍬を」という表象的なスローガンに描かれたものであった。韓国の専門家の言によればこの表現とは、新しい条件の下では「核・ミサイルを片手に、軽水炉と衛星をもう片手に」というものであった。

この動因となったのはバルカン半島での教訓とイラク、リビアといった中東での干渉の脅威によるものであった。核抑止力を強化することでの必死の重要性が目指された。この路線のなかで予定されたのは、

―独自の原子力発電所建設と軽水炉の発達計画の履行を解決し、
―宇宙科学の発達による通信衛星を含めた多数の高速衛星の打ち上げ
―国の核保有大国としての法的地位を確定し、全世界が核から自由な世界になるまでは質量ともに核軍事力の拡大強化すること
―抑止戦略と作戦面での核の主要要因の戦術・戦略をたかめ、核による戦闘戦略を精緻化する
―核不拡散体制を強化し、アジアと世界での平和と安定を確保し、責任ある核大国として、核兵器を保有しつつグローバルな非核化を実現する

軍事計画はこうして経済発展の論理にあてはめられることになり、金正日時代の象徴であった先軍政治はこうして放棄された。

このような接近法によって、エリートの基本的な編成と首領個人に忠誠な人脈の陶冶ができた。自分の統治が始まって以来金正恩は自分の統治を冗談にすることを許さなかった。西側メディアではかれの若さ

や戯画化された像が現れ、西側専門家には彼の鉄の掌握を認めるものはなかった。彼の最初の統治の最初の一年間に、前年一二月の雪の中で父の棺を担いだ七名の最高指導者中、生き残る者はほとんどなかった。国内や国境での秩序は強化された。

金正日のもっとも信頼した相談相手の一人でもある張成沢、つまりは正日の妹敬姫の夫の台頭と滅亡の歴史ほど、「元帥様」の権力強化への道を物語るものもないだろう。ちなみに夫が消されたとき彼女もまた姿を消した。その時は金正恩が「高位の取り巻き」を脅すために正日の妹すらも虐殺することを止めなかったという推察もあった。もっともこの二〇二〇年一月に彼女は甥とともに生きて健康的に姿を現した。

張成沢はカリスマ的な人格で器用な廷臣とみなされ、金正日時代に膨大な影響力（それを金銭に換えることをも含めて）を持ってきた。同時に彼は、中国風の経済改革の必要を考えていた。かれは中朝国境あたりに経済特区の創出を指導し、中国指導者とも親しかった。彼は自己の自由な発想とボヘミアン的な習慣、つまり飲酒と美女好みで何度も迫害され、二〇〇四年には最高指導者によって「再教育収容所」にも送られた。

しかし彼は再度名誉回復し、金正日が自分の後の権力のピラミッドを作ろうとしてカムバックした。いくらかの徴表によれば金正日は張成沢を権力の安定的な移行のための「保証人」、ないしは「家族へのアドバイザー」とみた。二〇一〇年には彼はまさに国家安全保障会議の副議長、つまりは国家のナンバーツーともなった。

二〇一二年四月の第四回党協議会で金正恩が「戴冠」した時、張も政治局員となった。その時までに彼は労働党中央委員会のもっとも重要な行政機関部長〔軍・治安機関の人事を握る〕となっていた。多くの専門家はこの時彼が若い指導者への、朝鮮史によくあるような摂政役としてではなかったとしても、少なくとも枢要な指南役として位置付けた。そして彼自身もこの地位になることをよろこんで試みた。金正恩のもとで実際の管理者的役割を演じることのできる三者支配、つまり張、その夫人、そして金一族の長年の関係者でもある崔竜海《チェリョンヘ》であると思われた。後者は金日成の関係者である崔賢《チェヒョン》の息子であり、その息子は妹の金与正の夫でもある。二〇一二年に張成沢は中国では国賓級の人物として歓待されたが、このことはのちに大損害をもたらすことにもなった。

張成沢にたいする不満はそれでなくとも次第に募っていた。張成沢はしだいにそばに押しやられた。張は国家指導者として異母兄弟である金正男に任せようとしたことは秘密ではなかった。二〇一三年には国家国防委員会会議に呼ばれることもなくなった。現指導者の父の事績を見てきた専門家は、張が次第に象徴的な地位に移り、名誉ある引退か、悪くすれば追放されようと想定した。

現実はもっと悲劇的だった。張成沢はまさに他者の贖罪の羊となったのである。仕返しは、舞台芸術の規則にのっとって演出された。二〇一三年半ば、彼は表舞台から消え、彼の二名の親密な補佐官が射殺された。二〇一三年一二月八日、朝鮮労働党中央委員会政治局拡大会議が開催され、金正恩が司会した。前例のないことに、この会議は公開されテレビ映像で流された。発言者は張成沢の著しい悪行を厳しく攻め立て、北朝鮮の燃料を中国に安く売ったとか、党内で「派閥をつくって」統一を乱したとか、「女性との不適切な関係」を持ったとか、ギャンブルやクスリの乱脈をやった、とされた。「前時代の裏切り者」は全職務を解かれ、軍事的肩書を奪われ、党から除名された。ドラマ効果を上げるため、二人の軍人により手を後ろに回され、「人間の屑、犬よりも悪質」と部屋から引きずりだされた。三日後の一二月一二日、「悪名高い政治的出世主義者で詐欺師」は国家安全保衛部の特別軍事法廷で有罪を宣告され、執行された。刑の執行についてはばかげた噂まで流布され、北朝鮮事情に通じない多くの人々は、香港のブロガーが言う「飢えた犬に食われた」とか言った説を信じた。もっとも北朝鮮のエリートは身震いして、教訓を得た。

事実として張成沢の粛清の理由となったのは、彼が新指導者の指示を全く自由に解釈し、その勝手な執行者になるという欲望だった。そして彼が党の金庫に納めるべき金融的フロー、特に金融的財産を彼が支配する機関に回そうとする試みでもあった。最終判決がこのことを疑いなく示している。「金正恩の統一した指導にあえて反抗し、彼の絶対的権威をボイコットし、「白頭山《ペクトゥサン》」の血統、つまり北朝鮮のロイヤル・ファミリーの言い方に反対したものは、たとえ誰であろうとも、党と革命、祖国の民族の名において無慈悲に抑圧されるであろう」。

若き指導者が年長者にこのような手段を取る強心臓を持っているとは誰も思わなかった。それは伝統的な儒教思想にも著しく反していたからである。エリートたちにとって、だれにとってもたとえ自分に非がなくとも、指導者の気分次第で打撃が襲い掛かることになる。もはや誰も彼にあえて反抗すること、不十分な熱意で彼の指示に従うものはなくなった。

権力の垂直的統制強化

二〇一六年五月六－九日に開かれた第七回労働党大会が金正恩の権力の不動さを示す里程標となったことは疑いない。これに先だって「七〇日間戦闘」という動員型経済の最良の伝統、そして強力な宣伝プロパガンダが先行した。

金日成が金正日を初めて後継指名した一九八〇年の第六回党大会以来、初めて開催された大会は、金正恩の党指導を集大成し、軍の政治的、そして管理的役割を強調した父の伝統を一掃し、そして彼の地位を公定化した。観察者を驚かせたことには金正恩は大会ではヨーロッパ風のスーツ姿で現れた。朝鮮の指導者としては例外的であるけれども、壇上の祖父の写真も同様だった。これは権力の市民的伝統と継続、そして国際的対話に準備ができているということと解釈された。

大会は党管理の新しい構造を固定化し、そこでの金正恩の中心的地位も定められた。彼は朝鮮労働党ではもはや第一書記ではなく、党委員長として指名された。これもまた一九四九年から六六年まで金日成が名乗った党の最高位を意味した。のちになってソ連共産党の範に倣って書記長職〔訳語は総書記ともされる、が原語は同じ General Secretary である〕となったが、金正日もこれに倣った。

北朝鮮の指導者は、現代世界での人民共和国の「社会主義と自力更生」の指導者としての「ユニークな役割」を住民たちに植え付けようとした。経済発展を大会の主要議題としたことで、北朝鮮はもうベルトを締めることはないという公約を世論に印象付けた。もっとも彼は「近隣国での改革開放という汚れた風」をも批判することで、中国が自己の経験を北朝鮮に押し付けることには警告した。

まもなく憲法改正を行って国家管理の体制も改革した。二〇一六年六月二九日の最高人民会議第四回総会では、国家防衛委員会を国務委員会とし、その権限も拡大した。憲法も改正し、朝鮮民主主義人民共和国憲法第一〇六条は、国務委員会が「国家主権の最高の国家的機関」であることを規定した。こうして金正恩は北朝鮮で規定される三つの権力の「柱」、つまり党、軍、国家のすべてにおいて、国務委員会議長、朝鮮人民軍最高司令官、そして朝鮮労働党委員長となった。

こうして金の権力にはもはや脅威は存在しないし、潜在的なライバルはいないように見えた。しかし外国の専門家からすれば、「白頭山の血統」の兄弟たちが可能な挑戦者だとみるものもある。彼らはかつて先述した長男の金正男をそう見たこともある。しかし金正男本人は幾度もそのような王座への野心は持たないと公言した。

彼は（二〇一七年二月一三日に暗殺されるまで）亡命生活を送り、中国の庇護下で生きてきた。北朝鮮国家のトップとして中国によっていわば傀儡として交代要員になる論理的可能性はあった。もし中国で北朝鮮指導者への手に負えない不満が沸騰したらである。もちろんこのような推測の可能性は中国では真剣には考えられない。しかし同じことは指導者に対する典型的な病的猜疑心がある平壌ではどうだろうか。金正恩は別の出自の長男に対する疑いを子供の時から抱いていた。彼は長男にはあうこともなかったが、敵対者と思っていた。二〇一二年から韓国のインテリジェンス筋によれば、「もし可能であれば除去せよ」という「秘密の指示」が出ていたという（おそらくこれを出したのは金正恩その人ではなく、「その筋の機関の働き手」が忖度したのだろう）。

金正男は、正恩が権力を握った当初は慎重というわけではなく、彼の異母兄弟の資質を馬鹿にしがちだった。しかし結局彼は、このままではうまくいくわけがないと感じ、困惑し、そして北朝鮮指導者に手紙を送り、彼とその家族をそっとしてほしいと書いて北朝鮮でのどのような公的役割には意欲がないからと頼んだ。韓国のある報道によれば、金正恩は兄に帰国を促し、資金面での協力を願い出たが、しかし彼が拒んだために北朝鮮指導者は怒ったとのことである。もっとも彼にそれほどの資金力があったかは疑問である。手元にある情報では金正恩が権力を握り、金正男をかわいがった張成沢が処刑されてからは、北朝鮮は亡命者（金正男）を支えるのをやめた。中国当局もかれを物質的に支えるのをあまり心配しなくなった。

明らかに財政目的もあって、かれは米国中央情報局（ＣＩＡ）とコンタクトを取った、という情報はもっともらしい。ＣＩＡは朝鮮半島の内部情報を得る目的でかれをエージェントとして使った。このようなことは北朝鮮では、最高位の高級官僚といえども許されることではない。

彼の殺害は平壌のエージェントにとっては主要任務ではなかったかもしれない、彼の人生にはこのような試みは数多く試みられたとしても、である。しかし二〇一七年二月には彼が護衛もなしにマレーシアに行った時、このような絶好なチャンスが訪れた。彼はそこでＣＩＡのエージェントに会うため訪れ、彼の特別手当をもらおうとした（死後一二万ドルが発見された）。

二〇一七年二月一三日、二人の「社会的責任の低い娘」（インドネシアのシティ・アイシャとベトナムのドアン・ティ・フォン）がクアラルンプール国際空港ビルで彼の顔に何かを塗った布を、あたかも冗談のように振り返りざまに投げたのである。捜査中に彼女らが供述したところでは、彼らはテレビのいたずら番組に参加しているつもりで加わった。彼女らを雇ったなかにはおそらく朝鮮人もいて、すでに何回かいたずらの「ジョーク」番組に彼女らを雇って、喜劇仕立ての映像を撮っていた。

しかしこのコンタクト時にえた二つの物質はＶＸガス・タイプの神経麻痺物資であって、金正男は数分後に亡くなった。彼はいくつか抗神経ガス剤を数回分は所有していたが、しかしなぜかこれを使う暇はなかった。同地の法執行機関はその空港に北朝鮮人四名がいたことを発見したが、しかし彼らは次の周遊券をつかった便で、中国経由でなくまっすぐ平壌に戻った。中国はといえばこのようなことに喜ぶわけもなかった。

生じた外交的な醜聞にもかかわらず北朝鮮の関与を直接に示す証拠は何もなく、薬騒ぎの件はまもなく沈静化した。二〇一九年三月、シティ・アイシャへの起訴はとり下げられ、彼女は釈放された。二〇一九年四月にはドアン・ティ・フォンへの殺人罪は取り下げられた。彼女はより低い告訴「危険な武器や手段を自発的につかった」罪で三年四か月の投獄の罪となったが、刑期は三分の一に短縮され、二〇一九年五月三日に釈放された。マレーシアの新首相マハティール・ムハンマドは、この事件に哲学的な意味づけを行い、イスラエル国と同様に、海外での政治的な暗殺事件であるとみた。

金正恩がこの襲撃事件にどうかかわったかは謎のままだ。というのも彼のイメージにとっても損害は大きかったからである。中国は不快感を隠さなかったし、北朝鮮と米国トランプ政権との数日後に約束された最初の会談はキャンセルされた〔この会議は未確認〕。多くの国との関係、特にきわめて北朝鮮に近いとされたマレーシアとの関係は悪化したし、北朝鮮にとっても経済的被害は大きかった。

にもかかわらず結局この事件の結果は妬ましいような内政的安定がもたらされた。金正恩は一連のミサイルや核実験で米国や世界に対する挑戦を行うことに自信を持った。二〇一七年には北朝鮮をめぐる情勢はヒートアップしたものの指導に際してだれにも相談することもなく実施できる政治的地位をえて、権威を示すことができた。

二〇一八年三月の第四回朝鮮労働党総会はその里程標となった。それは併進キャンペーンの成功と更なる外向きの戦略への移行を宣言した。一連の対話と「平和攻勢」である。金正恩は、「我が党の併進戦略のおかげで、そして我が人民がベルトを締めたことで、無心に指導部のために戦い、平和を守るための全能の剣を所有するようになり、我が子孫が世界でも最も威信を持った幸せな生活を送れるような安定的な補償をえるようになった」、として「全党と全国が社会主義経済を建設するために全エネルギーを傾注する」ことを呼びかけた。

二〇一九年四月の第一四回最高人民会議では首相人事と最高人民会議幹部会の人事を含めた幹部人事をおこなった。二〇一九年末の第七期朝鮮労働党大会第四回総会では、二〇二〇年からの外交陣の総取り換えを含め、相当な人事交代に踏み込んだ。二〇一九年には政治局人事も重要な転換を行い、八名もの新人局員が補充された。この幹部の人事交代は二〇二〇年にも継続した。金一族に忠誠を誓う軍と治安部隊の経験を積んだ老兵たちが四名含まれた。それは金英哲《キムヨンチョル》、趙甬元《チョヨンウォン》、金秀吉《キムスギル》、李炳鉄《リビョンチョル》（いずれも第八期）である。若きテクノクラートたちも彼らに服従した。

無条件な服従に基礎づけられた体制では、言葉を変えていえば、裏の側面も存在し、つまりは別の選択肢がないということにもなる。つまり外部からは二〇一八年の韓国の文大統領や米国のトランプ大統領との「固めの勝負球」を試みる者はいなかった。驚くべきジェスチャーと印象深い合意とは結局米国政府によって舞台裏で反故にされた。金正恩にとっての教訓となったのは、彼のパートナーであるトランプが計略家だということだ。この事件が示していることは、明らかに、北朝鮮の指導政治家との永年にわたる対決という経験に新指導者という信頼は付加されることはなかった。彼らはひそかに満足げにこういったかことは排除できない。つまり「贖罪の羊」となったのは外交官たちだったということだ。並の幹部は抑圧され、外国ブロックはタカ派主導に変えられた。金正恩は関係改善と制裁解除の期待が崩壊したことに怒って、妥協の戦術に完全に失望し、方針を一八〇度転換した。

二〇一九年一二月の朝鮮労働党総会では、金正恩は国の主要な成果とは核・ミサイルの完成であるとして、新路線を告知した。このような前面突破の戦略は、もはや外部世界との関係改善が期待できない時には必要でもある。「過去数か月間我々が当面した挑戦はそれほど残酷であって、ほかのものだったら一日も持たずに退却せざるを得なかった」と、新しい障害と試練とを警告した。首領は、北朝鮮の伝統的な「自助」に依拠すべきことを訴えた。「もし制裁が解除されることを期待して自分自身の力に基づく成長を始めなかったとしたら、敵による反動的虐殺はますますはびこるようになり、敵が我々の前進を阻害するようになる」。この目的のためには、管理の集権化、内閣の責任制の強化、中央集権化が選択された。

二〇二〇年四月の第一四期第三回会議において、数多くの人事交代が承認され、それにはエリートも悄然となった。

これに折り重なった諸事情、つまり二〇二〇年初めのコロナウイルス危機によって強硬政策への移行することは好ましいものとなった。金正恩は彼のイメージを改善することで持ちこたえたが、それは北朝鮮が異常な「全体主義的暴政」手段とでもいうべき、国の閉鎖と他者に対する隔離を二〇二〇年一月から課すものであった。国の規模や外国との交流の度合いが小さいこともあって、北朝鮮ではコロナウイルスはそれほど広がらなかった。同時に、罹患者が全くいないという公式声明は懐疑的に受け取られた。ウイルスの脅威があることは二〇二〇年四月と七月の政治局会議での決定によって根拠づけられた。しかし世界規模でのコロナ危機の悲劇的展開のなかで見てみると、北朝鮮は危機管理の例となるかもしれない。このことは外部世界では金正恩の体制の効率と危機管理モデルとして気づかれずにはおかなかった。

二〇二〇年には権力内部での「家族的構造」を強化する手段がとられた。この点は金正恩自身の主導性とうわさされたが、これは彼自身の健康とパフォーマンスのための行動とみられている。その肥満、遺伝、不健全な慣行から、金の健康問題は外国の専門家の関心の種となった。二〇二〇年四月世界は金の健康問題で驚かされた。心臓手術がほどこされたかもしれない。

この状況の中で、金の若い妹、一九八八年生まれの金与正が二〇二〇年、権力の最高指導部入りとなったことに海外専門家の注目が注がれた。世界が彼女を初めて見たのは二〇一一年一二月の父の葬儀の時だった。二〇一二年彼女は兄によって北朝鮮の国防委員会組織担当に任命された。二〇一四年一月彼女は労働党中央委員会に入り、一一月二八日には党宣伝煽動部第一副部長となったが、この職務を超えた影響を持ったようだ。二〇一七年には政治局員候補ともなった。

二〇一八年二月には金正恩の非公式な代理となって平昌《ピョンチャン》五輪の開会式に招かれ、グローバル・メディアの注目を浴びた。彼女は平和の鳩となって、韓国首脳と会見、緊張緩和への交渉を行った。これ以降彼女の株は上がった。しかし二〇一九年二月のうまくいかなかったハノイ首脳会談（その準備に彼女は一枚かんだが）のあとは、与正は不興を買い、政治局員候補からしばらくは外れた。

二〇二〇年には彼女は地位を回復し、国家の位階制の中での地位を確保、指導者の兄の代わりとして発言するようになった。外国の報道機関には、もし彼に何かが起きる時彼女が後継者となるという説もあるが、これはもちろん憶測である。二〇二〇年半ばには彼女は朝鮮労働党組織指導員部の第一副部長として働き始めたが、この組織は党機関の中心機関である。北朝鮮政治の中心である部長職とは党と国家との中心である。ロシア外交官は彼女がすでに高度な確立された政治家となったとみている。彼女はこうして国の指導者の決定をきめる主要な相談相手、国家指導者の決定の実行者となったとみている。

二〇二〇年三月、彼女は主要な国際問題に関して、朝鮮民主主義人民共和国の立場での声明を出し始めた。二〇二〇年半ばからは金与正は韓国に対してタカ派的な発言を指示された。文在寅政権との関係断絶に関しては、彼女は「兄の依頼で」と表明し始めた。個人的には「以前は悪くない関係を結んでいた」文との関係で、突如文在寅個人への批判を始めた。そして開城での南北共同連絡事務所の破壊などの圧力手段を命じた。金が与正に権限を委譲し、彼女の個人的には似合わない厳しさでもって安全保障分野では人気が出たことは明白だった。しかし六月末には与正は「良き警官」の役割を演じ、韓国に対する「軍事的手段」の計画を延期したと発表した。しかしパートナーとしては、金一族の女性は組みしやすいという幻想を捨てざるを得なくなった。しかしこの八月には、彼女の役割の拡大という情報筋の分析はさらに高まった。

というのも、二〇二〇年八月には新しい人事交代が発表された。これらの人事は政治局と八月一三日の第六回中央委員会総会で承認されたが、そこでは首相の金徳訓《キムドクフン》が指名された。党最高機関も変化した。このような組織的決定とは、金が現状に満足しておらず、彼の指導スタイルがますます主意主義に傾いていることを表していた。

第3章　金正恩時代の社会経済的な新思潮——密かな改革

改革ごっこ

金正恩が統治する時代のはじめから、直接はそうと語られなかったものの、国を危機から救うために漸次的な経済的変革をすすめる傾向に次第に向かいだした。最初の行事となった二〇一二年四月の労働党中央委員会総会では、朝鮮人は「ベルトをこれ以上は締められない」と語り、経済こそその主要課題だと語った。このことは人民の間での改革への期待をもたせ、指導者への信頼度を高めた。彼の統治の最初の年の年頭所感では、軽工業、農業、そして住民福祉の向上を挙げた。北朝鮮の慢性的なエネルギー不足の解消も伝統的だったが、強調された。

二〇一二年五月二一日に公表された金最初の党積極分子への演説では、「強盛社会主義国家建設のための要請に応じて農業改革での根本的転換」を呼び掛け、これは観察者の目を引いた。明らかな変革の兆候とみなされた。この会議ではいくつかの象徴的分野で近代化と改善措置が提起された。リノベーションが強調されたのは、金日成と金正日の「後継者」としてのその記念の場であって、そのイデオロギーへの正しさの文脈であった。二〇一二年八月三日、「金正日の愛国的理念を生かし、富国強盛国家の建設をめざそう」という論文がその精神を示していた。

しかしイデオロギー的な煙幕の陰で、感知されないが変化が生じだした。指導者は時間を無駄にしなかった。彼が全権力をえるや否や、制限的とはいえ「経済措置」の可能性が議論されだした。もちろん「真の主体精神」のもとでは「改革」という言葉はタブーだった。内閣の下に可能な経済改造のための研究集団が立ち上がった。

これは採択の日に合わせて「六月二八日措置」と呼ばれたが、「新しい経済管理方法」を目指すものであって、金が権力掌握してちょうど六か月後に履行予定だった。

その主要な理念は農業での「家族請負」制度の現実的導入、いわゆる圃田担当責任制だった。それまで一〇－二五人であった班単位は四－六人に削減された。これは重要な改革であって、一－二家族からなる「労働集団」を作る、つまり家族経営農業を許可することだった。収穫後、国家は農民から市場価格で七割を買い上げ、残り三割を農民に残すことで、自由に市場で販売できることになった。もし農業経営が計画以上に生産すれば、余剰分は農民の手に残る。地域によって農民は五割までの収穫を維持し、販売できたという情報もあった。しかしのちに権力はこれらの措置に「特別な事情ある場合」には多くの例外があると定めだし、結局は強制的食糧調達の方法に頼った。

二〇一四年五月三〇日には、脱北者の情報だと工業管理改革への指示が出され、「社会主義企業責任管理」体制への移行に移った。個別経済の独立が強調され、経済指導での主意主義が減少した。工業企業の管理者には前例のない行動の自由が与えられ、中央集権計画の役割がかなり削減された。一九六〇年代のソ連企業での「経済計算性」を想起させるような指令が実施されだした。このような北朝鮮企業での体制は、自由価格での生産コスト計算と企業間での生産物、原料、サービス（例えば電力供給での）の自由交易を提供した。企業が得た利益は自身の発展のために使うことが許されることになったが、もっとも私人による工場・企業を作ることは特別に禁じられた。同時に、もし個人が企業の使用人だったら、活動の場に投資することも許された。

一九六一年からいわゆる「大安《テアン》の事業体系」が北朝鮮の企業で導入されたことが想起される。党機関が生産過程を指導することとされた。しかし二〇一四年になって「企業法」が採択され、その第三章ではもはや大安体系には論及されなくなった。過去のように党委員会が決定し、企業長が指令を実施するだけではもはやなくなった。企業長が唯一の管理者として動くようになった。技術長が生産を管理、日常を操作し、これを副企業長が支える。こうして党機関はもはや生産管理体であることをやめた。新システムでは企業長は外国貿易や投資でも広い自治権限が与えられた。

現場での自立性も相当向上した。企業設立の自由も地方レベルでの国家と党機関にゆだねられた。国家管理体制の最末端である郷委員会レベルでも企業設立が許可された。

計画概念のなかにインジケーター的役割が付加された。従来の中央集権管理の下では、中央当局が省に指示を送り、それが細分化され企業レベルに送られ、そのうえで企業はこれらの目標に従って生産を計画した。新システムの下では、企業は三一条にいう「国民経済計画遂行のため」、「自身の状況に応じて」自身で計画を作ることとなった。その国民経済計画は存在したものの、「内閣」やほかの中央地方の機関の「統一した指導の下で」とはあるものの（五一条）、第一に不明確であった。法によれば、企業には現実の管理権限が与えられており、人員、供給、そして産出を含むものとされた（二九－三〇条）。

対外経済活動についても企業体にはより広範な権限が付与された（三七条）。彼らには外国貿易に自由に関与でき、外国の相手との合弁事業を行うこともできたが、これは経済政策での急進的転換だった。以前の伝統的な社会主義の企業では対外貿易は中央集権化されており、外国貿易省の統制下であった。しかし一九七〇年代末から八〇年代初頭にかけて、影響力ある党、国家、そして軍事機関の下で対外貿易企業が出現し、彼らが外貨や商品の流れ（流出、流入）をかすめ取っていた。いまや新しい方式の下では、少なくとも紙上では、事実上すべての北朝鮮企業が「対外経済活動」を行うことができ、外国の投資を呼び込むこともできた。

観察者にとって興味深かったのは金融部門だった。当然のことだが、北朝鮮では個人企業や、したがって私的資本家は存在しない。しかし実際には私企業が「疑似国家企業」として存在する。最近最も注目される現象は、いわゆる「金主」として知られるようになった私的資本の台頭である。当局はこの投資資源を利用し始めた。合法的に「市民の未使用の金融的資産」を使うことが可能となった（三八条）。

二〇〇〇年初めから北朝鮮では市民の金融資産を利用し始めるようになっていた。ナレ・カードといった個人カードや個人の銀行口座が導入された。二〇〇九年の貨幣改革による没収政策が失敗して以降、政府はより慎重に市民たちの投資を認めるようになってきた。しかしながらインフラへの投資といった長期的な投資は、「長期資金」の不足からあり得ない。

二〇一三年にはより現実的な、多次元的な為替相場が導入された。つまり、標準為替レートは統計用に利用され、外国人との条件付きの為替レートは外国人専用、そして多くの為替レートは市場価格でなされる（ドル、人民元、ユーロも容易にウォンに両替できる）。

常に宣伝の上ではこれらの手段は、「資本主義」のためではなく、「他国の経験」の基づいたものでもない、と言われる。しかし市場経済の利用があるからといって、動員型経済の方法、限定的な資源をつかった中央集権経済が放棄されているわけではない。これこそ北朝鮮経済の特殊性なのである。こうして新しい手段としては農業、とくに林業での変化で、二〇一二年九月に農林業への大規模投資の概略は決まった。二〇一二年九月二五日には人民共和国最高人民会議で採択された農業構造改革に関する法令が採択された。農業と関連して金正恩が問題だと指摘したのは土地開墾での貧弱な状態で、これは放置された年月の間に悪化していた。関連施設も無視され、森林破壊によって悪化していた。このことは燃料の不足によっても加速され、人々の略奪的乱獲で一層ひどくなった。このため森林保護と管理とが「国土全体の緑化」の実施によって進められるべきであると定められた。金正恩は、「自分が国中を視察し、多くの荒地を見てきたがこれは悪く、みにくい。風と共に埃が舞い上がる。耕地用の土地を除いてすべての土地に木を植えるか、牧場を作り、花や草を植え、雑草が生い茂るような土地などないようにしなければならない」。

投資の財源や労働力がない条件下で、平壌は経済外の強制手段をつかっても再建した。「金正恩時代」の主要な特徴とは、数多くの大規模施設の建設であった。

以前の時代と比較して、軍事やインフラ計画ではなく、馬息嶺《マシンニョン》スキー・リゾート、元山《ウォンサン》・葛麻《カルマ》・リゾート複合体、温泉健康施設、三池淵《サムジヨン》モデル都市、ウォーター・スポーツ施設、アミューズメント・パーク、ドルフィン遊技場、平壌のモデル住宅区、店やレストラン、平壌の病院といった社会・文化施設が多い。新指導者は少なくとも平壌だけでも学者や教師といった人民の住宅状況を改善し、科学教育の発展に焦点を合わせたことを示そうと試みた。

これは金正恩が人々の生活水準や生活の質を改善しようと試みたからである。もちろんこれらは、社会の上層部や「中産階級」を狙った企画であるが、彼らこそ政府の支持基盤であるからだ。

「中産階級」は確かに平壌では目に付く。彼らの代表者は、朝鮮社会に典型的であるような党や軍事用の施設に雇用されているだけでなく、何よりもビジネス、科学、医療といった面で働いている。我々の試算では、彼らの平均月収は二〇〇米ドルから五〇〇ドルといったところである。我々は次のような支出にも関心がある。北朝鮮での公的月収は数十ドルまではいかないものの米ドル単位で計算され、兵士や突撃隊の若者は建設現場で文句もなしに、物理的埋め合わせもなくして働いている。

「中産階級」は、住宅や若干の家庭用器具があてがわれ、ケータイ電話、食料やその他の産業製品、衣料、靴などを市場や外貨ショップで買うことができる。北朝鮮当局が対峙している「しゃれ者（スティリャギ）」まで出現した。普通労働者の家庭でも、都会では、公的給与に依存しておらず、観察者の計算では七〇－八〇％は、北朝鮮で数千ある市場での交易活動で基本的収入を得ている。時々当局はこれを抑制しようとしているが、もはやそれは不可能である。もちろんこのような活動は古典的となったバザール（市場）に限定されるものではない。不動産や、交通サービス、金融サービスなど市場活動は多岐にわたっている。

明らかに金正恩は、社会的な成層化が進んでおり、都市での選ばれた層と、地方との格差を認識しだした。これは不満と緊張の源泉となる。彼は「平壌と並んで、地方の行政都市や他の地方都市農村の特殊性を改善しなければならない」と語った。小都市でも模範社会・文化施設がつくられるべきだ。しかし実際のところは、地方での改善はほんのわずかだ。

併進――核戦力創設と経済発達を併せ進める

朝鮮民主主義人民共和国の社会経済発展戦略は、常に軍事政治状況の人質だった。軍事、政治戦略だけでなく経済での変化となったのは、二〇一三年三月の併進戦略、つまり軍事核能力の発展と経済の双方を発達させることであった（次節参照）。形式的には五年で二〇一八年に終わったこの戦略は、この方針の目的が達成されたと宣言されたが、その時には北朝鮮経済運営での軍事化が最も顕著な特徴となっていた。軍産複合体が無条件に最優先なことは変わらない。

核兵器建設への強調が経済を軍事的野心のために犠牲にするものだという否定的なコメントにもかかわらず、事態はそれほどクリアカットとはいいがたい。一方では、核・ミサイル計画に焦点を合わせることは、資源をこの分野に優先的に振り向けることによって経済発展を遅らせるとはいえる。しかし、以前の先軍政治と比して、経済目標を軍事目標並みに引き上げることは進歩ともいえる。それまでは一九九〇年代から二〇〇〇年代まですべての目標は軍事的必要にすべて従属していた。

しかも核・ミサイルの軍備増強は、そのテクノロジーが習熟され、基本施設が出来上がると、それ以上は相当の投資は必要とされない。他の経済と同様、軍産複合体は他の経済分野にとっての技術革新の源泉ともなる。核兵器を強調することで、他の非生産的な軍事支出の全般的削減になり、また軍隊をただ働きの労働力への貯水池へと変えた。

併進路線を究極の目的に掲げることで、金正日は富国強盛国家の建設を夢みた。「防衛能力向上と経済建設とを強調することで社会主義の富と輝きを人々は享受し」、「抑止力を高め経済建設を加速することによる豊かさ」を達成する。併進戦略の構成要素として、核エネルギーといったハイテク技術、コンピューター科学、そして宇宙産業には顕著な強調が置かれた。最高人民会議は「朝鮮民主主義人民共和国の自助核能力の確立をさらに強化することについて」の法を採択、宇宙利用について、国立宇宙発展庁の創設が決まった。ＩＴ産業も現代国防産業の重要部分である。これは情報を得るだけでなく、非合法な利益を獲得するためにも使われる。

金正恩の下では、科学技術発展はその関連人員とともに国民的崇拝の対象となった。平壌の科学技術宮殿が建設された。技術センターには多くの子供が参観し、特に核・ミサイル関連の科学者が表彰され、若者にとっては憧れの対象となった。それはソ連でガガーリンが宇宙飛行して以降、「物理学者」が詩人よりも称賛されたのと似ている。

もちろん併進路線がとられたからといって、多くが感じたように市場経済が崩壊したわけではなかった。しかしその定着もなかった。北朝鮮には公的には税金はないことになっているが、国家は経済的、そして非経済的な圧力を行使しては「使用料寄付」だとか「困窮者援助」、「国家施設建設費」としてビジネスと国民の収入の大部分を集めている。

同時に政府の腐敗も鋭角的に増加、それは指導部の危惧を招いた。ロシアの学者の説では、もしこの傾向が続いて併進路線が「二重経済の合法化」となれば、これに伴う腐敗との戦いは骨肉の争いとなる。さもなければ腐敗の上に成り立つ派閥が、国家をも自己の足下に置くことになりかねない、と指摘する。

金正恩時代の初期には、中国が野心的な計画の履行のための対外的な供給者であって、しばしば北朝鮮の「植民地化」とすらいわれた。しかし北朝鮮指導部は、韓国との関係確立により国際情勢の正常化に乗り出し、北の現代化のための主要な投資者としての地位を固めた。

二〇一六年五月の労働党第七回大会はこの点で社会経済戦略を宣言するのに一定の役割を果たした。この種の宣言とはある種の両義性が伴う。それは一方で、北朝鮮は主要スポンサーとの関係を変えないために、これまでは部外者のみから聞こえていた「改革・開放」の路線を取らないということを公式にも定めた。つまり中国の道を北朝鮮は模倣しない。しかしこのような声明は、中国との関係悪化を招く。これには当時政治的理由があり「中国が社会主義の裏切り者」であるという、つまり北京とは距離を取ろうということであった。

金正恩はその報告で、経済問題に関連して二〇一六－二〇年の発展に関する主要報告を行った。「五か年経済戦略」においてはマクロ経済指標を特定することはなかった。しかし政府はもはや非国家セクターにかんする経済単位の活動に影響を与える資源や梃子がなかった。実際には、「発展戦略」がとられ、以前にテストされた、毎年の個別企業（エネルギー、農業、森林、技術革新）の毎年の発展戦略に基づいて作成された。それは国家セクターの主要分野に対して誘導指標を基礎とするものであった。公開資料に基づくならば、それは主要には三つの基本方向があった。

第一には、「我が国式の経済管理」であって、計画経済の枠内で市場経済メカニズムが補助的に使われるものである。これは上にあげた工業と農業企業の上に規定された作業領域にかかわるものである。二〇一二年以来国の指導部の枠内で慎重に進められた。

第二は、インフラとエネルギー部門の発展である。最近は新発電所建設や現存電力の近代化が試みられた。しかしこれにもかかわらず平壌郊外では電力供給問題が慢性的にあった。この点では五か年発展計画履行の前提でもあった。この方向では以下の特別の課題が示された。現存発電施設の近代化、施設効率の向上、送電網の復旧、送電ロスの減少、水力、太陽光、潮流、地熱、風力といった代替エネルギーの利用、である。北朝鮮では太陽光発電は人気となった。

第三は対外経済の要素である。金正恩は外資の参加による特別経済特区の創設に関心を持った。彼は投資環境向上の好意的環境への努力、合弁事業の利用、外資導入を目指したが、しかし開城工業団地の閉鎖のように二〇一六年以降北朝鮮への制裁措置により鋭く悪化した。

一五七ページにわたる「二〇一六－二〇二〇年の経済発展戦略」や二〇一七年一月二一日の「内閣指令二号」は日本のメディアでも報じられたが、興味深い詳細が含まれた。経済事情の現状への否定的評価が、電力の低効率、石炭の問題、そして食料や生活必需品の不足といった形で示された。経済発展戦略を実施するために、文書が示すところでは、科学技術発展、貿易の多様化、そして「経済管理の新方法を十分利用すること」が紙上でも述べられたように示され毎年の経済成長を八％増とし、中国への依存を低め、他の地域、ロシアや東南アジア、中東との対外貿易の拡大という目的の達成がしめされた。二〇一四年北朝鮮の対外貿易に占める中国の比率は七一・六％、ロシアが四・二％、ドイツは〇・八％であった。「中国が貿易の圧倒的部分を占める。我々は中国依存から逃れることができなかった」と、この文書では指摘された。ロシアとの貿易は二〇一四－一五年に規定されたところでは一〇億ドルにすることが指示された。この文書では、ロシアからの水力発電所建設投資と、金策《キムチェク》鉄鋼プラント、茂山《ムサン》鉄鉱石鉱山の施設最新化への技術協力援助への期待が示された。また元山《ウォンサン》や金剛山《クムガンサン》国際観光施設、清津経済自由特区への投資も期待された。ロシアに近い日本海沿岸に「医療製品生産、海産物加工、自然エネルギー資源の合同ネットワーク」を作ることも目指された。

二〇一八年四月には労働党中央委員会定期総会で併進という目標遂行の中で経済発展促進が国の最高優先事項となる中、多くの期待が寄せられた。観察者はこれが長期的な志向の転換とみなした。

戦時共産主義への回帰？

しかしそのような戦略は、とりわけ北朝鮮を孤立させようとする米国の主導によって大変客観的な困難に当面した。制裁に伴う崩壊と気候情勢も加わって、成長の源泉は著しく縮小した。公共部門も「独立部門」も二〇一八－二〇年には「生存戦略」と半軍事体制に移行した。全面包括的な制裁導入が課されたために、「五か年計画」は失敗したが、このことは二〇二〇年八月には明らかに認められていた。

経済単位に対して規制しようという行政的統制が忍び寄り、国家的課題に資源を振り向ける圧力が増した。例えば二〇一八年には外国貿易法が改正され、その目的となったのは、統制システムをあきらかに中央集権化、強化するものであった。貿易会社はより多くの認可を必要としたが、それは外国パートナーとの契約がより複雑化したからであった。自由経済地域を作ろうとする試みはたとえ中国との間であってもうまくいかなかった。制裁によって他の投資家が脅されたこともあった。努力にもかかわらず、羅先《ラソン》経済ゾーンのみが機能した。しかし二〇一七年末に出された全面包括的な制裁によって、ただ経済活動拠点のみが機能していたにすぎなかった。ロシア―朝鮮の合弁企業「羅先コントランス」のみが国連制裁から逃れて事務所だけ機能した。

制裁が増加しだし、財源が乏しくなるにつれ、中央集権的統制強化の傾向は強化され、経済活動の自由と自由市場の力の利用はより明確に制約された。二〇一九年四月一〇日の労働党中央委総会は顕著な役割を果たしたが、そこでは「変化する国際情勢への学術的分析」をおこなって、現状がますます厳しくなっている、と分析された。金正恩は、「我が国の固有な状況に即して、自主独立という気高い旗を掲げつつ、自己努力、テクノロジー、そして資源に応じて、敵対勢力が制裁を通じて我が国をそのひざ元に屈することができるといった、血まよった眼で見つめる勢力に最終的打撃を与える」必要があると述べた。彼は「国民経済を自給自足させ、北朝鮮の抑制された力と、独立経済の偉大な潜在力が国の内外で示された」

と語った。金は「自足性と自給国民経済とが、ウリ式の社会主義の生存の根拠であり、その進歩と発展の駆動力であり、我が革命の運命に必要な対外方針である」ことを想起した。

二〇一九年四月の第一四回最高人民会議は経済運営での内閣の指導的役割を憲法改正で採択した。もちろん「現実の利益を確保する」という規定もあったものの、市場改革はもはや前面に掲げられなくなった。

二〇一九年一二月の中央委員会第五総会では、保守的傾向が顕著になった。「全面突破」という表現は動員経済手法が回復したことを意味した。その際説明となったのは、国はこれからも永遠とは言えないとしても相当長期にわたって制裁の圧力の重みの下で生きるしかない、という認識からであった。それは新しい時代に経済、政治、社会領域、そして防衛でも準備しなければならないということだった。同時に、経済生活での内閣の中心的な役割というテーゼが再確認され、経済活動に対する政府機関の活動を強化するという明確の目標に向かって確認された。

金正恩は報告の中で、「国家財政が現在の経済ファンダメンタルズを効率的に利用することで、経済計画を強め履行し、経済活動を入念に統制するべき」と語った。統一した指導の履行と、戦略的経済管理方式の維持と、経済戦略の一体性が強調された。総会では経済官庁と活動家が批判されたが、国の指導者の幻滅が確認された。つまり不具合な経済状況の中で市場の見えない力が働いた。国民経済の基礎となる自主性を高める点で真剣な困難が生じ金正恩は、現在の重要で危機的状況であるにもかかわらず、合理的で最適計画は取られることなく、単一の指導と戦略的方向付けの点で顕著な成果がなく、経済活動の組織者としての国家の役割は増加することなく深刻な問題が生じた、と語った。

政府は、外国為替によって稼働する国営企業の会計基準を強めた。伝えられるところでは当局は、外貨を「富んだ市民」から「忠誠の貢納」として要求しだした。平壌では当局は電気料金を引き上げ、より基金を集める統制強化を行った。二〇一九年には消費財市場の交易者への課税が、国の一部ではなんと三〇倍にも引き上げられた。きちんと登録されなかった中小企業への課税が、二〇一九年になると利益の三割へと引き揚げられた。経済活動に従事する軍への圧力も高まった。朝鮮人民軍の各単位には軍で使用するための家畜や農場の流通部門がある。軍による農場管理には腐敗がつきものである。軍の将校たちは兵士たちを生産目的で使ってきた。二〇二〇年初期に出された指示によれば、これらの財源は内閣とその機関によって管理されなければならず、このことは人民軍による農場管理と関係した腐敗を終わらせる活動とみなされた。

二〇二〇年には「反社会主義的集団」に対する活動が強化され、登録した規則へのコンプライアンス違反が増え、各種の支払い要求や、よりビジネスを困らせる例が増え、場合によっては違反措置に対する資産の没収に至った。これらの集団とはレストラン、商店、「金主」に対してなされたが、明らかに国家財政増加の目的を持った。党中央機関紙では「国の利益を忘れて自己利益を追求するもの」に対する批判が報じられた。

対外貿易でも中央集権化は強化され、国境では隔離目的で閉鎖され、国境当局にわいろを贈っても、「小口の貿易商」たちは活動不可能に陥った。四月半ばには内閣と労働党中央委員会は共同決定で、「必需品」以外の輸入を禁じたが、これは「コロナウイルス危機に伴う国際危機」による国境閉鎖措置で容易に実施された。優先国家建設プロジェクトも一五から五に削減された。しかしこの場合でも七月の平壌病院建設での建設業者にたいする指導者の失跡に示されるように容易には進めなかった。

『労働新聞』の社説のような公式報道にも、「我々は偉大な試練を受けている」、「我が国は他国より若干の点で遅れている」と報じた。国中で外国製品のパニック買いが広がった。

経済管理面での「誤謬」も頻発する主題となった。二〇二〇年五月には、『労働新聞』が「経済分野では多くの不条理が蓄積された」と書いた。報道が認めたところでは「敵対勢力が我々を経済的に締め付けている」と書いた。経済的困難を通じて我々が社会主義の駆動力への長征となることを止めようとする陰謀が続くだろう。北朝鮮にとっての唯一の処方箋とは自立と経済的自足である。「誰でも経済的に独立していないと政治的にも他者にひざまずくことになる。経済的従属は政治的従属だ」。

実際には改革への修正は始まったが、制裁と隔離の状況下で企業収益の独立財源に手を付ける誘惑に抗することができなかった。

これらの条件下で二〇二〇年八月の第七期第四中央委員会総会のように、五か年計画の失敗を認めざるを得なかった。以前にはこのような失望する結果を公認することはなかった。このことは北朝鮮の指導部が積もり積もった失敗をより効果的に解決する志向があることの表れでもある。総会は北朝鮮の経済情勢は「続く内外の情勢、予見できなかった挑戦によって改善しなかった」と認めた。金正恩は朝鮮労働党大会第八回大会を開催し、新しい戦略を作出するための「我が革命の危機的時代の新しい状況下の闘争」の「我が革命の危機的状況という新段階」の党と政府の戦略課題を討論、決定することになった。

ポスト・コロナウイルスという世界の中で、グローバル化への後退が目立つなか、北朝鮮指導部は再び「動員型経済」へと回帰し、市場的力への圧力を強めた。一九六〇年代型の北朝鮮の古い処方箋がふたたび利用されだした。

第4章　韓国における保守のリベンジ

李明博の約束と現実

一九九八年から二〇〇八年の韓国で政権を握っていたのはリベラル勢力だった。大統領の金大中（一九九八－二〇〇三）、盧武鉉《ノムヒョン》（二〇〇三－二〇〇八）は、軍事政権時代の中道左派野党勢力が合法化した代表であった。しかし、盧武鉉の在任期間が終わる頃には「リベラル派」は立場を弱めていき、大統領の支持率も下がっていった。

二〇〇七年、与党は大統領選挙で保守勢力に敗北してしまう。それは盧武鉉の人気が低下したことと、与党の大統領候補が魅力に乏しかったことがかなり影響している。この時に国の最高権力を手にしたのは、長年「現代」グループで指導的地位にあった歴戦のビジネスマンでソウル市長を務めた李明博であった。二〇〇八年、中道左派は国会で過半数の地位を失ってしまった。

保守であるハンナラ党内で李明博の最大のライバルの一人が朴槿恵（同じく将来の大統領候補）だった。

二人の関係はうまくいかなかった。国会議員選挙が近づく中で党執行部は朴槿恵派の大勢の候補を公認せず、一方で李明博派にははるかに恩恵を与えた。その一方で朴槿恵支持者は選挙前に彼女に個人として忠誠を誓う連合（「親朴《シンパク》」）を立ち上げており、それは朴槿恵が失脚するまで存続していた。

李明博の主な選挙公約となったのは経済成長であったが、盧武鉉が大統領の任期を終える頃には韓国では経済格差が拡大し、失業率が上がっていった。次の大統領となる李明博は、自身の経済政策を「ＭＢノミクス」と名付け、核となる計画は「韓国七四七」計画という華々しい名称を付けられた。その数字は目標値を「暗号化」したものだった。年七％の経済成長率、一人当たり四万ドルの国民所得、世界七大経済大国入りという目標である。韓国憲法では大統領の任期は五年一期のみと定められているが、この目標達成期間は一〇年となっているところが興味深い。この計画がもともと達成不可能であることは一目瞭然であり、李明博の在任期間中どころか、二〇二〇年になっても達成できていないことは驚くにあたらない。

李明博は、計画実現のために様々な措置を打ち出した。法人税が引き下げられ、インフレ対策として石油をはじめとする一連の輸入品の関税も引き下げられた。消費者価格（主にガソリン）の厳しい統制も導入された。また、国の備蓄工業用原料も民間企業が扱えるようにした。政府は新たな雇用創出のために大企業と交渉を行なった。さらに大統領は、不正商取引で捕まった受刑者に対しても、経済成長のために投資し、ビジネスを行うことを条件に恩赦も行なっている。

政治の方向性も変わった。経済政策の柱の一つとして掲げられたのは、国家公務員数の削減と最適化だった（「大きな市場と小さな政府」）。投資環境の改善も再び課題として打ち出された。各地域の問題と個別のアプローチで取り組み、地域の独立性を高めるという新しい地域経済政策（「5＋2戦略」）も掲げられた。

多くの韓国大統領がそうであったように、疑わしい目的と成果が絡む「メガカンパニー」との関係も避けられなかった。李明博の大統領就任当初から看板構想となったのは、ソウルと釜山を結ぶ（正確には漢江と洛東江の間の運河）「韓半島大運河計画」だったが、この計画が完成することはなかった。また、世界の天然資源拠点へのアクセスを開くための韓国民間企業への国家援助を計画した「天然資源外交」プロジェクトも立ち消えになってしまった。

李明博が政権の座に就いたのは、ちょうど韓国がこれまで蓄積してきた経済力を東アジアおよび世界への政治的影響力へと転換することが可能になったときだった。さらに韓国はそうした大規模な課題を遂行する準備ができており、新大統領自身もこれに強い野心を持っていた。

そのためには、まず第一に国のイメージ戦略を刷新し、より積極的にグローバルな政治メカニズムに関わっていくこと、第二に国の新しいステータスの基盤固めをするために経済発展を加速させていかなければならなかった。外交に関する「李明博ドクトリン」は選挙運動中から既に発表されていたが、次のような構想だった。非核化運動と北朝鮮の開国、共通の価値観に基づいたアメリカとの同盟関係の強化、韓国の地域および世界での政治的・経済的優位性の向上である。

具体的な政策の多くは国内外の課題が絡み合った総合的なものだった。例えば李明博は「グリーン成長」というコンセプトを掲げたが、それは経済発展と環境改善とを両立させるものであり、結果的に韓国の国際的なイメージアップと国民の生活レベル向上につながるというものだった。政府は環境ビジネスを融資や助成金で支えていくことを約束した。二酸化炭素排出削減を目指すということはエネルギー消費の構造を変えなければいけないことを意味していた。しかし韓国は結局、再生可能な「グリーン」エネルギーに移行することはなく、新政策で有利となったのは原子力部門だった。二〇〇九年末、韓国企業はアラブ首長国連邦の原子炉建設の輸出契約を初めて締結した。

李明博の国際イメージ改善戦略は金泳三《キムヨンサム》大統領（一九九三－一九九八）の「グローバリゼーション」（「世界化《セギョファ》」）とある程度呼応する「グリーンなグローバル大国」（「成熟《ソンスガン》した世界《セギョ》的国家《グッガ》」、英語ではもう少し大雑把に「Global Korea」）という李が掲げたスローガンによく反映されている。それは、韓国は世界のリーダー国の一つとして、地域レベルのみならずグローバルにも積極的に国際関係に関与していくことができるし、そうなるべきであるという意味が込められている。そうしたプロパガンダの根拠は、ソウルが朝鮮戦争時代に韓国を支えてくれた国際社会に恩を返すのだという疑似利他主義的なものであった（朝鮮戦争で世界中が南の味方だったわけではないことを看過することはできない）。しかし実際にはもっと単純なもので、李明博の言によると、世界は指導者側と導かれる側に分かれていて、韓国は指導者側にならなければいけないということである。

李明博の積極外交は、明らかに経済との相乗効果を狙ったものだった。韓国製品の知名度が上がり、イメージもよくなっていった。それは大統領にとって重要なことで、それまでよく外国人が、韓国製品のことを質の高い製品の安価な代替品として見ていたことに彼はいらだっていた。そうした欠点を克服するために国家ブランド指標委員会が創設された（委員会は二〇〇九年から二〇一三年まで存続）。

韓国がグローバルなレベルに躍り出るための一番の方策はアメリカとの関係強化だった。李明博は保守陣営であり、先代までの指導者に対してはかなり厳しい評価をしており、その時代を「失われた一〇年」と呼んでいる。それは主に彼らの外交政策と意見を異にしていたためだった。新リーダーとなった李明博は盧武鉉の時代に対米、対日関係が悪化したとして批判し、北朝鮮を引き込むことに消極的だった（その後ほどなくして平壌との関係の緊張激化が起きている）。オバマ政権時代のアメリカは「アジア・シフト」を始めていたため、ワシントンにとってのアジア地域の足場となろうとするソウルの姿勢は感謝を持って受け入れられた。

こうした親米的な方針をもとに、その他の外交政策の優先順位が決まっていった。米下院議会は二月六日、李明博の大統領選出を祝うという前代未聞の決議を民主党と共和党が提案し、可決した。決議の中で特筆されていたのが米韓軍事・政治同盟関係の強化であった。一月一四日、李明博は自ら韓米合同軍本部に出向き、バーウェル・ベル在韓米軍司令官と会っている。二〇〇八年二月一三日の大統領就任式の後間もなく行われたハーバード大学のジョセフ・ナイ教授との会談で李明博は、新しい外交枠組みを作って韓米同盟関係を強化することを呼びかけ、受け入れられた。

二〇〇八年四月には李明博は訪米後にまず東京を訪問し、その後に北京を訪れた（もっとも中国の外交筋は、順番を逆にすべきであることをほのめかしていた）。ロシアは四番目となっており、北朝鮮との関係もアメリカとの連帯の犠牲となっていた。

ソウルは、ワシントンの外交路線へと転換した。北朝鮮に対する厳しい路線は、李明博自身の考えに合致しているからという側面もあり、また北朝鮮に圧力をかけることで核開発を断念させることができるというアメリカの考えを、韓国が無条件に支持した結果という側面もある。李大統領はアメリカの安全保障体制および外交政策に、地域レベルだけではなく国際レベルで韓国をより緊密に関わらせるようにしていった。世界経済の危機やオバマ式軍縮、イラクなどアメリカによって作られた紛争地域の問題解決などワシントンが抱える課題に関してソウルは「年長」同盟国を積極的に支持するようになってきた。無論、韓国新政府はそうすることで、「北」に対する軍縮の主張を展開するなど自国の利益を見出そうという目論見もあった。

李明博の外交政策はグローバルな課題を優先事項としていたが、地域内協力においても興味深い成果が得られている。二〇〇八年一二月から中韓日で一定の間隔で首脳会談を行い、二〇一一年九月にはソウルに三者間協力事務局が開設された。これは北京、ソウル、東京と東南アジア諸国とのＡＳＥＡＮ＋３の枠組みでの協調行動によって息を吹き込まれたプロジェクトだった。そして韓国はこのような「強者のクラブ」に参加することによって自身の地域的、国際的ステータスを高めようとした。

李明博が大統領だった時期、日本との首脳レベルでの政治対話はかなり活発に行われ、両国は協力のために意見の相違に目をつぶることもよしとした。とはいえ、のちの朴槿恵、文在寅大統領時代になって両国関係を麻痺状態にさせた様々な政治・歴史的論争が既にその頃から見え隠れしてはいた。例えば二〇〇八年に日本が独島（日本語では竹島。国際的にはリアンクール岩礁。係争地になっているが、ソウルが実効支配している）について学校教育で「正しい」視点を盛り込むといういつもの勧告を出した後、韓国は自国の駐日大使を召喚している。それとともに、李明博大統領就任後、しばらくは日本の首相は頻繁に交代し、安定した協力関係を築くことができなかった。

中国との関係は冷えていった。李明博の親米路線が明らかに北京を苛立たせ、それは、冷戦時代の同盟関係に基づいて現代政治を行うべきでないという主張や米韓合同演習に対する抗議に表れている。もう一つの争いの激化の原因は、中国の台頭とともに二国間の経済競争が激しくなっていったことだった。ソウルの対北朝鮮政策変更をめぐる北京との根本的な意見の食い違いも相互理解の深化を阻むものだった。二〇〇八年五月の北京訪問時に李明博が行なった「戦略的パートナーシップ」構築の呼びかけに対する中国側の反応も熱意あるものではなかった。

李明博はどんなことをしてでも米韓同盟を軍事、経済ともに強めていこうとしていった。例えば、彼は盧武鉉時代に締結されたアメリカとの自由貿易協定（英語ではＫＯＲＵＳＦＴＡの略称で呼ばれる）の批准を積極的に推進した。国民の大半が支持しなかった譲歩にも応じる構えを見せ、二〇〇八年に息子の方のブッシュ大統領と会談した際には、二〇〇三年から禁止されていたアメリカの牛肉輸入をワシントンの求めに応じて解禁した。

抵抗、批判、権力側の反応

アメリカの牛肉輸入の解禁直後から韓国では一九八〇年代の民主化運動以来最大級規模の抗議運動が始まった。表面的なきっかけは、輸入肉が狂牛病に侵されているのではないかとの国民の根強い不安だったが、本質的には、李明博の「高圧的な」政治手法と韓国に不利なＦＴＡ（自由貿易協定）に対する抗議であった。選挙戦での過大公約を早期に実行することは不可能であり、それと韓国特有の風評問題が重なった結果、抗議者たちは大統領辞任を要求し始めた。興味深いことに、二〇〇八年のデモで人々は火を灯したろうそくを手に行進し、それが平和抗議運動のスタイルとして定着していった（それから約一〇年後、この「ろうそく」抗議運動が次の保守大統領朴槿恵の弾劾をもたらしたのである）。

李大統領は巧妙に「庶民の代表」というイメージを宣伝しながら、政権人事ではドルを稼いでいる富裕層で自身の周囲を固めていた。さらに、新リーダーの顧問の多くは同郷人か、同級生、あるいは教会の同じ教区の人々という、典型的な韓国社会の構図が見られた。また李明博の粘り強さは度を越した頑固さと映ることもあり、そこから「ブルドーザー」というあだ名が以前からあったのだが、その点も反感を買った。企業マネージャー出身の新大統領は、自身を韓国の「エグゼクティブ・ディレクター」として位置づけ、その仕事ぶりもその名に合致するものだった。

李明博は、自身の新事業に支持が得られなくとも妥協するということを知らなかった。例えば、ソウルから釜山へ続く韓半島大運河計画というエキゾチックな構想もほぼ全ての国民から受け入れられなかったにもかかわらず、政府は進めていった（ひょっとして、単に汚職絡みの資金が流れていたのかもしれない）。保守派の政治家や有権者も必ずしも李明博を絶対的に支持するわけではなく、朴槿恵を支持する人も多く、彼らは朴槿恵が大統領によって不当に圧力をかけられていると考えていた。

有権者が幻滅したのは、選挙公約の実現が難しかったことも原因の一つとなった。石油やその他原料価格の高騰が韓国経済に打撃を与えた。インフレを背景に生活レベルは上がるどころか少し下がったくらいだった。「韓国七四七」計画の実現が難しいことも明らかになっていった。こうした状況の中で韓国は国内総生産で世界七位となることができなかった。そしてただでさえ低迷気味の経済成長率を超高成長へと持っていくことは不可能だった（さらに二〇〇〇年代最初の一〇年の終わりに国際的な金融危機が全てをひっくり返してしまった）。一人当たりのＧＤＰを近い将来倍増させることも、個々の目標達成なども考えられないような状況だった。インフレとの戦いも拍車をかけた。

「グリーン成長」の推進も問題が生じた。この事業に対する企業の支援を取り付けるための詳細なプランを国が作らなかったのである。李明博は成長のみを気にかけていて、「グリーン」なアイデアを支持したのは単なる宣伝トリックだったと評論家は評している。新大統領の仕事のスタイルと行動は、市民社会や財界の代表、多くの国会議員を遠ざけていった。しかし、こうした勢力の支持と協力なしでは、経済・環境改革を実現するのは難しかった。面白いことに、アメリカとのＦＴＡなどの環境プロジェクトは盧武鉉時代の産物であったが、李明博の「不健康」な熱意によってこれらのプロジェクトが新しい政権とインテリ層とを分つ最大の論点となった。

公務員数増大対策は奇妙な形を取るようになった。李明博は、最初はこれまで平壌との関係を担当してきた統一部や漁業省、そして教育部や、女性家族部など「社会系」省庁の廃止によって省の数を減らそうとしていた。しかし、議会の一致団結した反対によって大統領は自らの計画を見直さざるをえなくなった。それでも省庁の数は一八あったのが一五まで減り、二〇〇九年にはさらに行政安全部が解体された。さらに政府の権限が幾分削られていったのである。二〇〇八年、一連の国営企業が民営化または再編成された。また副首相の役職（金融経済部門において中心的な役割）が廃止され、首相直轄だった諸部署が大統領直轄となった（そうした改革の多くは結果的に朴槿恵大統領によって廃止された）。李明博が推進する主な経済的・イデオロギー的「キャンペーン」の仕事も大統領府に任され、大統領府の役割が増していった。

二〇〇八年の抗議運動の後、当局はその運動の背後に既に政界を引退した盧武鉉の支持派がいるのではないかと考えていた。そして盧武鉉の周辺への追及が始まり、その矛先は間もなく当の前大統領にまで向けられ、汚職の嫌疑がかけられた。これは現役時代まさに汚職との闘いで名をあげた盧武鉉のイメージを著しく傷つけるものだった。二〇〇九年五月にこの引退政治家が名誉を守るために崖から飛び降り自殺を遂げた時は国中が騒然となった（もっとも、かつて盧武鉉自身が政敵を自殺にまで追い込んだ）。

国民は、盧武鉉の姿を殉死として受け止め、まもなく李明博と保守政党の評価は下がっていった。大企業（政権に近い企業も含めて）にマスコミを厳しくコントロールさせた報道改革も、議会で潰されたが、この改革も人気を落とす要因となった。ノーベル賞受賞者で大統領経験者の金大中も南北朝鮮関係の悪化と内政を批判した。

とはいえ、李明博政権は状況を幾らかは好転させた。例えば、李大統領は、大企業支持に偏った路線から庶民に目を向ける路線へシフトし、戦術と論調とを変えた。また、世界的金融危機下にもかかわらず、韓国の経済指標がそれほど悪くなかったことも追い風となった。「韓国七四七」計画が失敗したのは言うまでもないが、危機最中の二〇〇九年の経済成長の落ち込みは、当初の悲観的な予想を覆し、わずか一％に止まった。国際収支も黒字でウォンも堅調で外貨準備高が上がり、失業率も下げ止まりだった。

経済活性の後押しとなったのは、社会政治分野における「引き締め」政策だった。評論家の評価によると、裁判所や治安機関は権限をほぼ独裁時代の頃まで拡大していった。警察や検察庁、そして大統領に近い同志の元世勲《ウォンセフン》が長を務めていた国家情報院などの力を利用して、当局はマスコミや反体制分子（反政府運動参加者をはじめとする）の統制を強めていった。のちの朴槿恵大統領時代に元世勲は、二〇一二年の大統領選挙でネットで展開された野党候補に対する中傷キャンペーンに関与したとして実刑判決を受けている。国家情報院以外にも世論操作や情報操作に軍のサイバー部隊も関与していたことがわかった。

さらに二〇〇八年、放送通信審議委員会が設立された。この委員会はテレビ番組の年齢別ランキングのような無害な機能の他に、特に反対運動が活発だった時代にはＳＮＳのモニタリングや検閲も行っていた。李明博が多くのメディア関係企業の指導的地位に自身に近い人物を任命するよう圧力をかけたことも言論の自由を阻害した。

二〇一〇年春、韓国のコルベット「天安《チョナン》」沈没事件が起こり、秋には延坪島《ヨンピョンド》で北朝鮮との砲撃事件が起こった。これらの事件は、それまでにも金剛山で韓国の女性旅行客が射殺された事件や、二〇〇九年の北朝鮮による核実験で悪化していた平壌との関係をさらにかなり悪化させてしまった。

朝鮮半島紛争の直接的脅威が高まると普通は保守派への支持が高まるが、今回については逆に下げる結果となった。おそらく有権者は、こうしたことの責任は平壌だけでなく、「太陽政策」を放棄したソウルにもあると考えたのだろう。「天安」沈没事件調査の公式結果も必ずしも信用されなかったし、軍がとった行動や流される情報の偏りも疑問を呼んだ。その結果、ハンナラ党は地方選挙で敗北を喫した（ちなみにそれ以前にもハンナラ党は国会の補欠選挙でも負けている）。

天安沈没事件と延坪島砲撃事件の結果、韓国の指導層は、有事の際の米韓合同軍の指揮権のソウルへの委譲を積極的には進めないという方向が事実上定まった（現在は有事の際、韓国軍の指揮はアメリカの将軍がとることになっている）。これは盧武鉉時代に交わされた取り決めで二〇一二年に予定されていたが、二〇一〇年にこの決定を二〇一五年まで延期することとなった（朴槿恵政権時にこの件は棚上げされた）。

それでも李明博の経済政策はそれなりに結果を出し、プラスの傾向が定着した。韓国は国際的危機から脱しただけでなく、約七％という目を見張る経済成長を遂げたのである。

一方で李大統領は、韓半島大運河構想の規模に匹敵する野心的な新プロジェクト――四大河川再生事業にも着手した。しかし、この計画も同じ運命と結果を辿った――世論も専門家も声を一つにして政府の恣意性と拙速さとを批判したのである。こうした抗議にもかかわらず、この事業には三年間でかなりの資金が使われた（大半は政権に近いビジネスマンのポケットに消えてしまった）が、その成果は疑わしいものだった。

「グローバル」戦略の移ろいやすい成功

二〇一〇年一一月、李明博が韓国を世界のリーダー国へ押し上げようとしてきた努力の成果を象徴するような出来事が起こった。ソウルで「G20」が華々しく行われたのである。大規模な国際イベントを通じて「世界へ進出」するという戦術は、韓国にとって新しくはなかった。一九八八年のソウル・オリンピックを思い出すだけで充分納得できるだろう。

「G20」関連の様々な資料には、韓国が「G7」以外の国として初めて「G20」サミットの開催国となったことが必ず強調されていた（のちにこうした韓国の気取りたがる性質を利用してトランプ米大統領は韓国を「G7」に引き入れようとした）。サミットの議題は、危機克服の経験と知識、実力を模範として世界に示せるように李明博政権と韓国の一番良い部分を見せるのに都合がいいようになっていた。李明博はその一年前にもすでに『ウォールストリート・ジャーナル』と『フィナンシャル・タイムズ』に掲載された自身の論文で外国のパートナーにそうしたアドバイスをしていた（『フィナンシャル・タイムズ』掲載の論文はオーストラリアのラッド首相との共著）。グローバルな経済大国の地位獲得への期待は、近年の韓国の実質的な業績によっても裏付けられていた。

サミット後の一二月、ソウルはアメリカの新政権とFTAの協議を継続した。しかし、譲歩したにもかかわらず交渉は進展しなかった。米議会は二〇〇八年、国内自動車産業にとってできるだけ良い条件を勝ち取ろうとして批准を先延ばしにしていた。そして野党は李明博の「へりくだろうとする姿勢」と成果のなさを批判した。

ヨーロッパ関連については、ソウルは表面的ではあるが、もっと早く成果が出せていた。数年間の協議を経て二〇一〇年にEUとFTAを調印した。このヨーロッパでの成功がある意味アメリカの背中を押した形となり、米議会は二〇一二年、遂に協定を批准した。

盧武鉉の時代から構築され始めたFTAのネットワークは、一面では国際舞台で韓国の政治経済的「見栄え」を良くするためであり、もう一方では、力をつけてきた中国経済への高まる依存性を減少させるためであった。さらに、輸出指向である韓国経済は、大企業の力に依存しており、自由貿易協定はその意味でも有利だった。もっとも、EUとの自由貿易協定は、それから一〇年たっても韓国の貿易相手国トップ一〇の中に欧州諸国は入っておらず、貿易構造に大きな影響は及ぼさなかった。

二〇一一年から韓国は歴史問題に関して日本に圧力をかけるようになってきた。韓国の憲法裁判所は、慰安婦問題（植民地時代に強制的に日本の従軍慰安婦として強制連行された韓国人女性「慰安婦《ウィアンブ》」）で国が国益を十分守っているとは言えず、そのような消極性は憲法に反するという決定を行っている。

二〇一二年五月、韓国政府は世論の反対のために日韓秘密軍事情報保護協定を締結することができなかった。ソウルは同様の協定をロシアをはじめ二〇以上の国と調印しているが、有識者の大半は、このような協定は周辺地域にできつつある反中国同盟にソウルを余りに強く結びつけてしまうのではないかと考えていた（真の動機は韓国のいつもの反日感情であったという可能性も排除できない）。李明博は任期が終わる数ヶ月前に協定の手続きをストップさせ、協定推進の責任者の一人を解雇した。

二〇一二年八月に李明博が竹島を訪問し、対日関係は再び悪化した。その行動は、ロシアの主権を日本が問題視しているクリル〔千島列島〕諸島の訪問を二〇一〇年からD・A・メドベージェフが行って以来ロシアのリーダーが訪問を続けていることに「触発」されたという可能性もなくはない。東京の外交上の反応は最初こそ予期されたように厳しいものだったが、二〇一二年九月九日にウラジオストクで開かれたＡＰＥＣの首脳会談では、韓国の報道によると、日本の野田佳彦首相は、李明博に自分から近づいていき、外交スキャンダルのしこりをやわらげようとしている。

しかしながら、全体的には国際的圧力と感情的しこりが強まっていったことによって、日本のエリートたちの間には止むことのない韓国の要求に対するいらだちが高まっていくという想定外の結果となった。二〇一二年、安倍晋三が政権の座に返り咲いた。安倍は民族主義的見解をもち、日本が半世紀以上も前のことに対して公な謝罪を続けるべきだとは考えていない。

二〇一二年三月、韓国はグローバル・ステータスにふさわしい国であることを証明するためのもう一つの多国間大規模イベント――核セキュリティ・サミットを開催した。ソウルにとって、こうしたサミットの開催を提案したオバマ大統領がアメリカでの第一回サミットに続いて二回目のサミット開催地として韓国を推薦したことも重要だった。これによって核の分野でリーダー国としての資質を示すことができた（しかも日本の福島第一原発事故まもなくのことだった）し、自国の原子力産業を宣伝し、世界の外交舞台となることができた。

＊＊＊

李明博政権のある意味での総決算となったのは二〇一二年の国会議員選挙だった。その選挙が同年暮れに予定されていた大統領選挙の前哨戦として有権者の動向をはかるものとなった。経済における保守政権の功績は野党も認めていたが、大統領と与党は相変わらず人気がなく、特にインテリ層のあいだで不人気だった。国の指導者の評価が落ちるとともに、「大統領」党の評価も落ちていったという事実は「リベラルな一〇年」の典型的な傾向だった。そうしたこともあって二〇一二年与党「ハンナラ党」は「セヌリ党」（「新しい世の中」）に改名、新しいブランドを冠して、朴槿恵党首個人の人気にあやかろうとした。彼女は確かに有権者に人気があり、社会保障を拡大するという公約によって中道左派有権者の支持をある程度獲得することができた。保守党が女性党首をおいたことに対抗して民主統合党は二〇〇六年－二〇〇七年に首相を務めた韓明淑《ハンミョンスク》を党首に選んだ。

国会選挙の結果、「セヌリ」党はかなり勢力を弱め（二四議席を失った）たが、それでも三〇〇議席中一五二席とわずかながらも議会の過半数をおさえることができた。このことは一面では野党に現役の大統領をレームダックにしてしまうチャンスを与えなかったが、反面、補欠選挙などでほんの少しでも力関係が変われば「セヌリ」党にとって極めて不利な状況が生まれる可能性があった。議会での「バランス」も微妙で、どの陣営が次の選挙で勝ってもそのリーダーは李明博が任期の始めにやれたように簡単かつ強力に自身の政策を推し進めることはできないような状況だった。

国会選挙や国際舞台での成功にもかかわらず、李明博の大統領任期の最後は韓国にとっても、李明博自身にとっても良い時ではなかった。経済成長は明らかに減速し、貧富の格差が急速に広がっていき、そのため公約の「七四七」計画も嘲笑の対象にみえた。大統領の側近や李明博の兄・李相得《イサンドゥク》も汚職スキャンダルの主役となってしまった。二〇〇七年に韓国は李明博を歓声とともに迎えたものの、二〇一二年には李とは早く決別しようとし、すべては別のようになると期待は次のリーダーに移っていた。

第5章　「国父」の娘の破綻——朴槿恵政権下の韓国

選挙前の期待と最初の歩み

今日の韓国の政治体制は、一九八〇年代の民主化の困難な過程の中で形成された。大統領の任期を五年一期に制限することがそれ以前の独裁体制への逆戻りを防ぐ保証の一つとなった。独裁国家という歴史的な経験と、そうした体制には戻りたくないという願いがあるため、韓国では大統領に対して高い要求が突きつけられるのである。

近年のほぼすべての大統領は同じような状況を経験した。最初は「善き指導者」として人気の波に乗って政権の座につくが、一－二年もすると、なんらかのほころびが社会に明らかになっていく。そして汚職やその他のスキャンダルで国民の不満が高まり、大統領の影響力が弱まり、任期が終わることには「レームダック」と化してしまうのだ。歴代の韓国大統領の大半は任期終了後に投獄されている。

二〇一二年一二月一九日の大統領選挙で勝利を手にしたのは保守勢力を代表する朴槿恵だった。常識から考えると、彼女の陣営に不利な方向へとすべての状況が動いていったにもかかわらず、である。それは、第一にその前の保守派代表の李明博が、任期が終わる頃には極めつきの不人気となっていたためだ。選挙戦での熱狂は忘れ去られ、退任する頃には世論が当初は李の功績とされていたことさえもいっせいに批判するようになっていった（李明博は少なくとも裁判や投獄を長い間回避できていたが、文在寅政権になってやはり「韓国大統領の呪い」に捕らえられてしまった）。

二点目としては二〇一二年の選挙は投票率がかなり高かった（約七六％）ことがあげられる――民主主義時代のそれまでの経験からすると、高投票率の場合、保守派は大抵負けてしまうのだ。

保守政党は李明博から距離を置くようになった。一面では李自身、政権を獲得してから、自分は議会の争いを超越していて、議員の意見は彼の判断に影響を及ぼすことはないかのようにふるまっていた（これが党をいらだたせた）。反面、「ハンナラ党」（後に「セヌリ党」）、なかでも朴槿恵一派は、急激に人気が低下していった李明博からは任期の始めから距離を置き、二〇〇八年の「牛肉問題」抗議運動が起きた時には、彼を支持しなかった。その理由の一つとなったのは、先述したように朴槿恵派の多くを二〇〇八年の国会選挙に出馬させなかったことだった。朴槿恵自身と彼女の側近は二〇一二年までにはすでに「セヌリ党」を完全にコントロール下におき、潜在的なライバルを政権に近づけなかった（同様の現象が中道左派陣営にも起きていた）。

朴槿恵の大統領選挙勝利にはいくつかの要因があった。第一に、彼女は長年にわたって有権者にとって魅力的なイメージを作り出し、道徳心の高い人間として知られていた。第二に、彼女はライバルよりも選挙戦略を立てるのが上手だった。

広い世論からは朴槿恵は何よりも、「韓国の娘」であり、祖国に奉仕するために自分個人の幸福も家庭を築くこともあきらめた人間として写っていた。彼女のイメージは「韓国の奇蹟の父」朴正熙《パクチョンヒ》と切り離せなかった。朴槿恵は若くして政治の世界に身を投じた。一九七四年に父の暗殺は未遂に終わったものの、母が亡くなったために、朴槿恵はファーストレディとして一九七九年に朴正熙が殺されるまでその役目を務めたのである。彼女はスピーチで自分は「国と結婚した」のであり、発揮する機会のなかった母性愛を国民に捧げたいとスピーチで語っている。

一九九〇年代のアジア危機後、国民としての義務を思い出させられたとして朴槿恵は政治の世界に戻ってきた。その頃には朴正熙に対する評価が良い方向へと変わってきていた。年配の世代が朴正熙時代を懐かしがっていたのである。それが娘の成功の後押しをした。朴槿恵はそれまでの二〇年間を公衆の目の届かないところで過ごし、父の遺産を復活させて守った。それが朴正熙のイメージ改善につながったところも多々ある。このような儒教的伝統に従う姿は韓国では尊敬の念を呼び起こすものだ。政界に進出した当初から朴槿恵には成功がついて回った。二〇〇四年には彼女の指導下にあった保守党が国会選挙で見事な結果を残し、二〇一二年には予想に反して過半数を獲得したのである。

それまでの朴槿恵の政治家としてのキャリアから、真面目で信念を貫く人物であり、真実を明らかにするためには味方にも反対することを辞さないというイメージができあがった。また李明博とその一派から圧力を受けたことも国民の共感を呼んだ。この二つの動機が相乗効果を生んだ。そして二〇〇九年－二〇一〇年、朴槿恵は、首都を世宗《セジョン》特別自治市に移転するという公約を大統領が放棄しようとしたときに、議会で大統領への反対キャンペーンを立ち上げた。

朴槿恵は、このようにして四〇代を中心に投票を決めかねている有権者の心をつかむという選挙戦に出た。年配層は変わらず保守を支持し、若い世代は中道左派を支持していた。彼女の公約は、ライバルであるリベラル派よりも控えめな内容ではあるが、より現実的なものだった。その中には、経済強化、雇用創設などすべての候補が掲げる従来からのものもあった。それと共に朴槿恵は中流クラス支持や、社会保障の充実、大学の学費低減、財閥《チェボル》の抑え込みなど中道左派の有権者を取り込むための社会政策も掲げた。最後の項目は特に注目に値する。保守派は普通は財界の利益を擁護するものであり、李明博も財界出身で、例外ではなかった。

世論調査によると朴槿恵は選挙戦の始めから最大のライバルである文在寅をリードしていた。一五年にもわたって粘り強く「第三勢力」を作ろうとしながらも結果を出せないできたビジネスマンでプログラマーの安哲秀《アンチョルス》が大統領選挙への出馬を表明したときは、朴槿恵の地盤が揺らいだ。しかし、安哲秀は選挙直前になって出馬の意向を翻し、文在寅の支持に回った。

文在寅は弁護士出身で朴正煕政権時代には民主化運動に参加したために投獄された。彼の支持者にとって朴槿恵の政権獲得とは独裁主義の暗い時代へ戻ることを意味していた。一方、故盧武鉉の側近であった文在寅の政治家としてのイメージは、国民には評価の分かれるポピュリストである盧武鉉政権と結びついていた。こうして国は二つの陣営に分裂した。

結果的に朴槿恵の勝利は僅差だった（五一・六％、文在寅は四八％。ちなみに李明博は二〇〇八年に二倍近くの得票でライバルに差をつけた）。しかし、大衆の受け止め方という視点から見ると、韓国初の女性大統領は最初から弱い立場にあった。というのも、ソウルでは野党候補に投票する人の方が多く、首都の人口は全国の凡そ半分を占めており、世論の方向性を決めてしまうのだ。大統領になってまもなく国家情報院が朴槿恵に有利となるようインターネットで書き込みをしたという先述のスキャンダルが発覚し、選挙の合法性が若干揺らいだこともあった。

就任式の演説で朴槿恵は、「クリエイティブな経済」を打ち立て、「第二の漢江《ハンガン》の奇跡」をつくると約束した。それを成功に導く手段はイノベーション、ＩＴ、研究開発費の増額、中小企業支援（クラウド・ファンディングも含め）、雇用の創設であった。また、伝統的保守社会における創造的思考の活性化の必要性といった漠然とした目標もあった。改革が生み出すべき結果は、福祉の向上であった。

こうした構想の資金としては国家予算だけではなく（朴槿恵は選挙戦で文在寅のような新しい税の導入ではなく、既存の税収配分を最適化することを約束した）、管理下にあるイノベーションセンターを含む財閥の資金も財源とすることが予定されていた。財閥の力を国家のために活用することで中国に対して優位に立てるはずだった（朴正熙的方式）。いってみれば、李明博の「環境」政策を「環境」色を薄めて「メガプロジェクト」なしでほどほどに継続したとも言える。

二〇一四年二月、朴槿恵は「イノベーション三か年計画」を打ち出し、二〇一七年までに年四％の経済成長、七〇％の雇用、人口一人あたりの所得を四万ドルにするという具体的な指標を示した。言い換えれば、これは数字の組み合わせにしても、野心的な目標という点からしても李明博の「七四七計画」に妙に似ている。コードナンバーは「ビジョン四七四」と若干違ってはいるが。朴正熙時代に行われた五カ年計画ははるかに本質的ではあったが、やはりこれとも類似しているように思われる。

結論的には朴槿恵大統領の政権下では経済の公約はほぼ達成することができたと言えるだろう。とはいえ、第二の奇跡が起こらなかったことは言うまでもない。経済成長は、年約三％というなかなかのレベルが維持された。また、中小企業にとっても企業活動の条件が簡素化された。未解決の経済の構造的な問題に対する責任については、国民は大統領に問うが、大統領の権限の範囲や短い任期と危機の深刻さを考えると大統領ができることは現実には限られている。一方朴槿恵は、就任演説では国民を幸福にすると約束したが、選挙の勝因となった「左派的」社会・経済的公約を、実際には他の保守主義者たちの圧力によって、早々と断念している。

また、「クリエイティブな経済」への移行は、何よりも経済の自由化と国家資産民有化を継続させるための隠れ蓑となっていたと評論家は指摘している。「社会保障」の公約は忘れられてしまった。「財閥」の影響を制限するための目立った方策もとられなかった。しかも、朴槿恵時代の大統領府や政府には、選挙公約の作成を助けてくれた穏健保守派政治家の居場所がなかった。二〇一三年八月、大統領は政府の人事を一新し、父親の時代に働いていた職員を顧問として迎え入れた。さらに、彼女が任命した人事には検察庁出身者が多く、それを野党側は治安機関の立場を強化して社会のコントロールを厳しくするための措置だと考えた。

朴槿恵はまた国家運営の効率向上を図ることも宣言していた（「政府3.0」）が、この分野でもとくに目立った措置はとられなかった。権力システムの最適化は、結局、李明博が廃止した部（科学部と海洋水産部）と、国務総理室の復活という形で終わり、しかも大統領府（青瓦台）の権限は再び拡大された。

統治スタイルの批判

韓国の政治家はほとんどが政権の座につくときは極めて誠実な、汚職や縁故主義には染まっていない人物という評価を受けている。しかし、エリート内の交流文化そのものによって政治家達、特に最高位の役職についた者たちは、後になって非難され、投獄の恐れもあるような行動をとらざるを得ないようになっているのである。朴槿恵の場合、「清廉な人」のイメージはかなり真実味があった――彼女は選挙まではいかなる疑わしい行動もとらなかったのである。朴大統領のその信念は政策にも反映された。二〇一五年、極めて厳しい汚職禁止法が可決されたのである（提案をした議員の名前をとったいわゆる「金英蘭法《キムヨンラン》」）。これは、公務員やその家族に対する「接待費」をわずかな金額に限定する（贈呈品は約四〇ドル、会食は三〇ドル未満等のみ許された）ものである。ちなみに、この極めて厳格な法律は李明博政権時代の最後の年に導入することができなかったものだが、この法律によって権力機関関係者への韓国特有の接待システムを大きく変えた。

しかし、韓国の政治文化にやはりつきものの縁故主義は朴槿恵自身にとって無関係ではなかった。朴槿恵政権時代、公的な地位への任命手続きが変わった。その目的は、公務員の勤続年数などを考慮することなく、「外部の」誠実な人物を必要なポストにつけることを可能にすることであった。結果的にこの新システムは、実力はない「身内の」人間を国営企業など「うまみのある場所」のポストにつけるために利用されるようになっていった。

朴槿恵は北東アジア初の民主的に選ばれた女性の国家元首となった。選挙戦において彼女は、ジェンダー・カードを積極的に活用した。そんな彼女をフェミニストたちは政治的な得点獲得のためにジェンダーのテーマを利用していると非難した。国会議員時代、朴槿恵は女性の権利のために戦えるだけのあらゆる手段を持っていたにもかかわらず戦わなかった。彼女が編成した政府には公約に反して李明博政府の時より女性が少なかった。しかも選挙戦において彼女はジェンダー・ステレオタイプを壊すのではなく逆に優しい母と忠実な娘のイメージを前面に押し出していた。しかも、特にアジアでは女性政治家によくあることだが、国民は彼女自身を選んだのではなく、父の後継者としての彼女を選んだのである。

新大統領の慎ましさとぎこちなさとは、理解をもって受け入れられることはなく、野党は大統領のどのような失敗でもあれば、やはり独裁者朴正煕の娘だからなのだという機会を狙っていた。朴槿恵が大統領の娘であったことも多くの人々が気に入らないことであり、明らかに国民と距離があった。たとえば、まだ大統領候補であった時、選挙運動で市場を訪れて買ったジャガイモの匂いを嗅ごうとしたが、現実に料理をしている人には考えられない行為である。朴槿恵の最初の社会イニシアチブとしてミニスカートやその他「過度な露出」の衣服に対する罰金を復活させようとしたが、それは一九七〇年代初めの禁止事項を想起させたためにかなり悪意のある批判が起こった（公正を期すために言うと、韓国の警察は一九九六年にも倫理統制を復活させようとしたことを思い出したい）。

朴槿恵は大統領任期の一年目には記者会見を行わず、任期中国民との直接交流をほとんどしなかった（歴代の大統領はそれを定期的に行っていたのだが）。韓国人は、政権とのつながりの欠如に苛立ち、そこに傲慢と独裁統治手法への傾向を見てとった。

中道左派とその支持者たちは、朴槿恵が国家元首の地位にいる間に韓国の民主主義が損われてしまうのではないかと危惧したのも無理からぬことだった。例えば彼女は教員組合を解散させ、高速鉄道民営化に対する大規模反対運動を実施した鉄道労組ともめた。また朴槿恵政権時代にマスコミへの圧力も強まった。李政権でもそうであったように、政府を批判するジャーナリストやSNSのユーザーの声さえもかき消すために、誹謗中傷の手段を用いた。朴槿恵大統領の弾劾訴追が、ジャーナリストの告発に続いて、SNSを通じて行われた大規模抗議行動によって早まるという結果となったのは偶然ではなかった。

さらに大きな社会的反響を呼んだのは、一元化された歴史教科書認定システムを創設しようという朴槿恵の決定だった。それまでは各学校が独自で教科書を選ぶことができた。その目論見は、国の過去について保守主義に偏った視点を若い世代に植え付けようとするものだと見なされ、新しい基準は反対世論を巻き起こした。

政治エリートと国民は同じように朴槿恵政権のスタイルに不満を持っていた。李明博は自分の政策を圧力で押し進めながらも少なくともコンセンサスを求めるふりをするか、あるいは力づくでコンセンサスを作ろうとしてきた。だがその後継者である朴槿恵はあまり誰かと相談しようともせず、決定は楽屋裏でなされていた。大統領は権限を委譲することはなかった——役人はただ彼女の言うことをメモするだけだった（そのため当時の政府の様子を写した写真は北朝鮮のそれに似ている）。このようにコミュニケーションが少なく予測不能な面が多く、はたまた人気のない措置を断行しようとする態度から、時として保守派でも朴槿恵の政治路線に同調するのが難しかった。

全体の政治イデオロギー的コンセプトがあるにもかかわらず、朴槿恵は具体的な政治的措置や計画を練ろうとはしなかった。そのため国家機関は主体的に動くことができず、何らかの理由で大統領と連絡が取れない時は決定が遅れた。大統領へのアクセスが可能なのは公式チャンネルのみだった。自分の部下との非公式な接触を避けていたのである。

朴槿恵の個人的な資質も状況を悪化させた。彼女は忠誠心を基準に側近を選び、政治ライバルだけでなく、反対意見を言う同志に対しても「味方かそうでないか」という観点で見ていた。劉承旼《ユスンミン》「セヌリ党」院内代表が国会法改正について朴槿恵と異なる意見を言った時に、朴槿恵は選挙で国民に彼を「非難する」よう呼びかけた。一般的には、選挙で選ばれる政治家が筋を通そうとする態度や頑固なまでに自分の信念を通す姿勢はよいことであるが（だからこそ議員時代の朴槿恵の人気がある）、国の最高指導者となると外交上手で妥協をする能力がなければならず、そのような資質はかえって害をもたらすことになる。

朴槿恵時代に、社会活動家や芸術家・学者を政権に対する忠誠心を基準とした「ホワイトリスト」と

「ブラックリストに」分けるようになったのは特筆すべき現象だった。「失寵」した人物は公式行事には出席できなかった。韓国外交部〔外務省に当たる〕は外国の韓国専門家に対してもこのような「検閲」を行っていた。

こうしたことにもかかわらず朴槿恵は李明博と違い、大統領任期のほぼ全期間にわたってかなり高い安定した評価を保つことができた。例えば、弾劾へと最終的に発展するスキャンダルの直前、二〇一六年四月の世論調査によると、当時すでに国民は個々の政権の政策に反対していたにもかかわらず支持率は四〇％だった。大統領の人物評価が安定していたのは、朴正煕時代を懐かしがる年配の有権者が主な支持者であり、大統領に忠実だったためである。

評価が安定していたにもかかわらず朴槿恵大統領は任期期間中、分裂した議会の大きな抵抗を乗り越えなければならなかった。第一に二〇一二年の選挙で与党は国会で過半数を取ることができなかった。第二に、この時に立法府の改革が行われ、野党および少数政党が国会の決定に影響を及ぼす可能性が高められた。

朴槿恵は政治の舞台をかえるために「おなじみの」悪臭のする手段を使った。二〇一三年下半期に統合進歩党（ＵＰＰ）事件が勃発した。そのきっかけは、国家情報院が一九四九年の国家保安法に違反したという匿名の告発にもとづいた疑惑だった。これは李承晩《イスンマン》独裁時代に作られた法律で、与党が野党を抑え込むために利用された。この法律によると、左翼イデオロギーへの共感や反共を標榜する政権の批判は敵である北朝鮮に対する協力行為として禁止されていた。

民主化の後、中道左派の努力にもかかわらずこの法律は廃止されず、同法に基づいて判決が下されることが時折あった。二〇〇四年に同法の廃止を盧武鉉がやろうとしたが、当時朴槿恵が党首であった保守野党がそれを阻止した。

結局、二〇一三年暮れに議席を持っていた統合進歩党は裁判所の決定によって解散させられ、議員は議員資格を喪失した。そのうちの一人、李石基《イソッキ》は、保安法違反および反政府組織設立の罪で投獄された。陰謀の嫌疑については結局は晴れたが、それでも李石基は一二年〔九年の誤解か？〕の判決を言い渡された。少数政治勢力に対する弾圧の動機は一見したところよくわからない。おそらく政権がこのような行動に出たのは、当時二〇一二年の大統領選で野党候補に対する中傷キャンペーンの嫌疑で前国家情報院長の元世勲の裁判が並行して行われており、そこから世論の目をそらしたかったのだろう。さらに、朴槿恵はテレビの討論で統合進歩党の李正姫《イジョンヒ》候補が次の大統領は独裁者で親日の対敵協力者だと言ったことから個人的な恨みを抱いていた可能性がある。ここで思い出さずにいられないのは、もう一人の朴槿恵のライバルで二〇一二年国会選挙で中道左派の「顔」であった韓明淑《ハンミョンスク》が二九一五年に汚職疑惑で投獄されたことである。

外交政策

李明博の主な外交プロジェクトは「グローバル・コリア」構想であり、韓国自体を対象としていた。一方朴槿恵大統領は外交政策において朝鮮半島を超える極めて野心的な目標を定めた。彼女は北東アジアにおけるまさに根本的な国際関係の問題を正し、共通する経済と政治的相互理解があることを梃子にユーラシアを統合することを計画し、願っていた。アメリカの学者S・スナイダーが的確に指摘するように、重要な問題を明らかにすることは難しくはないのだが、その有効な解決方法を提唱する事ははるかに難しい課題である。

朴槿恵はまだ選挙に出る前に『ウォールストリート・ジャーナル』に「アジアのパラドックス」を中心概念とする「綱領」論文を書いた。その内容は、中国・日本・韓国間に緊密な経済協力、活発な相互貿易、投資があるにもかかわらず、安全保障協力が極めて低いレベルにある（アメリカの同盟国であるソウルと東京でさえも）というものだった。地域の団結を妨げる大きな障害となっているのは、この三大国が、方向性がバラバラで、それぞれの野心や利害が相まって激しい競争状態にある点である。

経済関係と軍・政治関係の発展段階に見られる矛盾を克服するため、また北朝鮮によって大陸から切り離されている韓国の「大陸復帰」のために朴槿恵は大統領就任後最初の一年間に、漠然としているが幅広く宣伝されるプランを打ち出した。それは全世界に向けてのものであった。朴槿恵はさまざまな国際的な場所（二〇一三年五月アメリカ議会、二〇一三年一〇月ソウルで行われたユーラシア協力国際会議等）で自身の構想を語った。

アンブレラ・ブランドとなったのは「ユーラシア・イニシアチブ」だった。朴大統領はユーラシアを一つの大陸、創造の大陸、平和の大陸とすることを呼びかけた。一番目と二番目は互いに関連しあっている。つまり、ソウルと大陸の諸大国を結ぶ陸上交通手段の復活であり、韓国の「クリエイティブな経済」の構想と経験の輸出である。「平和構築」は個別のプロジェクトとして分離されたが、それは二〇一五年までには共通の「ユーラシア」構想からすっかり面変わりしてしまい、別物になっていた。そのプロジェクトの名称は「北東アジアにおける平和と協力のイニシアチブ」（英語の略称ＮＡＰＣＩ）として知られるようになった。

掲げた目標を達成するための共通手段となるはずだったのは「信頼の政治」だった。つまり、紛争や互いに言いがかりをつけることを問題解決の主要な手段とするやり方を放棄するということである。南北朝鮮関係における個別的なケースへの対応と全体的な「レシピ」となったのが「信頼プロセス」だった。これは言わば金大中の柔らかすぎる「太陽政策」と李明博の過剰圧力の中間策とでも言えるものだった。二〇一一年に朴大統領は『フォーリン・アフェアーズ』に掲載された論文の中でこうした考えを書いていたものの、大統領就任後最初のうちはどんな具体的な措置が計画されているのか、韓国の専門家や役人のうち誰も明確に知る者はいなかった。

一方北朝鮮の方は独裁者の娘の善意をあまり真剣には受け止めなかった。二月、朴槿恵の大統領就任二週間前には、北朝鮮は核実験をおこない、その後米韓合同軍事演習を受けて一九五三年の休戦協定から離脱することを宣言した。そして二〇一三年春には緊張が激化し、北朝鮮は再びミサイルを発射した。そして開城工業団地が一時閉鎖された。

南北朝鮮関係の激化が一つのきっかけとなって、朴槿恵の統合イニシアチブにおいて重心が経済問題から安全保障の問題へと移っていった。南北の争いが続き、さらに深刻化していくなかで大陸との統合という言葉はほぼ意味のないものとなった。ソウル政権は相変わらず、この重要な問題をどのように解決するのかも、より大きな目的を目指すどんなアプローチがあるのかも説明できなかった。朴槿恵の南北朝鮮・地域政策上の行動は先を見通した統合のリーダーとしてではなく、李明博の保守路線をそのまま、いやより厳しい形でもって継承する者の行動であった。

その結果「ユーラシア・イニシアチブ」は忘れ去られ、ソウルは北東アジアにおける平和と安全保障イニシアチブのみに集中することにした。もっともあまり明瞭でない言説は、相変わらず実際の行動と食い違っていた。そして掲げられた目標を達成するための主要な措置として、韓国外交部は宣伝用の大統領計画を発表せざるを得なくなった。

この失敗には主観的な原因の他に客観的な原因もあった。第一の原因は一部隣国（例えば日本）との関係悪化、第二に、韓国のそのほかのパートナーが「イニシアチブ」が単なる宣伝であることを認識していたからだった。第三の理由としては、地域紛争を回避し、全く新しい交流形態へ移行するという目的自体はもちろん崇高なものであったが、地域関係諸国の大半がコントロールされている紛争状態をむしろ好ましいと思っていたことを無視するわけにはいかない。非妥協的な状況の方が、他国の利益を考慮しないで自国の国益を追求し、軍事政治ブロックを強化する上ではるかにやりやすいのである。

しかも朴槿恵は、地域のすべての関係国（彼女によって対立させられた北朝鮮、日本、中国を含む）が彼女の作ったルールを受け入れ、彼女の判断基準を共有して、非核化とは、信頼とは、謝罪、安全保障強化とはどういう状態をいうのかについてソウルと考えを同じくすると思っていたのだ。当時の韓国外交は、ライバルの反論も、パートナーの助言にも耳を貸さなかったが、しかし他国に自分のルールを押し付けられるほどの権力や権威ももっていなかった。「マクロプロジェクト」は実現することなく、ソウルの頑固さが隣国をかなり苛立たせるようになっていった。

北東アジア平和・安全保障イニシアチブは、最も近い同盟国であるアメリカもあまり関心を持つことがなかった。ソウルの「パトロン」であるアメリカが、弟分の同盟国が立てたプランに従う必要がないのはもっともなことだ。オバマ政権は、この地域のルール作りはアメリカの基準で進めていくべきだと考えていた。しかもワシントンもその他の国々も、おそらく政権交代を持ちこたえられないようなプロジェクトを積極的に支持する価値はないと考えていた。

結局、地域の改革というレトリックにもかかわらず、韓国が安全保障の分野で持っていたのはアメリカとの同盟という保守派にとって「伝統的な」カードしかなかった。理想的条件の下では、アメリカとの同盟強化と北朝鮮との信頼醸成はおそらく両立不可能ではなかったはずだが、しかしソウルは前者だけを実現したかったし、実現できると考えていることがまもなく明らかになった。朴槿恵の父は、大統領時代の後半に韓国政治へのアメリカの介入を減らそうとしていたが、彼女はそこにあまり固執するつもりはなかった。

朴槿恵は就任演説の中でも述べていたが、当初から北朝鮮の核の脅威から国を守るべきであることを宣言していた。特に韓国にとって存立にかかわる脅威は、それ以降至るところでクローズアップされ、ついには平壌へ圧力をかけ、正当性が疑われるその他の政策の根拠となった。もっとも、北朝鮮の核ドクトリンをみると、平壌にとって核は韓国ではなく、アメリカに対して反撃し、脅しをかけるために必要なのだということが読み取れる。そのことは平壌の代表も言明していた。しかしながら、予想される北からの韓国に対する攻勢へ対処する必要性が、ワシントンとの軍事政治同盟をいっそう強める動機となったのである。

二〇一三年五月、朴槿恵の最初の外国訪問先となったのはもちろんアメリカであった。訪問は両国の同盟条約締結六〇周年に合わせて行われた。もっとも政治的な関係強化はもうかなり前に行われており、李明博時代にすでに同盟はかなり「強化」されていた。そのため、二〇一三年の共同声明は、全体としては二〇〇九年の共同声明を繰り返したようなものだった。二〇一五年に朴槿恵がアメリカを再訪問するまでには、ソウルは外国でのアメリカとの軍事演習にさらに積極的に参加するようになっていた。

団結の基盤となったのは、北朝鮮に対する圧力強化を図ることについて意見が一致していたことだった。しかも朴槿恵はバラク・オバマの「戦略的忍耐」——実際には対話を拒否し、さらに新たな制裁を導入するという意味だったのだが——をただ支持したどころか、その方針を過剰に推し進めるつもりだったのだ。ソウルは当時、米朝間の議題を「横取りし」、最終的に核という重要問題で「犬を振る（尻尾のほうが賢ければ尻尾が犬を振る）」という状態になったのである。しかも、ソウルの厳しい態度は大統領府が政治危機の深みにはまっていくとともに強まっていった。

アメリカ軍との共同演習は回を経るごとに規模が大きくなり、そうした演習の反北朝鮮的性質は隠すどころか、強調された。演習の典型的なシナリオは、平壌を占領し、北朝鮮指導部の「首を切る」というものだった。当然のことながら、それは北朝鮮の激しくネガティブな反応を呼んだ。

実は、二〇一六年のアメリカ大統領選挙で韓国は、他のアメリカの同盟国同様ヒラリー・クリントンを熱心に推していた。ドナルド・トランプは、選挙運動中、アメリカ軍の海外プロジェクトの支出削減をほのめかしていた。韓国のエリートたちは、トランプが朝鮮半島から軍を全面的に撤退させるのではないかと危惧し始めた。与党の政治家を含め一部の政治家は、アメリカの支援喪失を埋めるために自前の核兵器開発を提案するようになっていった。しかも、トランプが北朝鮮首脳との対話を開始する用意があることを言い始めたことも保守派の懸念材料だった——圧力政策から逸脱すると、彼らの計画が崩されてしまう恐れがあるからである。

結局、韓国のエリートたちはヒラリー・クリントンが勝つとあまりにも信じ込んでいたために、選挙結果が発表された後、しばらくはショック状態にあった。それでも新アメリカ大統領は、最初は北朝鮮との関係改善を特に急ぐことはなく、国防費を削減しようともしなかった。二〇一七年半ばごろにはアメリカと韓国がそれぞれ北朝鮮を挑発したことからこの地域の情勢は緊張の頂点に達した。

朴槿恵が大統領になった当初は、韓国と北朝鮮の関係は改善傾向にあった。関係改善の要因の一つとしては、韓国大統領と中国の習近平国家主席の個人的関係が良好であったことが指摘されている。それとともにソウルと北京には、歴史問題および現在の政治・経済的利害の点で共通の反日プラットフォームがあり、それが両国を接近させた。

中国の習近平は国家主席就任後、歴史上初めて平壌よりもソウルを先に訪問した（平壌の訪問は二〇一九年になってからである）。一方、朴槿恵の方は、東京よりも北京を先に訪問し、二〇一五年九月には第二次世界大戦勝利七〇周年記念の中国の諸行事に出席している。こうした判断は、西側では中国の権威主義支持を誇示しているとみられた。韓国の報道はあらゆる形で朴槿恵と習近平との深い友情を強調し、祝賀行事で北朝鮮代表団はそれほど目立っていなかったといさんで指摘している（当時中国と北朝鮮の関係はあまり良くなかった）。

中韓関係改善の要因の一つとなったのは、北京が平壌の行動にますます苛立ちを抱くようになり、対北朝鮮政策の引き締めを行なったことであり、それにソウル首脳部も共感した。しかしそれは北京が韓国へと「比重を移した」ということではなかった。中国は相変わらず北朝鮮の一番の支援国であり、重要な経済パートナーであった。継続して課せられる制裁によって、中国のライバルは北朝鮮から手を引いていったが、北京は自国にとって重要な分野における北朝鮮との協力を縮小しようとはしなかった。

政治情勢の改善によって具体的な成果ももたらされた。二〇一五年暮れに韓国と中国とは自由貿易協定を結んだのである。これは経済協力の爆発的な発展による必然的な結果であった。中国は、最大の韓国投資受け入れ国の一つであり、二〇〇三年からは最大の貿易パートナーとなったのである。

アメリカが主導権を握る環太平洋パートナーシップ・プロジェクトをオバマ政権が推進し、それに「競合する」中国の統合プロジェクト（「一帯一路」構想、アジアインフラ投資銀行）が出現し、「どちらの側につくか」という問題が韓国の前に立ち塞がった。ソウルはできるだけ争いの種を撒かないように努め、ワシントンとも北京とも可能な限り協力しようとした。例えば中国と韓国は、非現実的であるにも関わらず、中国の「一帯一路」と朴槿恵の「ユーラシア」プロジェクトを結びつけ、協力しようとした。韓国はまた中国が創設したアジアインフラ投資銀行にも参加した。

しかし、二〇一六年に北朝鮮が核実験とミサイル発射を行なったことに伴い、ソウルは自国にアメリカの終末高高度防衛ミサイル（ＴＨＡＡＤ）を配置することを受け入れた。それまでは韓国は方針が定まらず、はっきりした承諾をしていなかった。朝鮮半島でのＴＨＡＡＤ配置について協議が始まると、習近平は北朝鮮について共通の態度をすり合わせようとしていた朴槿恵の電話に応対しなくなった。さらに「絆を強める」反日ファクターも消えてしまった。ソウルが東京と「慰安婦問題」について妥結したからである。

北京はＴＨＡＡＤについての韓国政府の決定に対してかなり厳しい反応を示した。ワシントンの説明では、東アジアにおけるミサイル防衛システムは北朝鮮の脅威に対抗するためということだが、その計画の規模からいうと、むしろ中国とロシアへの牽制を意味している。「北朝鮮の脅威」に対する防衛という観点から見るとかなり疑わしいこの措置（北朝鮮が通常の砲撃をするとソウルを「撃破」することができ、ミサイル防衛システムが守ってくれることはない）は中韓関係悪化の最大の要因となった。

北京は韓国経済界に対して手痛い制裁を行なった。「ロッテ」社が中国から締め出され（ＴＨＡＡＤは同社が購入した土地に配置されることになっていた）、他の韓国企業にも様々な問題が起き始めた。また中国は韓国大衆文化も拒絶し、韓国への大規模な観光旅行を停止した（その結果、多くの観光名所が開店休業状態となった）。韓国経済の損失総額は数千万ドルにも上った。

さらに安全保障問題に関する中韓の戦略対話が中止された。

以上のことをまとめると、朴槿恵政権時代の中韓関係で、関係緊密化の基盤となったのは経済交流であり、関係阻害の要因となったのはこの地域の軍事・政治的分極化であったと言える。

日韓では恒常的で活発な交流があったにも関わらず、朴槿恵は安倍晋三の右翼的な考え方への懸念や慰安婦問題に関するはっきりしない態度を安倍の側近がとっていることなどを理由に、東京と対話をしようとしなかった。それでアメリカが仕方なく仲介に入った。北東アジアの親米ブロックの団結は、ワシントンにとって有利であるが、しかし慰安婦問題こそが一度ならず同地域の最も近しい同盟国同士の軍事・政治協議が決裂する原因となった。

二〇一四年には、アメリカ国務省は、朴槿恵と安倍がハーグ核セキュリティ・サミットで会談する合意を取り付けた。しかし、日本は慰安婦問題の方向性を変えようとする動きを続けていた。強制連行の制度が存在したという証拠はないとか、慰安婦問題を世界全体の歴史に見る軍事的悲劇として位置づけようとする日本のリーダーの声明は韓国世論を激怒させ、そのような言説を韓国人は犯罪を正当化しようとする試みと受け取った。

「慰安婦問題」は二国間協議の中心議題であり続けたが、二〇一五年暮れにようやく双方が受け入れ可能な決定にこぎつけた。東京は再度謝罪し、ソウルは争点となった日本大使館前の銅像を撤去することを約束した。それと並行して韓国は元慰安婦へ補償金を支払うための財団を創設し、日本政府は一〇億円（約一〇〇〇万米ドル）を拠出した。日本はこの合意によってこの問題は解決済みであると何度も強調した。しかし、実際はそれに反する結果となった。

この合意文書の妥協的な性格がかえってマイナスの結果を呼んだ。両国とも野党はこの合意を認めず、国益を損なったとして国のリーダーを非難した。結局、この協定の実施が空回りしてしまったのも驚くにはあたらない。

二〇一六年夏、ソウルの銅像のレプリカを韓国ディアスポラの活動家が推進したことによって世界の数都市にほぼ同時に出現した（例えば、シドニーとロサンゼルス郊外の都市など）。二〇一七年始め、在釜山日本領事館の前に慰安婦像が設置された後、東京は駐韓国日本大使を召喚した。二〇一七年九月にはサンフランシスコに韓国と中国、フィリピンの女性が手を取って、慰安婦について最初の回想録を書いた金学順《キムハクスン》がその前に思索しながら立っているというより「国際色」豊かな像が設置された。それを受けて大阪市長が抗議の印としてサンフランシスコとの姉妹都市交流を破棄すると発表した。

こうした対日の社会活動は国家の動きと「同期」されていて、活動が減速する時も政府の動きと一致している事に気づかずにはいられない（ちなみに「南」から「北」へ宣伝用の風船を送っているグループの動きにも同様の傾向が見られる）。ひょっとしたら民間の活動家に対して韓国政府はこうした問題をはらむ行動を委託していて、いざという時には逃げられるようにしているのかもしれない。その一方で政権にとって都合の悪いことを叫ぶ声は即座にかき消される。例えば、二〇一三年に慰安婦についての本を出版し、慰安婦を必ずしも犠牲者としてのみ描いていない朴裕河《パクユハ》は裁判で罰金を課せられ、彼女の著作は検閲を受けた。さらに二〇一七年四月、慰安婦は自発的に働いていたという推測を発表した順天《スンチョン》大学校の教員が解雇された。

二〇一六年議会で連立による過半数を得た朴槿恵政権に反対する中道左派は、韓日合意文書を厳しく批判した。

世論と議会の反対にもかかわらず、二〇一六年一一月、ソウルは東京と紆余曲折を経て軍事情報包括保護協定（ＧＳＯＭＩＡ）を結んだ。この協定の締結については李明博時代から話し合いが行われていた。

朴槿恵が大政治スキャンダルの結果、任期終了を待たずして政権の座から降ろされ、投獄された後、この事件で失墜した彼女の評価が、彼女の名が冠せられたイニシアチブの評価にも影響した。二〇一七年の大統領選挙では五人の候補全員が二〇一五年の慰安婦合意文書を見直す意向を宣言したのである。

下り坂——スキャンダル、国民の抗議

二〇一四年四月、仁川から済州島に向かっていたフェリー「セウォル号」が沈没した。三〇〇人以上が死亡し、しかもその大半は高校生だった。この悲劇は国全体に衝撃を与え、あらゆるレベルの権力機関に対する強い不満、何よりも大統領の行動に対する不満を呼び起こした。韓国の人々は、当局の行動、特に朴槿恵大統領の対応が遅かったことに怒りを覚えた。彼女は事件から七時間後にようやく連絡が取れるようになった（後に、彼女は髪のセットをさせていたと言われた）。それとともに普通に機能している国家システムならば、このような非常事態への対応にあたって最高指導者の許可を待つということなどあってはならないだろう。国民はこの悲劇そのものに対して、そして救助活動におけるミスに対しての責任を大統領と、大統領によって任命された役人に問うた。しかし、それには議論の余地がある。何百人もの人が亡くなった原因は下部レベルに見られた怠慢と杜撰さとであった。運行会社や乗組員の行動にも疑問が残る。それでも朴槿恵は責任を自ら背負い、政府内で大量の首切りと配置換えを断行した。しかし政権がこの事件で一番気にしていたのは、遺族への支援でもなければ遺体の引き上げでもなく、抗議行動の抑圧と不満者の「ブラックリスト」を作ることだったことを示す文書を報道関係者が入手した。

韓国人はもともと感情的な反応をする傾向がある。二〇一五年に中東呼吸器症候群（ＭＥＲＳ《マーズ》）が流行、一八六人が感染、三八人が死亡した。基本的にはそれほど大規模ではない感染症の流行が国中をパニックに陥れた。国民は、幾分混乱気味だった政府の反応と、感染抑制措置の不手際を批判した。もっと的確な措置をとれば犠牲者の数を減らすことができたはずだと多くの韓国国民が考えていた。このマーズの経験を韓国は二〇二〇年の新型コロナウイルス対策に活かすことができ、文在寅は、かつて朴槿恵の失点となった分野で政治的得点を稼ぐことができたことは注目に値する。

フェリーの惨事も新型疾病の蔓延も、最高行政権力は直接の責任はなかったし、ありえないのだが、両事件は政権のイメージを著しく損ねた。世論が批判したのは首脳部の行動というよりは、大統領の反応の鈍さと気持ちが伝わってこないことだった。言葉を変えれば、朴槿恵が自国の国民と心を通わすことが明らかにできていないということをこうした危機が示したのだった。国民は悲劇の「張本人」を探し出そうとし、「天命」という伝統的概念から、良い為政者の時代には惨事は起こらないのだと思わせた。「セウォル号事件」の後、鄭烘原《チョンホンウォン》国務総理〔首相〕は示しをつけるために辞職したが、議会の反対とスキャンダルのためになかなか後任を指名することができなかった。結局、朴槿恵は国務総理の辞職を拒否せざるを得なかった。

五月二八日、安大熙《アンデヒ》は国務総理指名を拒否した。元大法院〔最高裁判所〕の大法官〔判事〕、安大熙は弁護士時代に自身の地位を利用して不当な利益を得ていたとして非難されたためである。六月二四日、朴槿恵が二番目の首相として指名した文昌克《ムンチャングク》は議会での審議の前に、首相就任を辞退した。その原因となったのは、元ジャーナリストの文昌克が二〇一一年と二〇一二年にソウルのある教会で教区信徒の前で一九〇五年から一九四五年の日本による韓国併合と南北分断を「神の意思」であると言ったことへの批判の嵐が沸き起こったことだった。この演説で文昌克は、日本による支配を「地政学的には有利」なことであるとし、怠慢と自立心の欠如が韓民族のＤＮＡであると言っていた。

二〇一五年の初め、李完九《イワング》が国務総理に就任したが、短命に終わった。汚職疑惑で二月にはもう辞職したのである。その背景となったのは推理小説のようなストーリーだった。自殺をした企業家の成完鍾《ソンワンジョン》の遺書に賄賂を受け取った人物の一人として李完九の名前があったのだ（約三万ドル。他国の汚職スキャンダルの標準からするとかなり少ない金額である）。

国務総理の「交代劇」は一面では野党が朴槿恵と戦うための手段であった。韓国の政界では、まだ不可侵の状態にあるリーダーをその側近を通じて中傷することが典型的な戦略であった。その一方で、首相候補のスキャンダルが絶えなかったということは、大統領の人気のなさとエリートを団結させることができなかった実力のなさの証拠でもあった。

二〇一六年には国会選挙があった。「セヌリ党」が勝利するだろうという事前の予想に反して、同党は大敗を喫した。過半数を取れなかったのみならず最大政党の地位を失ったのである。「セヌリ党」は一二二議席、一方野党の「共に民主党」は一二三議席を獲得した。「共に民主党」にとって追い風となったのは、逆説的ではあるが、選挙前の失敗だった。安哲秀一派が同党から離党したのである。文在寅との戦いに敗れた安哲秀は独立勢力として「国民の党」を作らざるを得なくなった。この新党は三八議席を獲得、しかし面白いことに中道派の同党が議席を奪ったのは「共に民主党」からではなく、保守与党からだった。

「共に民主党」と「国民の党」は見解の相違はあるものの、共通の敵であるセヌリ党を前に団結した。その後の補欠選挙では、セヌリ党は議席数では一位に返り咲いて幾分立場を強くしたが、野党連合が過半数を維持した。議会は、行政側が出す提案については、その内容に関係なく絶対に支持しようとせず、朴槿恵の時代が終わるまで国家機関は事実上麻痺状態となっていた。

二〇一六年の国会選挙におけるセヌリ党の敗北は、多くの有権者が朴槿恵に反対票を投じたことが原因だった。しかも大統領は味方陣営との意見の食い違いも多く続いていた。例えば、彼女は選挙前にセヌリ党の党員に投票するのではなく、個々の政治家、つまり個人的に彼女に忠実な議員に投票するよう呼びかけた。保守派の有権者は、これを極めて否定的に受け止めた。敗北後まもなくセヌリ党の党大会が行われた。その席上、大統領に忠実でない人物が一掃され、彼女のごく近しい同志李貞鉉《イジョンヒョン》が代表の座についた。

観測筋が出した結論としては、国民は現行大統領の対外政策、特に「北」への一方的な制裁の導入とアメリカのミサイル防衛システムの一部を国に配置することに反対を投じたということである。しかしながら、こうしたテーマについて、韓国の有権者は実際にはあまり関心を持っていない。選挙の結果にはまず第一に国内経済情勢に対する国民の不満が影響した（しかも多くの問題は構造的な性格を持っていると言えるのだが、有権者は犯人探しをしてその名前を「洗い出そう」としているのだ）。

議会での支持を失ったにもかかわらず大統領は野党との意見調整をしようと試みることもなく、かなり厳しい態度で統治を続けようとした。例えば歴代の大統領は、あの李明博でさえも国会で野党のリーダーと会ってきたのだが、朴槿恵は会おうとはしなかった。彼女は議会で承認された任命についても議員たちと争いを続け、彼女が推薦する候補を外す決定を退けるために、一九八七年以来初めての大統領拒否権を行使した。

イメージ・スキャンダルと弾劾

二〇一六年七月末から韓国では大統領をめぐって大政治スキャンダルの騒ぎが大きくなり始めた。ジャーナリストがタブレット・パソコンの「ゴミ箱」の堆積からスキャンダルの証拠となるファイルを見つけたのである。この情報によって朴槿恵の古い親友である崔順実《チェスンシル》が権力機関でいかなるポストもないのに、大統領の判断や発言に直接の影響を及ぼし、多くの国内問題や外交問題についても国の政治に影響力を持っていたことがわかった。さらに崔順実が大統領府を通じて大手企業に「寄付金」を出させてそれを彼女のコントロール下にある財団に注ぎ込んだり、大統領の影響力を使って自分の娘を有名大学に裏口入学させた疑惑も出てきた。

韓国の市民社会はかなり感情的であり、文字通り非の打ちどころがない存在であるべき政治家のイメージに対してかなりうるさい。韓国国民が怒りを覚えたのは、何よりも部外者が最高レベルの政治に直接介入していたことだった。報道筋によると、大統領の親友は朴槿恵のスピーチを編集したり、機密文書にもアクセスできたのみならず、終末高高度防衛ミサイル（ＴＨＡＡＤ）配備の承諾や、北朝鮮が「星占いによると」「もうすぐ崩壊する」から北に対して締め付け政策を行うべき、といった疑わしい判断へと誘導した。さらに極め付けは、長年稼働してきた開城工業団地の閉鎖であった。

結局、多くのことが大統領に対して恨みをぶつける理由となった。もう一つ非難のきっかけとなったのは、崔順実の亡くなった父で新興宗教団体の指導者が朴槿恵の亡くなった母親の霊と交流があると言って朴槿恵に強い個人的影響を持っていたことだった（アメリカの外交官は、崔太敏《チェテミン》が「彼女の心と身体をコントロールしていた」と当時報告しており、崔太敏牧師自身は「私たちは霊的な家族だ」と語っていた)。もっともこれは東アジア、特に朝鮮半島の文化では珍しいことではない——北朝鮮の議会では天道教青友党という非伝統的な習合的宗教が存在する。そのうち、大統領府で占いやシャーマニズム的儀式が政策決定においてごく普通のこととなったという噂が広まるようになった。激怒した国民にとって当初の政治上の非難や汚職告発は、山ほどあるスキャンダルの詳細の影に隠れしてしまった部分もあった。

政府は、大統領にも友人がいておかしくないし、友人と相談するのは自由だと言って、最初のうちはそうした批判を退けていたが、世論の圧力はかえって強まっていった。頑強な拒否とはっきりしない回答は国民を怒らせるだけだった。釈明しようとする朴槿恵のぎこちない試みは彼女の評判をさらに落とした。

検察局は崔順実の調査を始め、ソウルやその他の都市では大規模なデモが行われるようになった。この抗議運動は毎週土曜日二〇週間続き、数十万人が参加した。一一月一二日にソウルで行われた集会には百万人という記録的な数字の参加者が参加した。二〇〇八年の抗議運動と同じように人々はろうそくを手にしていた。抗議する人々が怒りを表し、協調行動をとる場となったのがインターネットだった。朴槿恵は二度国民に謝罪し、「人身御供」として首相を更迭し、そのポストに野党勢力に近い人物をつけようとした。しかしそれは、議会の過半数を占める彼女の政敵を憤慨させるだけとなった。謝罪も理解を持って受け入れられる事はなかった。デモの参加者たちは相変わらず大統領に辞任を求め、政界では弾劾訴追の話が出るようになった。

韓国の政治において、一般的に世論は大きな役割を果たしている。しかもその世論は極めて変わりやすく、権力者に対して不信感を抱きがちである。あらゆるランクの指導者、特に高位の指導者には「宗教的清らかさ」が求められ、文字通り非の打ち所がないイメージがなければならない。とは言えそうした評判を維持するのはほぼ不可能である。儒教的な政治観では、指導者は自分が直接責任がないものについても責任をとらなければならない。一方、韓国の「恥の文化」は妥協を許さず、世論は時に他国では笑って済まされるような些細なことでも問題にしようとすることがある。例えば、朴槿恵が大統領に選ばれた時、ブロガーたちは大統領が千ドルほどするようなハンドバックを持って公衆の面前に出ていいのかという議論を真剣にしていたのである。

ある意味、朴槿恵の正直さがかえって裏目に出た。「普通は」韓国の大統領は汚職で告発され、早晩本人または家族が何らかの疑わしい取引に関与していることが明らかになる。しかし朴槿恵については多くの行動のまずさを責めることはできても、人間としてはどうやら本当に信念に生き、清廉な人物と言えそうだ。そのため、身内主義やロビー活動、裏取引が政治においてはある程度「普通」のこととされている韓国にとって朴槿恵のスキャンダルは、かなり異質な性格を持っている。悪名高いシャーマンの儀式でさえも文化と習慣の重要な一部である。

最初のうちは辞任の可能性はかなり低いと思われた。二〇〇四年に議会が盧武鉉大統領に対して弾劾訴追を決議した（汚職と、政党の一つへの支持について公言したこと）が、憲法裁判所は弾劾訴追を棄却した。

それでも二〇一六年暮れにはスキャンダルが大きくなっていくにつれて国民の怒りは強まっていった。そのかなり前から人気を失っていた朴槿恵は、明らかに否定的な人物として見られるようになり、すべての政治勢力も彼女と距離をおいた。韓国の二大政治勢力は、スキャンダルが起こる前から彼女に不満を抱いていた。大統領への幻滅が、正反対の見解を持つ人々を結びつけた。スキャンダルが明るみにでるきっかけの一つとなったのは、自由主義的な『ハンギョレ新聞』と保守系メディア会社「ＪＴＢＣ」の記者の共同調査だった。

「セヌリ党」は最大数の議席（一二九人）を持っており、弾劾訴追を阻止することはできたはずだが、同党議員の約半分が弾劾に賛成した。党内の反朴槿恵派の一部は離党して「正しい政党」を結成したが、その二年後にはまた戻ってきている。セヌリ党は、イメージ刷新をする必要に迫られ、党名を「自由韓国党」に変えた。

二〇一六年一二月九日に行われた議会での採決では三〇〇人の議員中二三四人が大統領弾劾訴追に賛成し、大統領の権限が停止された。二〇一七年三月一〇日、韓国憲法裁判所は満場一致でこの決定を承認し、大統領を罷免した。朴槿恵の弾劾訴追棄却のためには九人いる判事のうちわずか三人の支持があればよかった。裁判官の大半が保守的な見解を持っていたことに彼女は明らかに望みをかけていたが、そのあては外れてしまった。まもなく大統領は不逮捕特権を剝奪され、収監された。最終的に一五年の禁固刑が言い渡された。

国家機構の機能性が大統領の不人気のために麻痺することが時々あるため、それを防ぐために首相の権限拡大を柱とする権力体制改革の国民投票を提唱する専門家もいた。しかし、韓国の政治機構は全体としてかなり硬直した体制であり、権力と世論は同じように不安定化の変化を恐れている。しかもこのような体制だと、世論が進んで別の人物の欠点探しを始めて、見つけようと思えば見つかってしまうという古い問題が残ってしまう。

後の二〇一八年に、別のスキャンダルのおかげで明らかになったことがあった。二〇一七年の選挙運動中に次期大統領文在寅に近いグループがＳＮＳでボットを使うなどして保守派を中傷し、「ろうそくデモ」の恩恵を最も受けた中道左派候補のランキングアップを図るなどして世論操作をしていたのである。ここで思い出したいのは、二〇〇八年の「牛肉輸入問題」のデモが二〇一六年まで「ろうそくデモ」と呼ばれていたことであり、その運動を李明博政権は中道左派によって先導されたものと見ていた。運動の「演出」と切り離してデモ参加者の構成を見ると、確かにイデオロギー的にも歴史的にも中道左派に近い層が多かった。今日の韓国の民主運動は一九八〇年代の学生抗議運動から始まっているが、二〇一六年には八〇年代の元学生が子供達を連れて街頭へ出てきたのだった。

朴槿恵の台頭と没落の激しい政治的キャリアは、民主化後の韓国におけるリーダーと国民の関係を鮮やかに描き出すものとなった。ただ問題は、エリートたちがこれらの事件から教訓を引き出すことができたかどうかだ。

第6章　韓国でのリベラル派の復帰

選挙綱領とその実施

二〇一七年五月の朴槿恵弾劾後、臨時大統領選挙が行われた。そして国に構造的な挑戦が突きつけられた。それは、国民の急速な高齢化とそれに伴う経済的影響、経済界と権力の接触手段として蔓延する汚職文化、特に若い世代で高い失業率、教育もキャリアも激しい競争となり、その果てしない競争に加わるために必要となる巨額の費用等、である。韓国国民の大半は、一〇年間にわたる保守政権はこれらの深刻な問題を解決するどころかより悪化させたと考えている。朴槿恵スキャンダルの後、社会はこれまでとは違う道を選ぼうという機運がこれまでになく高まった。

その結果、中道左派の候補文在寅が大統領選挙で人気を集めることとなった。文在寅の政党と彼自身、信頼を失った朴槿恵に対する抗議をうまく利用することに成功した（ひょっとすると、スキャンダルそのものの影にいたかもしれない）。文在寅は、一九五三年朝鮮戦争の惨劇で「北」から「南」へ逃げた家族に生まれた。朴正熙政権下の学生時代、抗議運動に参加し、投獄され、大学から追放され、兵役を終えてやっと復学することができた。大学を卒業して裁判官になろうとして試験を受け、合格したが、「前科」があるため裁判官になることはできなかった。そして「人権派」弁護士でその後大統領となる盧武鉉と、同じく弁護士となっていた文在寅は近づきになった。二〇一七年の選挙までには文在寅はもう政治の素人ではなかった。

盧武鉉が大統領の時代、文在寅は大統領府長官を務め、その後議会選挙に出馬した。二〇一二年、文在寅は大統領選挙に出たものの、朴槿恵に敗れた。

文在寅の対抗馬となる可能性があったのは、国連事務総長の任期を終えて帰国したばかりの潘基文《バンギムン》だった。しかし、潘基文はかなり早くに政治的野心がないことを言明した。結果的に、「共に民主党」候補の文は四一％の票を獲得し、二四％しか得票できなかった保守のライバル洪準杓《ホンジュンピョ》を大きく引き離した。第三位は二一％の票を獲得した安哲秀だったが、彼は四月初めの世論調査では文在寅から大きく引き離されてはいたものの二位であった。

選挙運動中、文在寅は自身の政策として三つの柱を掲げた。第一は、「北」との関係における新しいアプローチ、第二に汚職や朴槿恵時代の「時代遅れの悪」との戦い、第三に経済成長である。

歴代大統領は、「北」の問題は重要であるものの、最重要ではないとしてきたが、文在寅はそれを自身の最重要政策として位置づけた。こうしたアプローチは、「新対北政策」と呼ばれるようになった。文在寅は、「北」との平和的共存を前提としており、この意味では金大中の「太陽政策」と盧武鉉の「平和と繁栄政策」を継承していた（後者については継承性を示すために、理念についての資料に間接的に引用されている）。

一面では、平壌と和解をして朝鮮半島の核問題解決における仲介者の役割を果たすことは高潔だと言わないわけにはいかない。しかし反面、文在寅は自身の政治的運命を、気まぐれな隣人と、またそれに劣らず気まぐれなパトロンとに依存させることにもなった。先回りして言ってしまうと、これは国内政策の観点では失敗であった。

ワシントンと平壌は二〇二〇年までには共同の努力によって「核問題」前線におけるソウルの全ての努力を無駄にし、ほぼ二〇一五年当時の情勢に戻した。これほど核軍縮のために努力した仲介者に対して、争い合う双方が批判をしたというのは興味深い。南北朝鮮問題関係において韓国は、アメリカの圧力と政治的意思の欠如のために、実質的かつ具体的な協力をするという一線を越えることをためらった。この協力なしでは、北朝鮮はこれ以上韓国大統領の人気向上のための政治ショーを続けることには意味がないと考えていた。そして二〇二〇年に文在寅への恨みをこれみよがしに示すきっかけを見出した。「新対北政策」の成功に全体として漂っていた楽観主義が消えて幻滅が訪れた。保守派は、文在寅が自身の政策が有効でないことを証明した後でも北朝鮮に対する柔軟路線を変えようとしないことを批判した。しかも政権は、外交や南北朝鮮問題での成功を利用して国内政治不備から国民の目をそらせることがますます難しくなってきていた。

汚職についてはすべての歴代大統領府が戦い、一部成功を収めることもあった（そして全員が汚職に関与していることが明るみになっていた）。文在寅の考えでは、汚職、縁故主義、その他の過ちは「根付いてしまった悪」であり、それは朴槿恵と保守派の責任であるとされた。しかしながら実際は、これらの悪との戦いそのものが、実は個人的復讐の手段であったり、違った手段で個人の政治的利益を追求しようとするためであることも少なからずあった。例えば、文在寅が政権を取った後、李明博に対する裁判が始められた。そして前大統領は多額の罰金と一五年の禁固刑を言い渡された。多くの人々はこれを盧武鉉の悲劇に対する前大統領への復讐であり、「人身御供」でもあるとみた。平壌が不快に思っていた前指導者への弾圧は、「北」との対話促進につながると思われたのである。

二〇一七年の選挙では全候補が政治体制の改革をする用意があると言明し、憲法を改正していわゆる「第六共和国」から「第七共和国」への移行が起こることを期待していた。しかし、結局それは起こらなかった。二〇一八年春、文在寅は憲法改正案を打ち出した。それは大統領の任期を二期に延ばす一方で、権限を限定し、その分首相の権限を拡大するというものだった。しかし、議会はこの提案を退け、このことを文在寅は、国民の意思に反する行為だと評した。

朴槿恵の排除と政治の再編成も国が抱える最大の課題である経済問題の解決にはつながらなかった。この挑戦に対して文在寅が出した答えは、社会政策重視、国家主義的政策への転換だった。これを敵対勢力も支持勢力もほとんど社会主義的実験ではないかと早々と評した。

文在寅新大統領の主要な経済コンセプトとなったのは、「所得主導成長」だった。その根拠は、賃金と国民所得の増加、国家部門の拡大によって内需を喚起し、それによって雇用が創出できる、そうしたプロセス全体が経済の健全化を図り、成長を保証するというものだった。そうした政策は、文在寅の支持者の期待に応えるためのものであった。彼の支持者は、主に二〇一六年の「ろうそく革命」に参加していた人々であり、その中には失業している青年も多くいた。多くの人々は貧富の格差拡大に幻滅しており、経済成長重視路線は社会の上流階級だけが利益を受けるものであり、従って国家は社会政策重視へと方向転換しなければならなかった。

この路線の一環として国家部門に八一万人の雇用創出（特に警察と消防等の職員数増大）、最低賃金を二〇二〇年までに時給一万ウォンまで引き上げる措置や、労働時間を週五二時間までに抑える（韓国人は実際にははるかに長時間働いていたので、これも雇用創出の促進につながる）、非正規雇用の正規雇用への切り替え、国際労働基準の導入、基礎年金の引き上げ、医療・育児への国家支援拡大などが打ち出された。朴槿恵が言っていた公約のいくつかも（当然それは果たされなかった）再び打ち出された。文在寅は財閥の特権を廃止し、教育費の引き下げを訴えた。大企業を「抑制」するためには高所得者および法人に対する税金の引き上げといった人気のない措置も提唱した。

新しい大統領は自身の公約実現のためにエネルギッシュに動き始めた。二〇一七年の最低賃金は時給換算で六四七〇から七三五〇ウォンまで引き上げられ、二〇一八年は八三五〇ウォンとなった。二〇一八年七月からは、労働時間がこれまでの週六八時間から五二時間へと移行した（四〇時間が通常勤務で残業は一二時間まで）。さらに税の引き上げが企業の法人税（二二％を二五％に）、および年間収入五億ウォン以上の個人所得（四〇％を四二％に）を対象に行われた。これらの措置導入には、税負担と「社会的」負担増大に不満を持つ経済界から抗議の声が上がった。

政府がとった措置の結果ははっきりしないものとなった。政権は国家部門の雇用創出を実施したが、建設部門および製造業では賃金引き上げの必要性から雇用が一三万人分削減された。解雇に踏み切らざるを得なくなったのは、豊富な資金を持っていない中小企業だった（失業者の数は一一五万人を超えた）。非正規雇用を減らそうとする試みも予期せぬ結果を招いた。多くの非正規雇用の従業員は正社員に移行するのではなく、単に首を切られてしまったのである。非正規雇用市場は闇へと移行し、企業は非合法移民を使うことが多くなった。

結果的に文在寅の戦略は、守ろうとした人々をかえって傷つけることとなってしまった。こうした改革は中小企業をはじめとする経済界だけでなく、国民の不満も呼び起こした。批評家は、新政策が差別を引き起こしたと評している。非正規雇用の従業員は正社員と同じ特典を受けたものの、しかしだれが特典を受けるかの選抜がずさんだったのである。

経済に対する税と社会保障の負担を上げることは韓国が抱える最も難しい問題を解決するどころか、余計に複雑にしてしまう。そうした問題とは、人口の急速な高齢化、消費者のクレジット依存、貿易の悪化、不安定なエネルギー価格、韓国からの輸出に対する米中貿易戦争の悪影響などである。輸出に関しては、特にワシントンが保護主義政策に切り替えたことで打撃を受け、韓国の基幹産業である自動車産業に問題が生じた。全体として韓国は、世界市場で日本に遅れを取り続ける一方、中国が韓国に急速に差をつけていった。

文在寅の経済実験は、韓国経済が抱える構造的問題を改善しなかっただけでなく、成長を確保することができなかった。経済成長は二〇一七年が三・二％だったのが、二〇一八年は二・七％に落ち込み、二〇一九年にはわずか二％となった（第一四半期ではマイナス〇・四％という結果だった）。二〇二〇年は、新型コロナウイルスのパンデミックのために、状況はより深刻なものとなった。

経済と貿易で成功できていないにも関わらず、大統領の人気は不思議なことに落ちなかった。任期前半の間、大統領の業績は四〇－五〇％の国民が支持した。同様の数字が二〇一九年暮れも維持されていた、――つまり、まだパンデミック対策が成功する前であり、一方「新対北政策」は停滞し始めたのに、それでもまだ高支持率が維持されていた。これは韓国では極めて高い数字である。例えば、朴槿恵のスキャンダル前の支持率は三〇％であり、かなり良い指標とされていた。李明博の支持率は約二二％、盧武鉉は二五％前後を上下していた。しかも文在寅は民主化以降の歴代大統領の中で唯一、任期三年目になっても支持が不支持を上回っていた。

二〇一八年の地方選挙で中道左派は九〇％以上の地方議会の議席を獲得し、全国の知事のポストも圧倒的多数を獲得、また国会で再選された一二人のうち、一一人が中道左派だった。国会での議席数は与党「共に民主党」が一一九議席から一三〇議席に増やしたが、やはり過半数を取るには至らず、野党は共同で政権のイニシアチブを阻止することができた。「共に民主党」は、文在寅の人気が南北朝鮮会談開始後ピークであったことと、朴槿恵のスキャンダル後、保守派はあいかわらずバラバラであったことに助けられた。

二〇二〇年初め、世界で新型コロナ・ウイルスが蔓延し始めた。最初のうち——三月頃——韓国はウイルスが発見された中国に近く、中国との人の往来も多いことからパンデミックの感染源の一つとなった。感染蔓延の中心となったのは大邱《テグ》市で、習合的な宗教セクト「新天地イエス教」の信者の間で感染が広がった。しかし、四月には感染を抑えて感染率もかなり下げることに成功した。その助けとなったのは、第一に、国民の規律正しさ、第二に政府の適切な措置だった。迅速に街に特設会場を設けて大量に検査を行い、感染者の移動は、携帯電話を通じて厳格にトラッキングされていた。国は感染者の治療費を負担し、マスクを一元化して国民のために確保した。感染状況は、都市のロックダウンなどの「反民主的な」措置を取ることなく蔓延防止に勝つことができたと強調されたが、感染者のトラッキングなどは民主的とは言い難いだろう。

もちろん、ソウルの新型コロナ対策では二〇一三年〔二〇〇三年の間違いと思われる〕の重症急性呼吸器症候群（ＳＡＲＳ《サーズ》）と二〇一五年の中東呼吸器症候群（ＭＥＲＳ）の経験が役立った。文在寅政府が効率的に動けたのは、朴槿恵政権のネガティブな経験のおかげでもある。二〇一五年の感染に対する政権の対応に対する批判の後、福祉部〔日本の厚生労働省に相当〕の権限がかなり拡大され、二〇二〇年に政権はそれを有効活用した。

韓国は多くの国との接触を制限したが、その対象国リストに中国は入っていなかったことは注目に値する。北京向けのあからさまなジェスチャーのために大統領は批判を受けたが、しかし、全体としては感染押さえ込みの成功が、政権の人気に大きなプラスとなった。ソウルは、即座にその成功を外国市場でも政治的に活かそうとし始めた。公式筋のコメントや報道で、韓国の公衆衛生のノウハウを輸出しようという構想が頻繁に取り沙汰されるようになり、このような状況が医学的成果を「ソフト・パワー」の一つとして組み込むきっかけを与えてくれた。

感染症の制圧に政権が成功したことは、与党の政治的地位に直接影響した。二〇二〇年春、国会選挙が行われたが、保守派が一〇三議席だったのに対して、中道左派は一八〇議席を獲得、大勝利を収めた。一九八〇年代終わりの民主化以降、国会でこれほど圧倒的な地位を一つの政党が占めたのは初めてのことだった。

新しい政権の未熟さや過ちを国民は全て見ているのだが、それでも保守派は魅力的な対抗勢力を連帯して形成することができないでいる。それは第一に、考え抜かれたイメージ戦略といくつかの国内外での成功によって文在寅は高い人気を維持することに成功しているからである。第二に、右派陣営は、二〇一六－二〇一七年のスキャンダルから未だ立ち直れないでいるのである。朴槿恵を支持するかなり騒がしいグループは残っているが、国民は保守派を信頼しようとしていない。政治レベルでは、朴槿恵支持派と弾劾を支持した保守派政治家たちは今もなかなか協調することができないでいる。有権者はこれまでにないほど分断されてしまっている。選挙結果では民主派は次の大統領選挙へ向けて良い足掛かりを掴んだ――現在の国会は二〇二四年まで続くからである。

今回の選挙結果で「共に民主党」の追い風となったのは、一つには状況が味方していたこと、そして比例代表制の票の配分システムが変更されたことである。韓国の国会の三〇〇議席は、その大半が小選挙区から選出され、四七議席が政党別比例代表で選ばれる。二〇一九年には選挙改革が行われ、この数字のうち三〇議席を選ぶルールが変更された。以前は、四七議席は全て比例代表で選ばれていたが、現在ではこのうち三〇議席は、個別のリストで選ばれるようになっている。これは当初の発案としては、少数政党の議席を国会で確保するためのものだった。

選挙改革のイニシアチブを取ったのは形式的には少数政党だったが、保守派は、改革の裏では、与党が自分たちの独占的地位を固めようとしているのだとにらんでいた。しかも、この改革で選挙権を持つ年齢が一九歳から一八歳へと引き下げられ、さらに約百万人〔実際は五〇万人〕が投票権を持つこととなったのだが、若い世代は一般的に中道左派を支持している。そもそも民主派は、二〇一八年の地方選挙に向けて選挙制度改革を訴え始めている（有権者の年齢引き下げについての条項が文在寅の改憲案に含まれていた）が、保守勢力は、改革が行われると保守の地位が揺らぐ、特に地方が危ないと、もっともな判断をして反対した（結果的にはそれも役に立たなかったが）。

結局、両陣営とも――まず保守派が、それに続いて中道左派が――、一時的な衛星政党（「比例党《ピレダン》」）を比例代表の投票に加わるために設立した。「共に民主党」の衛星政党は「共に市民党」、一方「未来統合党」（元「自由韓国党」）の衛星政党は「未来韓国党」であった。双方の衛星政党とも、選挙後に親党にすぐに吸収合併された。結果的に二〇二〇年の国会選挙では、登録政党のリストは記録的な長さであったが、少数勢力の議席は以前よりも少なくなった。

この国会選挙では二人の脱北者、池成浩《チソンホ》と太永浩《テヨンホ》（のちに太救民《テグミン》に改名）が当選した。後者は以前、在ロンドン朝鮮民主主義人民共和国大使館の公使であった。「南」へ逃げた後、彼は公に平壌批判を繰り返し、回想録も出版して北朝鮮外交の「舞台裏」について語った。太救民はソウルの華やかな地域である江南《カンナム》甲区から立候補し、勝利した。この「北」出身の議員は二人とも、南北朝鮮問題について厳しい態度を取ることで有名な保守政党から出ている。

ソウルの中心部にある鐘路《チョンノ》区から立候補するのは普通、政党のリーダー——つまり将来の大統領候補である。二〇二〇年の選挙で出馬したのは李洛淵《イナギョン》（文在寅政権の国務総理だったが、二〇二〇年一月、「共に民主党」を選挙に向けて盛り立てるために辞職）と黄教安《ファンギョアン》（朴槿恵の弾劾後、大統領代行を務めた朴槿恵政権最後の国務総理）だった。黄教安は選挙で保守派が敗北した後、辞任したが、これはキャリアを終えるわけではないが、韓国の政治家がよくやる常套手段である。

文在寅の仕事スタイル

文在寅新大統領が高い人気を維持することができている重要なファクターとして挙げられるのは、国民への向き合い方である。朴槿恵と違い、文在寅は定期的にインタビューを受け、記者会見を開き、台本ではなく自由に聴衆の質問に答えている。しかも非公式な形で市民と定期的に交流している。時にそのような「人民の中へ」入る姿は芝居がかったようにも見えるが、それでもごくたまに姿を現してぎこちなく有権者に影響を及ぼそうとする前大統領よりはＰＲの観点では遥かに優位である。

もっとも、文在寅も表面的には権力機関の透明性を高めようとしているが、実の所はこれまでの保守のリーダーと同じく閉鎖的であり、異なる意見に耳を傾ける構えがない。例えば、文大統領は経済政策に関する専門家や経済界の反対を無視したのだが、選択したアプローチの欠陥が明らかになった時、議論を避け、欠陥を隠すために統計を操作するようになった。

新大統領の頑固さは、政治経済面で国家のプレゼンスを高めようとする二〇一七年に発表した全体的な路線としっかり合致している（李明博の「小さな政府」政策に対抗する「大きな政府」コンセプト）。興味深いことに、普通、韓国政治において国家資本主義的思想の持ち主は中道左派よりはむしろ保守派である。

国会で野党は、文在寅が政治ショーを好む傾向があることを批判する。しかも文在寅は朴槿恵と同じく、野党とあまり積極的に交流しようとはしない。新大統領が政権の座についた時、「共に民主党」は、まだ過半数をとっていなかった（わずか一二〇議席だった）。そのため文在寅は、「国民」に重きをおき、国会を避けて世論の支持を取り付けようとしたのである。文在寅は、野党とたまにしか向き合おうとせず、それも交換条件としてである。例えば、雇用創設予算を国会で通すために、雇用労働部長官のポストには野党にも受け入れられるような候補を据えた。文在寅は、野党党首との会談を結局始めようともしなかったばかりか、国会が二〇一九年度予算を通そうとしなかった時には「過半数の専横」だとして野党を非難した。

文在寅の「社会主義的」実験において社会・政治的支柱となったのは、労働組合だった。面白いことに、これまで政権がこのかなり活動的で数の多い勢力を頼みとすることは相当珍しかった。李明博、朴槿恵保守政府にとって労働組合は「天敵」ともいえるもので、一方、中道左派はこれまで過激主義の誹りを恐れてあまり労働組合と接近しようとはしなかった。文在寅は歴史上初めて二つの組合連盟――「政府寄り」と目される韓国労働組合総連盟と左派寄りの民主労働組合総連盟の直接対話を始めた。文在寅はこの事実を積極的に利用して、新政府が初めて労働者に直接耳を傾けたかのようなイメージを植え付けようとしている。

政府にとっては、改革をすすめるために世論の圧力を使う必要がある。新政府は、社会運動や抗議運動に対してかなり穏やかな反応をしているのが目を引く。文政権は、そうした動きを抑えようとせず、時に抗議運動のエネルギーを利用して自分たちの意図する方向へと向かわせることもある（韓国にとっては全く珍しいことではない）。保守派に言わせると、労働組合は政府の指示あるいは黙認の上でやりたい放題で、文在寅は労働者の手を借りて不都合な役人たちを罰しているという。

韓国のシステムの欠陥を正すという公約にもかかわらず、文在寅政権はこれまでの歴代大統領のほとんどがそうであったように、まず第一に、個人的な忠誠心を基準にして重要なポストの候補選びをしている。朴槿恵と同じく文在寅も国営企業や財団の指導的地位といった基本的に儲かるポストにプロとしての資質に関係なく、近しい仲間を任命している。興味深いことに、文在寅は、頑固一徹な保守の前任者たちよりも、そして自身の師匠である盧武鉉よりもはるかに頻繁に議会の意見を無視して人事を行なっている。文在寅は、以前自身が野党であったときに保守派の疑わしい人事措置を批判してきたが、それと同じことを行なっているのは偽善だとして、反支持派は批判している。人事の「押し込み」と忠誠な人物への「餌」のばらまきの他にも「ブラックリスト」作成（元朴槿恵支持者の）、そして少数の同志を必要に応じて重要なポストにつけたり交代させたりして巧妙にあやつっていることなどもある。

その典型的な例が、二〇一九年秋に曺国《チョグク》を法務部長官に任命したことをめぐるスキャンダルである。文在寅の盟友である曺国は、文が大統領に就任すると大統領府民情首席秘書官に就任し、汚職の摘発を行なっていた。しかし、法務部長官に指名される頃には、今度は曺国自身が職権濫用やさまざまな疑惑で非難されることとなった（特に娘を一流大学に不正入学させた事件）。国会での反対や世論の大きな反響にもかかわらず、文在寅はそれでもこの人事を押し通した。しかしスキャンダルが大きくなり、曺国の家族も起訴されるなどしたことで、結局就任まもなく曺国は辞任せざるを得なくなった。

二〇二〇年七月、文在寅は治安機関の人事交代を行い、「味方を裏切らない」という態度をあらためて見せた。徐薫《ソフン》元国家情報院院長と鄭義溶《チョンウィヨン》国家安保室長をそれぞれ大統領府の重要なポストに任命したのである。両人とも対北朝鮮外交において重要な役割を果たしたが、それをボルトン前米大統領補佐官が、センセーションを起こした回顧録でこきおろしているために、両人をそのままの役職においておくわけにはいかなくなった。

文在寅の己が道を行こうとする姿勢を示す典型的な例の一つが、原子力エネルギーを放棄するという異色の選挙公約だった。その根拠として、原子力エネルギーの危険性、特にそれほど昔ではない二〇一一年に日本で起きた福島第一原発事故が挙げられた。彼の論理では、二〇一六年の慶州《キョンジュ》地震のような自然災害は、電力の約三分の一を原子力が担っている韓国でも同様の事故を引き起こす可能性があることになる。

しかし、これほど大きな割合をになっている原子力を何の障害もなく放棄するのは不可能だということは明らかである。まして、韓国大統領に与えられた五年という短い期間ではなおさらである。原子力関係のロビー活動や原発がある都市での抗議運動は、文在寅に自身の政策を見直さざるをえなくした。政府は古里《コリ》の新規原発建設をストップさせることもできず、新大統領の唯一の成果となったのは、二〇一七年に三〇年の操業期間を過ぎた「古里一号機」の閉鎖の際に行った演説のみだった。新しい原発ユニットの建設によって韓国での原子力エネルギーの生産量は、減少するどころか増大することとなる（朴槿恵政権時代の二〇一四年に可決された原子力発展計画に基づく）。二〇一七年末の政府文書を見ると、「原子力の放棄」は再生可能エネルギーへ少しずつ移行する方針へと切り替わったことがうかがえる。

文在寅は国防分野ではこれまでの韓国の政治家ほど一貫して非核化構想を主張してきたわけではなかっ

た。一方では、文在寅は選挙での保守派の対立候補だった洪準杓のようにアメリカの戦術核兵器の復活を訴えたりはせず、まして一部の学者や政治家のように、韓国は自国の核兵器を持つべきだというようなことは言わなかった。

しかし、その一方で韓国との同盟維持についてトランプの態度がはっきりせず、また緊張した地域情勢もあり、二〇一七年、文在寅は韓国海軍の原子力潜水艦建造へ傾いていった。この構想は二〇一八年の核問題に関する南北朝鮮および米朝交渉の成功の影に「隠れて」しまったが、これをワシントンも支持した。

リベラルな外交路線

文在寅は選挙運動中、北朝鮮へのアプローチを見直すべきと主張したが、それはワシントンとの関係の形を変えるものとは考えていなかった。この後大統領となった文は、アメリカとの同盟は韓国外交政策の柱であるという何十年にもわたって作り上げられた方程式を支持し、追従していた。もちろん文在寅の大統領就任後最初の外国訪問の行き先はアメリカだった。

それでもソウルと古くからの同盟国との利害がいつも一致するわけではないことに気づかないわけにはいかない。それは二〇一七年に金正恩に毒づいたトランプが、この地域の異常な緊張を煽り立て、自身の「グレート・ゲーム」において「南」の繁栄を無視することもできるのだということを明らかに見せていたことで特にはっきりとした。

北朝鮮へのアプローチに関する韓国とアメリカの意見の相違は、これまでになく深い溝となった。文在寅は民族和解と北朝鮮の「コミットメント」、新たな「平和体制」創設、協力の発展を目指していた。ソウルはイニシアチブを発揮した。二〇一七年末から韓国外交は、「北」との関係正常化をはかり、そして北朝鮮とアメリカの関係をとりもつ影の仲介者となったのである。

ソウルにとって、核に関する現実政治が、トランプの国内政治事情と自身のイメージアップのための政治ショーと化してしまったことは、予期せぬことだった。しかもアメリカの保守的外交エスタブリッシュメントは、圧力政治をやめるつもりも、同盟国に自分たちと違う行動を許すつもりも全くなかった。そのようなアメリカの「ディープ・ステート〔つまり政界を支配する影の国家〕」の態度とソウルの優柔不断が相まって二〇二〇年には文在寅が外交および国内政策でかなりの得点を期待していた和解への仲介努力も事実上破綻することとなった。

アメリカの保護貿易主義への移行も韓国に深刻な問題をもたらした。トランプは韓国とのＦＴＡ問題に関するオバマ政権の弱腰を何度も批判し、協定を見直す計画であると発表した。これは、韓国経済に影を落として文在寅の経済活性化計画の実施に悪影響を及ぼす可能性があった。輸出の減少は様々なネガティブな要因の他に、政府があれほど拡大しようとしてきた雇用を減少させる危険性があった。

しかし、ソウルはアメリカへ圧力をかけるすべを持たず、これを阻止することもできず、唯一、見直しの不利な条件のマイナスをできるだけ小さく収めることしかできなかった。二〇一八年九月、米韓の指導者は改定版ＦＴＡを締結した。韓国はアメリカの農産物および薬品の障壁を引き下げ、アメリカの車の輸出枠を拡大した。加えてソウルは鉄鋼の対米輸出枠の削減に踏み切った。トランプ政権がＦＴＡ見直しで固執した為替管理の条項を入れることについては、韓国の外交官は阻止することができた。

貿易協定の行方をめぐる懸念の他にも韓国エリートは、今後アメリカが同盟国としての義務を遂行するつもりがあるのか、どの程度遂行するつもりなのかという懸念ももつようになった。心配の種のリストには、ワシントンが合同司令本部を解体し、有事には韓国軍の統率権を韓国に渡すのではないかという懸念さえあった。

そのためソウルは、二〇一七年のトランプの韓国初訪問をそのような懸念を払拭させるようなものにしようと努めた。トランプ大統領は、民間の空港ではなく米空軍基地に到着し、そこで文在寅が出迎えた。その心は明らかである。つまり、アメリカは、朝鮮半島に軍事力として残るということである。しかも韓国は、トランプが同盟国の防衛に対する責任を同盟国自身に転嫁させようとしていることを利用した。ソウルは、自国の軍事力を新しい技術レベルへと引き上げる許可をワシントンから引き出したのである。ミサイルの弾頭部分の重量制限が撤廃され、韓国海軍の原子力潜水艦建造構想が了承されるなどした。一定の自主性は、のちの二〇一八年の南北朝鮮首脳会談で採択された板門店《パンムンジョム》宣言および平壌宣言にも見られ、韓国政府は、朝鮮半島の平和を目指す用意があると述べ、三八度線の更なる非武装化を進める義務を負うなどした。

軍事・政治分野において最大の問題となる主題は、朴槿恵政権から文在寅政権が「継承した」アメリカの終末高高度防衛ミサイル（ＴＨＡＡＤ）の韓国配備だった。これについての決定は、朴槿恵政権時代になされたのだが、レーダーが「一方的に」配備されたのは、弾劾から新たな選挙までという非常に微妙な時期だった。それは、アメリカが次期大統領の反対を回避したかったためかもしれない。一面では、ミサイル防衛システムに関する文在寅の態度は曖昧だった。討論の席で文在寅は、米中との交渉を行える可能性が出てくるまではっきりしたことは何も言えないと言っていた。一方、朴槿恵のこの決定は、彼女が決めたからという理由と、そしてこの決定自体、中国とロシアとの否定的な反応もあって、世論には極めて不人気であった。文在寅は、政権の座についてから、さまざまな理由を挙げて、果ては環境問題を理由にミサイル防衛システム配備を引き伸ばし、その挙句、北京と合意をして凍結した。

中国は、アメリカのミサイル防衛システムの韓国への配備を自国の脅威であり、中韓の間に釘を刺そうとする行為であると、もっともな理解をしている。この措置が韓国にとってもたらす大きな政治経済の否定的結果を考えると、「南」が自国の安全保障を高めることになるのだからと言って、レーダー配備費として一〇億ドル支払うべきだというトランプの声明は、特に意地悪に響いた。

D・トランプは中国に対してあからさまな対立政策を行なっており、ソウルにとって最重要の軍事・政治同盟国と、これまた最重要の経済パートナーのどちらを選ぶのかという問題は、これまで以上に厳しく立ちはだかっている。

例えば、トランプは、オバマが提唱していた環太平洋パートナーシップを拒絶して、「自由な」インド・太平洋地域という明らかに反中国的なプロジェクトを推進している。明示されないある何らかの勢力が――これは明らかに中国を念頭においたものだろう――、自由と解放性を阻害しているという考え方が見て取れる。そして、アメリカの現在の同盟国および将来の同盟国をこれに連帯するよう積極的に呼びかけている。二〇一七年一一月の首脳会談でトランプは、韓国がアメリカの計画に参加するよう呼びかけ、そしてその後、ソウルへの圧力は政府間対話を通じても続けられた。しかし、例えば日本は、中国押さえつけ構想を進んで受け入れたが、韓国にとって、アメリカのプロジェクトはまたも不快なジレンマを生んだ。さらに厳しい問題を突きつけたのは、アメリカ軍維持費分担金の問題（トランプは韓国側に五倍の増額を求めた）と、有事にこれまでアメリカ側にあった合同軍司令権を韓国に引き渡す可能性だった。

ソウルは、同盟国の一連の提案に対してはっきりと反対することはできないが、とはいえ中国を挑発したくもないと考えている。中国とは二〇一七年秋にやっとのことで関係を正常化させることができたのだ。

韓国の新政権にとってこれは最優先課題の一つとなった。中国の対韓制裁解除を勝ち取り、二〇一八年の外交的突破口の前に中国の支持を取り付けておくことが必要だった。アメリカとの同盟関係を維持しながら、中国と接近する政策は、実は、現大統領の師匠である盧武鉉も行っていたことを見逃すことはできない。

関係復活の実務協議は、一〇月末までには終わり、一二月には文在寅は、中国を国賓訪問した。合意の基礎となったのはいわゆる三つの「ノー」政策である。これは、韓国がＴＨＡＡＤの砲台を受け入れず、アメリカの地域内ミサイル防衛システムには入らず、米日との三国軍事同盟の一員にはならないことを文在寅が保証したのである。これを受けて北京は、一年前に導入した制裁を解除した（ただ、一部戻せないものもあった――「ロッテ」は結局、中国市場に復帰することはできなかった）。

野党の保守派は、譲歩を急ぎ過ぎたと政権を早々と批判したが、考えてみれば韓国が背負った義務は重くないことに簡単に気づく。砲台の配備については最初から話もなかったし、地域問題がソウルの意思に依存している部分は少なく、日本との同盟に関してはどの程度であっても論外である。これまでの半世紀、アメリカは結局アジアの同盟諸国の仲直りをさせることはできなかった。

さらに、文在寅の大統領任期の前半、韓日関係は改善どころか新たな危機がいくつかあった。対日関係問題に関する文在寅の見解は、もともとかなりはっきりしないものだった。文在寅は、二〇一五年の慰安婦問題に関する協定をさまざまな理由から支持することができなかった。それは、いわゆる「取引き」が国民に不人気であること、党の団結が必要であること、協定の音頭をとった朴槿恵の汚れてしまった評価がその理由である。それにも関わらず、文在寅は選挙演説で東の隣国と関係を発展させる必要があると説き、日本とのＦＴＡ締結さえ呼びかけた。

新大統領は、東京との関係悪化を回避しようとしてあからさまな協定の破棄の方針は取らなかったが、一方、協定の実施も全く急ごうとはしなかった。二〇一五年の協定に従って設立された財団の活動は、計画通りには進まなかった。韓国政府は日本の資金を使わないで返却するために、慰謝料の支払いを肩代わりした。それと並行して民間の活動家が、同様の目的で「ライバル」団体を作った。その結果、文在寅は、合同基金の方は「必然的に尻すぼみ」となったと宣言し、二〇一九年七月には日本の反対の声の下、閉鎖された。

「ソウル型」慰安婦像は、文在寅大統領就任以降は影を潜めたが、二〇一八年、一部の国（フィリピン、台湾）がバトンを受け継いで、自国民の同様の銅像を設置した（フィリピンではまもなく撤去された）。しかし、ソウルにある慰安婦像は撤去されていない。

しかもリベラル派の韓国政府は、センシティブな歴史問題およびそれと関連する係争問題を外交政策において積極的に利用した。例えば、二〇一七年にトランプ米大統領がソウルを訪問した際、元「慰安婦」の一人が紹介され、食事のメニューには、係争中の独島（竹島）周辺海域で採れたエビが入っていた。韓国メディアは、トランプと年配の女性との写真を誇らしげに誇示し、またそれに対する日本の外務省の反対についても伝えた。ワシントンへの訴えには二面的な文脈があった。一方ではアメリカは韓国にとっても日本にとっても「年長」の同盟国で、アメリカの意見は両国とも耳を傾けなければならない。反面、アメリカこそが、結局成立しなかった和解から一番利益を受けるはずの国だということである。

さらに文在寅大統領時代、韓国政府と世論は、両国の歴史に関わるもう一つの問題についても日本に圧力を強めていた。二〇一八年秋と二〇一九年夏、韓国の最高裁判所は、併合されていた時代（一九一〇―一九四五）に低賃金の労働で朝鮮人を日本の企業が強制的に徴用していたことについての損害賠償を認める判決を出した。この問題は韓国にとって外交だけでなく、国内政治の武器にもなっていることに注目したい。朴槿恵前政権は、この件について何の行動も取らなかったということで非難されたのみならず、汚職によって裁判を引き伸ばしていたということでも批判された。徴用工の事件は「具体的な」展開となった。日本政府によって支持された日本企業が賠償金支払いを拒否すると、まもなく韓国内の日本企業の資産が差し押さえられたのだ。

二〇一五年の〔慰安婦問題に関する〕「最終的」協定が失敗し、さらに深刻な問題の発生によって状況が悪化したことに関する日本の苛立ちは、どうやら同時期に起こっている米中貿易戦争ともからんでその流れにのる方向へと発展していった。東京は、制裁対象品が北朝鮮に流れている可能性があるとして、半導体製造に必要な化学薬品に関して韓国への輸出の特恵条件を差し止めることにしたのである。そのため二〇二三年三月に解除されるまでは日本から輸入をするたびに個別に合意を取り付けなければならなかった。日本政府は結局は輸出を承認したものの、韓国の生産テクノロジー、ひいては経済全体の発展が何に依存しているのかをソウルにはっきりとわからせた。

まもなくソウルは、二〇一九年一一月二二日に失効する日韓秘密軍事情報保護協定を更新するつもりはないことを発表したが、土壇場になってワシントンの圧力でそれを覆した。二〇一九年一一月にＡＳＥＡＮサミットで行われた韓日首脳会談は成果なく終わった。

日本による植民地支配が終わって四分の三世紀が経った時点で、歴史認識の問題は日韓関係における二義的な係争問題であったのが、いまや二国間の協力関係全体を左右する強力なファクターとなった。軍事政治的観点では、日本と韓国とはアメリカ安全保障システムの構成要素である。両国のエリートたちは、その選択が正しく戦略的であるとほぼ全員が考えているが、しかしながら、ソウルと東京とは、地域における影響力と市場をめぐる戦いにおいて競争相手でもある。この意味で歴史認識の問題とは、一方では紛争激化を調整する「弁」であり、もう一方では、同盟関係として許される範囲内での風評・制裁合戦の有効な武器でもある。

文在寅の外交政策には、これまでの韓国にはなかったような方向性も出てきた。二〇一七年暮れ、新大統領はバリ島でのＡＳＥＡＮサミットに行き、「新南方政策」を発表した。それは、東南アジアとの関係拡大とＡＳＥＡＮを韓国の重要パートナーとする、というものだった。ＡＳＥＡＮは韓国外交において、比較的「問題がない関係」であることと、かなり積み上げられてきた関係という資本、その発展を約束する良い展望という要素がそろっている有利なベクトルであった。

しかも、二〇一八年七月のシンガポール訪問の際、文在寅は、南北朝鮮接近と非核化問題に関するＡＳＥＡＮの支持を期待すると表明した。東南アジアは実際にこの問題において応援をしてくれた。二〇一八年夏、シンガポールは韓国の仲介で実現した初の米朝サミットの開催地となり、二〇一九年初めには金正恩とトランプの会見場所をベトナムが提供した。

韓国と東南アジアとの関係は第一に経済に重きを置いている。二〇一四年からＡＳＥＡＮは、韓国との貿易高では第二位であり、韓国の直接投資の受け入れ国である。一連の主な韓国企業は、安い労働力を求めて東南アジア諸国へ生産拠点を置くようになり、韓国自体でも同地域からの勤労移民が増えている。ＡＳＥＡＮ諸国は韓国旅行客に人気のある観光地である。

どうやら文在寅の希望の一つは、この経済力を政治資産に変えることであり、韓国を囲む米、中、ロ、日といった対立する四角関係に代わる関係を築くことだったようだ。

「新南方政策」の二番目の対象となったのは、比較的中立で様々な「陣営」からパートナーを惹きつける大国インドだった。二〇一八年七月に文在寅はインドを訪問し、その後まもなく夫人の金貞淑《キムジョンスク》もインドに行って一連の文化行事のオープニングに出席した。韓国大統領はインドのナレンドラ・モディ首相との親しい友好的関係をＳＮＳの公式記事でことあるごとに強調している。また、加羅の始祖、首露王《スロワン》が一世紀にインドの王女と結婚したという古代の関係を示す歴史的シンボルも発見された。

しかし、全体としては盛大な約束といくつかの経済プロジェクト（例えば携帯電話製造工場の稼働）以上には発展しなかった。不思議なことにソウルとニューデリーが政治問題で相互理解を見出すことは困難だった。韓国は、インドの外交政策がかなり傾倒しているインド太平洋地域コンセプトの反中的な方向性を受け入れることはしなかった。しかも、インド太平洋連合は、米日との更なる緊密関係を前提としており、ソウルが「新南方政策」によって問題回避しようとした北東アジアへの「回帰」もせざるを得なくなる。さらに他の予期せぬ問題も生じた。韓国がインドの武器市場に進出しようとした時、ニューデリーと緊密に協力しているロシアの軍産複合体からの抵抗にも直面した。

韓印関係発展路線は、華やかさと政治的不毛とが組み合わさっているという点で「新北方政策」とも通じるところがある。しかし、「新南方政策」のＡＳＥＡＮのコンポーネントは、集中的な経済協力のみに特化しており、大きな外交的投資を想定していないため、実質的な成果をもたらすであろうことは認めなければならない。

二〇二〇年半ばには、政府は経済的困難への批判に対する反応として、大恐慌の時にルーズベルト米大統領が打ち出した有名な「ニュー・ディール」政策に類似した「韓国ニュー・ディール」戦略を発表した（Korean New Deal）。打ち出された課題は、はっきり言って野心的であり、おそらく簡単には達成されないだろう。

新政策では、ソウルは「従来型」のテクノロジーの活用を根幹とする「古い」発展アルゴリズムを放棄している。このイニシアチブ実現の主な方向性は次の通りである。

1　新しい再生エネルギー利用の拡大による環境に優しい発展（投資予定額は七三・四兆ウォン）
2　あらゆる分野でのデータベース、AI、情報化、5Gの活用（五八・二兆ウォン）
3　社会プログラム――希望者全員に雇用保障、才能ある新しい人材の育成、テレワークなど時代の要請に叶う新しい仕事の形態の導入（二八・四兆ウォン）

「新路線」の資金調達は、政府（一一四・一兆ウォン）、地方自治体（二五・二兆ウォン）、経済界（二〇・七兆ウォン）となっている。最終的には一九〇万人の雇用が創出されることになる。

＊＊＊

文在寅大統領の任期前半を総括すると、公約とは裏腹に、韓国の政治システムを根本的に変えることはできなかった。新政府は、右派と左派を和解させようとはせず、調和の取れた政治対話の制度を作り上げようともしていない。保守独裁であったのが、それよりソフトになったとはいえ、結局中道左派による独裁が取って代わったということだ。

韓国社会は、直面している構造的問題解決に役立ちそうにない経済実験を無理矢理行ってきて疲れてしまっている。外交政策においても実りある「革命」が起こることはなく、南北朝鮮問題および核問題における外交的前進も袋小路に入ってしまった。

朴槿恵弾劾後、多くの人々が韓国の奇跡的変革を期待していたが、実際には以前よりは楽観的な新たな歴史の一章が始まっただけだった。二つの陣営の激しい争いと、しばしば戦略的目的達成の妨げになる陰謀や誹謗合戦というお馴染みのストーリーを伴って。

第7章　南北朝鮮関係――上昇と下降

「リベラルな十年」から新冷戦へ――李明博政権時代の南北朝鮮問題の緊張

朝鮮半島の恒常的な危機は、二つの要素から構成されている。一つは、当初から国際問題化されて世界の注目をもっとも集めている北朝鮮のミサイル核問題である。もう一つは、朝鮮民族が数十年にわたって別々の二つの国家に分かれていることである。これらの問題は相互に関連しあっているが、両問題がそれぞれに及ぼす影響は一義的ではない。平壌が核開発を放棄したとしても、それで北と南との対立が自動的に解消するわけではない。

一方、南北朝鮮問題の正常化には、核問題の解決が絶対的な条件となる。それは北朝鮮の核ミサイルプログラムは、南北朝鮮間の長年にわたる対立から直接的に派生したものであるからで、南側にはアメリカがついている。そしてアメリカの軍事的脅威が核抑止力創設の直接の理由となっている。しかも平壌は、もし南側と「片を付ける」ことにした場合、核抑止力というファクターによってアメリカの干渉を阻止することができるとどうやら考えているようである。

南北朝鮮関係は、太陽が出たかと思うと、すぐ嵐に変わるという海の天候にも例えられると、ロシアの朝鮮研究者はいう。民族和解の芽が吹いて、もう深い根を下ろしたと思われた対話と協力の「リベラルな十年」の後、再び芽を摘み取る「氷河期」が訪れた。しかも二〇〇八年初頭にソウルの政権交代が起こっただけでそうなったのだ。事実上、その直後に南北朝鮮の関係は急激に悪化した。

李明博大統領時代、南北朝鮮関係は事実上、金大中政権時代以前へと逆戻りしてしまった。李明博は権力の座につくや否や、平壌への無償援助などとんでもない、北朝鮮との協力は一連の条件を北が守ることによってのみ成り立つものであり、その最も重要な条件とは、全面的非核化と人権尊重であると声明した。またそれ以前には、北朝鮮との連携プログラムを担当する統一部を廃止すると脅した。「新政府は南北合意に関して、合意の妥当性と財政負担、市民合意を考慮して遂行してゆく」――このように彼は述べている。

李明博は「非核・開放・三〇〇〇構想」を発表したが、それは、「北」が核兵器を放棄して「門戸を開放」すれば、北朝鮮の一人あたりの国民所得が一〇年後に三〇〇〇ドルになるように韓国が支援をするというものである。このアプローチは、平壌では屈辱的なものとして受け止められた。北朝鮮は、この路線を「北朝鮮が先行して自国を非核化するよう強制し、北朝鮮を圧殺しようとするアメリカ保守派の反北朝鮮路線のコピー」であるとした。

「太陽政策」時代、双方はパートナー批判や内政干渉、南北関係の国際問題化奨励を事実上封印していた。李明博は以前の路線に戻り、国連人権理事会で北朝鮮を批判し、北朝鮮の領土内での攻撃行動の訓練をする韓米合同軍事演習を行い、米日が主に作成した国連の反北朝鮮決議に参加したりした。

韓国は、第二回南北朝鮮首脳会談で合意していたプログラムの実施を事実上放棄し、食糧（二〇〇〇年から二〇〇七年まで毎年四〇万トンの食糧が供給されていた）と鉱物肥料（一九九九年から二〇〇七年まで毎年三〇万トン）の供給を停止した。少し後に李明博は、北朝鮮への経済援助は、「北」に捕縛された韓国の漁師や一九五〇－一九五三年の朝鮮戦争中に捕虜となった市民（ソウルの試算では一〇〇〇人以上）の帰国を平壌が開始した場合にのみ継続されると補足した。二〇〇八年三月の国連人権理事会で韓国代表団は、二〇〇〇年以来初めて北朝鮮における人権問題の批判を行った。

一方平壌は、韓国の新政策に対して極めてネガティブな反応を示した。二〇〇八年三月二七日、北朝鮮当局は、開城の南北共同連絡事務所の韓国側職員一一人を退去させたのである。三月二九日、北朝鮮代表は、軍事交渉の席で南北朝鮮対話の停止と韓国政府要人全員に対する国境線越境の禁止を発表した。一方、共同プロジェクト従事者に対しては、いかなる規制も導入されなかったことは重要である。

四月一日から北朝鮮のメディアで定期的な李明博批判が始まった。二〇〇八年七月一一日、李明博は国会で演説し、南北朝鮮の全面的な対話を再開する必要性と、前任者たちが結んだすべての協定の遂行状況に関して平壌と本格的に協力する用意があることを述べて、「北」に対する態度を改めた。こうして韓国は自国の路線を修正し、当初発表されていたような北朝鮮の核問題「解決後」ではなく、解決への進展に「応じて」南北経済協力を拡大していく計画であることを示したのである。しかし、ソウルの提案に対する平壌の回答を待たなければならなかった。不運なことに、同じ二〇〇八年七月一一日に金剛山観光地区で北朝鮮の女性兵士が、立入禁止地区に入りこんだ韓国の観光客を射殺するという事件が起きた。平壌は、事件の合同捜査を拒否したため、金剛山への観光が停止されることとなった。観光中止後、四か月で「現《ヒョン》代峨山《デアサン》」を始めとする関係企業の損失は、一億四〇〇〇万ドル以上にのぼった。

二〇〇八年末、平壌は韓国人の「北」滞在と軍事境界線横断の制限を厳格化した。一一月二八日、北朝鮮は、南北共同連絡事務所閉鎖に加えて、開城への観光旅行および「南」と結ぶ鉄道の列車運行を停止した。一二月一日以降、平壌は更に軍事境界線を通る陸上交通の規制を強め、開城工業団地への一日あたりの通行量を五〇〇人と車二〇〇台から、二五〇人と車一五〇台に減らした。さらに、開城工業団地における韓国人滞在許可を四二〇〇人から八八〇人に削減した。

しかし李政権は、それでも過去の成果をすべて捨ててしまおうとはせず、北朝鮮での韓国ビジネスを守るための行動を続けた。二〇〇八年、韓国政府は、南北朝鮮交流協力法を改正し（二〇〇九年一月八日国会承認）、「南北」交流の行政手続きを簡素化した。改正によって韓国国民は、一定の場合において北朝鮮人とのコンタクトについて報告をする義務がなくなり、小規模合同プロジェクトの投資家は政府の承認なく単に報告書を提出するだけでよいことになった。

二〇〇八年一二月三一日に発表された韓国統一部の二〇〇九年度実務計画では、最重要目標として対話の再開と「互恵の南北朝鮮協力の拡大」があげられている。優先的プロジェクトとして統一部があげたのは、林業、農業、漁業関連、鉱物資源開発、韓国鉄道とシベリア鉄道および中国国鉄との接続、北朝鮮の参加によるロシアから韓国へのガスパイプライン敷設などである。さらに韓国政府は、「北」によって導入された開城での韓国企業の活動規制を緩和すること、そして現地企業がかかえる輸送、通信、通関に関する遅延問題の解消のために全力を注ぐことを課題として掲げた。

開城工業団地が南北朝鮮の唯一の大規模合同プロジェクトであったことで、北朝鮮当局はそれを韓国へ圧力をかけるために利用した。二〇〇九年四月二一日、開城工業団地で南北朝鮮公式会談を行うことがソウルに対して提案された（李明博政権では初めて）。その交渉で北朝鮮は韓国に対し、開城工業団地で働く北の労働者の賃金値上げおよび借地料の二〇一四年からの支払いを開始すると二〇〇五年で取り決めたが、そうではなく、二〇一〇年から支払いを開始するよう要求した。

この路線の延長として五月一五日、北朝鮮は開城工業団地に関するすべての契約を無効とみなすことを発表した。労働者の新しい賃金と借地料に関する新たな規定をつくり、平壌は、この決定に同意しない企業は工業団地を出て行ってもいいのだと強調した。北朝鮮がいうには、開城工業団地で生産活動をする韓国企業に対してこれまで特恵条件が与えられ、低コスト生産ができたのは、祖国統一に向けた経済協力の目的がうたわれた歴史的な二〇〇〇年の「六・一五南北朝鮮共同宣言」に基づいてのことである。ソウルがこの宣言を放棄したからには正規の価格を支払うべきだというのである。というわけで「北」は自国労働者の賃金を四倍の月額三〇〇ドルに増額し、開城工業団地の借地料五億ドルを「南」が払うのは極めて正当な要求だと考えた。

しかし、八月には譲歩の時が訪れた。現代自動車グループの指導者が北朝鮮を訪問して金正日と会談した折に、南北朝鮮経済関係の再開および活性化の可能性を開く一連の協定が調印された。それは次のような内容である。

1　双方は停止されている金剛山観光を早い時期に再開し、この山の最高峰である毘盧峰《ビロ》観光を開始することに合意した。

2　双方は歴史的な一〇・四宣言の精神に則り、南の従業員の軍事境界線の陸上通行および北側での滞在を再開することに合意した。

3　双方は軍事境界線の陸上通行が再開され次第、開城観光を再開し、開城工業団地の活動を活性化させることに合意した。

4　現代自動車グループは白頭《ペクトゥ》山（すべてのコリアンにとっての聖なる山）観光開始を決定した。

5　双方は金剛山で秋夕《チュソク》の日（秋の収穫の日）に南北の離散家族の集いを行うことに合意した。南との経済協力発展への構えを見せながら、八月二〇日、北朝鮮は二〇〇八年一二月一日に導入された規制措置を撤廃した。平壌の次の「譲歩」となったのは、開城で働く北朝鮮労働者の賃金増額について、四倍ではなく、五五・一二ドルを五七・八八ドルにするというわずか五%の引き上げを提案したことだった。

＊＊＊

南北の関係が敵対へと劇的に変化したのは、二〇一〇年三月の事だった。三月二六日現地時間二一時二二分、北朝鮮と韓国の係争圏になっている黄海の白翎島《ペンニョンド》付近にいたコルベット「天安」の近くで大爆発が起き、船体が切断されて沈没した。船内には一〇四人がおり、うち四六人が死亡した。韓国とアメリカは合同調査団を設立し、米の同盟国の専門家が加わった。無論、北朝鮮が調査団に入るという提案は退けられた。二〇一〇年四月一六日、調査団の団長は「天安号沈没の原因はおそらく外部の爆発である」と発表した。四月二二日、韓国の金泰栄《キムテヨン》国防部長官〔防衛大臣にあたる〕は、事故の原因は、戦時から七〇年代まで置かれていた機雷であったかもしれないと述べた。

しかし二〇一〇年五月七日、調査団はコルベット爆発の原因は「ドイツで製造された魚雷」であると発表した。二〇一〇年五月二〇日、調査団は、北朝鮮海軍の潜水艦によって沈没させられ、その証拠となったのは海上で発見された「北朝鮮製の魚雷」の残骸らしきものであるという結論を発表した。その後NATOとEUは北朝鮮を非難した。

平壌の公式筋は、「天安」沈没への関与を断固として否定した。北朝鮮の論拠は大要、以下のようなものである。係争中の領海は、韓国およびアメリカの厳格な管理対象で集中的な海上警備があり、電波探知やソナー、衛星からの監視がなされている。そのような条件下で潜水艦が白翎島に近づき、コルベットに魚雷攻撃をしかけて誰にも気づかれずに戻ることなど事実上不可能である。

さらに北朝鮮側は、当初、韓国の公式筋は誰もが一致して北朝鮮の事件への関与の可能性を否定していたことに注目している。二〇一〇年四月二四日、北朝鮮の公式ポータルサイト「ネナラ」で沈没事件に関する遺憾の意を表し「それは、行方不明者および救出された人々の多くは我らと同じ民族だからである」とのコメントが発表された。朝鮮民主主義人民共和国国防委員会の代表は、後に事件現場で物的証拠を調査するために、専門家グループを韓国に派遣する用意があることを表明したが、無論、それは無視された。

一方、韓国内では、常時監視されている水域で気づかれずに魚雷攻撃を仕掛けることの技術的可能性に疑問を呈する専門家もいた。事件当時、周辺には二隻の船舶と高速艇、航空機がおり、衛星からの監視が行われていた。演習にはアメリカ海軍の艦艇が参加していた（コルベット沈没の原因はアメリカ潜水艦との衝突だったという説もあった）。また「現場で発見された」という魚雷の残骸の腐食が進みすぎており、一か月にこれほど早く腐食することはありえないとの疑問も出た。

そうしたことにも関わらず、政治的結論は事前に出されていた。李明博韓国大統領は次のように声明した。「我々は北朝鮮に対する断固たる重大な措置をとる。国際協力に基づいて我々は、起こした事件を北に認めさせ、再び責任ある国際社会の一員となるようにする」。二〇一〇年五月二四日、李明博は、国営テレビで、韓国は国連安保理事会に「天安」艦攻撃に対して北朝鮮に罰則を科すよう申請すると声明した。五月二四日、韓国は、北朝鮮に対して制裁措置を導入し、北朝鮮との合同プロジェクトを事実上、凍結することに決めた（その制裁は今日まで続いている）。

同じく五月二四日、北朝鮮の祖国平和統一委員会は声明を発表し、朝鮮民主主義人民共和国は、
・韓国とのすべての通信ラインを遮断する。
・開城工業団地の南北共同連絡事務所の活動を凍結し、韓国代表全員を退去させる。
・板門店での赤十字経由のコンタクトを停止する。
・韓国の航空機、船舶を領空・領海から閉め出す。
・六年ぶりにソウルが始めた心理戦争に全面的な反撃をする用意がある。

二〇一〇年一一月二三日、韓国軍が北朝鮮の警告にもかかわらず、係争水域の黄海における訓練実施を決定したことで深刻な関係悪化が起こった。北朝鮮は、この地域は一方的に設定された「北方限界線」のために北朝鮮の「後方」にあたるとみなしている。

軍事訓練への対抗策として北朝鮮軍は、延坪島に二〇〇発の砲弾を発射した。その結果、韓国の軍人・民間各二名が死亡、一〇人以上が負傷した。韓国は、反撃として北朝鮮領土内の二つの砲兵基地に向けて八〇発の砲弾を発射した。正確な犠牲者の数は不明だが、韓国の調査によると、北朝鮮側では五－一〇人の死者と三〇人近い負傷者が出たとされている。

状況は、極限まで緊張した。延坪島には、F－16戦闘機が配備されていた。李明博は、状況が再度悪化した場合砲兵基地近くの北朝鮮のミサイル基地を攻撃する命令を発出した。そして国境警備隊を強化し、北朝鮮側からの脅威に対して圧倒する規模で反撃ができるように規程を変更することが決定された。韓国の防衛費が「北朝鮮からの非対称な脅威に対応するため」増額された。南北朝鮮合同プロジェクトは、開城工業団地を除いてすべて停止された。韓国は、北朝鮮に対する人道支援の大幅削減の理由を見出した（太陽政策時代の二〇〇三－二〇〇八年は二〇億ドルを超える規模だったが、二〇〇八－二〇一三年はわずか

四億八〇〇〇万ドル）。南北関係は、深刻な敵対のフェーズに入り、李明博は、北朝鮮で悪の象徴と侮蔑の対象となった（そうでなければ彼がもっぱら「鼠《チュイ》」とは呼ばれなかった）。

二〇一一年一二月の金正日急逝と金正恩の権力継承に対する韓国支配層の反応は、相手の不幸を喜ぶ気持ちが見え隠れし、近いうちに平壌体制が崩壊する期待が入り交じったものだった。若き新リーダーはこれを許さず、ソウルとの様々な協力を拒否した。「我々は、金正日の葬儀で李明博とその一味が冒した許しがたい罪に対して永遠に復讐していく」と朝鮮中央通信は声明を発表している。金正恩は、政権の座についた一年目、その公約を守った。

朴槿恵時代の南北関係の危機

二〇一二年一二月に韓国大統領に選ばれた朴槿恵（かつて金正恩と会ったこともある）は、北との関係改善を志向しているように見えた。選挙運動中、彼女は、北朝鮮の核開発プログラムを認めてはならないし、コルベット「天安」沈没事件と延坪島事件を忘れてはならないが、かといってそこに固執してもならず、緊張緩和と関係正常化の方途を見出す必要がある、と強調していた。

金正恩もまた新年のメッセージで韓国との関係改善を呼びかけるという和解へのジェスチャーを示した。二〇一三年三月、朴槿恵は大統領就任後、韓国と朝鮮民主主義人民共和国との関係改善、対話、交流正常化プログラムを「朝鮮半島信頼強化プロセス」というタイトルで発表した。

統一部が後に刊行した「指導書」には孔子を引いて、信頼なしにいかなる関係も発展できないとして、もし北が対話に参加せず世界を脅かそうとするなら、韓国政府は、北に「対価を支払わせる」と書かれている。こうして「信頼プロセス」は、李明博の厳しすぎる政策と金大中のソフトすぎる「太陽政策」のそれぞれの良いところを取り、中間的なものになるはずだった。この新しい政策は、地域安全保障分野における朴槿恵の計画とリンクするものであり、そのため「信頼プロセス」の相互目的として南北朝鮮関係の発展、朝鮮半島の平和建設、および統一への準備が盛り込まれた。

朴槿恵は、大統領就任後最初の記者会見で、統一は全朝鮮民族にとって「大当たり《テバク》」だと語った。韓国のメディアは、そのような事の進展によって国と国民の前に開けてくるメリットや可能性を詳細に報道した。統一の費用は明らかに莫大で、ソウルにかかる負担だが、それは明るい未来への「投資」だとされた。

しかし実際ソウルで支配的となったのは、保守の少人数グループが持つ独特のムードだった。それは、金正恩体制崩壊に備えて秘密裏に計画をたて、北朝鮮占領の準備を本格的にするというものだった。朴槿恵は、調査報告に基づきながら、金体制崩壊はそれほど遠いことではなく"Highly likely"であると同盟国に説明した。もっとも後に明らかになったのだが、そのようなシナリオを朴槿恵に占ったのは、「宮廷シャーマン」の崔順実だった。それでもアメリカのタカ派は、もうすぐ北朝鮮人たちが「韓国兵士を花を持って迎える」だろうと言っていたのである。

ソウルの短気な頭脳集団は、もしそうしたことが起きると現実はそれほど楽観的なものではないということを認識していなかった。

南が北を呑み込むという形での統合は、極めてネガティブな結果を導きかねない――それは国民にとってのみならず、地域全体にとってである。「チュチェ思想」的民族主義の「元」信奉者が「占領者および買弁」との武力闘争を起こしかねない。我々の試算では、朝鮮民主主義人民共和国の「体制の従者」は（その家族を含めて）数十万に上る。「積極的な闘士」が五％だとしても危険な勢力となる。なぜなら、彼らには失うものがないからだ。韓国世論は、「血に染まった体制の活動家」およびその子孫でさえも過去の犯罪に対する責任免除をよしとはしないだろう。おそらく北朝鮮ではゲリラ戦の計画が練られていて、山中や地下にしかるべき基地が作られているだろう。しかも、そこには大量破壊兵器（核兵器でなくとも化学兵器や生物兵器がある可能性は高い）があることも考えられる。新政権は、単にアフガニスタンのような破壊活動ではなく、大量破壊兵器が使用される恐れのある内戦に遭遇するかもしれない。しかもそれは、朝鮮半島内でおさまるとは限らないのだ。

仮にそうした悲劇的な展開を回避することができたとして、そして北朝鮮の支配階級および軍人がおとなしく定められた運命を受け入れたとしても、北朝鮮の国民は、資本主義経済に適応する準備がなく、統一コリアで「第二級の人間」とならざるを得ないことに不満を持ち、常に中央政権の反対派となるだろう。北朝鮮ではすでにノメンクラトゥーラで実業家の「中間階級」が存在し、知識人階級もいる。そうした人々（その数は多い）は、お払い箱にされたくないし、韓国人の支配の下で乞食のような暮らしをしたいとは全く思っていない。脱北者の大半は、これまでも韓国での暮らしに結局は順応できていないのである。普通の肉体労働者が近代的生産形態に適応していくには時間がかかる（韓国資本は、最初のうちは統一コリアの北側企業に南からの出稼ぎ者を投入せざるを得ないかもしれない）。一方、北の人間を南で受け入れることはないだろう——そうすると、旧北朝鮮の領土では失業が起こるということだ。それは朝鮮半島を長期的に不安定にするだろう。

ソウルの雰囲気をもちろん平壌はわかっている。金正恩は、元韓国の独裁者朴正熙の娘に対して、朝鮮半島の主役は誰であるのかをわからせ、自分に喧嘩を売らない方がよいことを示した。それを見せるきっかけはまもなくやってきた。韓米合同軍事演習「フォール・イーグル」である。さらに反撃の論拠もしっかりしていた。軍事演習にはアメリカ海軍の核兵器を搭載した軍艦が参加し、ペンタゴンは戦闘機Ｂ－52がアンダーセン空軍基地から出発して韓国の上空を飛んだと公式に発表した。つまり「核の傘」の強固さを見せつけたのである。

二〇一三年三月七日、北朝鮮は軍事演習に安全を脅かされているとして、休戦協定の破棄をチラつかせた。

国連安保理事会が北朝鮮の核実験に抗議して制裁決議二〇九四号を採択すると、それに対抗して翌日、北朝鮮は、韓国との全ての不可侵協定から離脱すると発表した。

このような状況の中で三月一一日、アメリカと韓国は合同軍事演習を実施し、平壌は、それに対する断固たる非難を表明した。三月一三日、北朝鮮は一九五三年の休戦協定停止を再確認し、一九九一年の南北基本合意書の破棄を発表した。さらに三月二七日、北朝鮮は「戦争がいつ始まってもおかしくない時に、これ以上軍事通信手段を維持する必要はない」として、通信ラインの停止を発表した。三月二六日、アメリカは、軍事演習の一環として再びグアムから戦闘機Ｂ－52を韓国の領空へ派遣した。

三月三〇日、朝鮮民主主義人民共和国政府は、韓国との「戦争状態」復活を発表した。声明では「あらゆる挑発行為」に対して「反撃を行う」ことが約束されていた。金正恩は、二機の戦闘機Ｂ－2が朝鮮半島上空を飛行したことに対する反撃として北朝鮮のミサイルは、太平洋上の米軍基地を攻撃する用意があると声明した。ペンタゴンは次のように発表した。「アメリカは、自国と同盟国を北朝鮮のミサイル攻撃から完全に守ることができる。私たちは韓国と日本を守る考えを断固貫く」。

四月三日、北朝鮮は、開城工業団地へのアクセスを封鎖し、従業員には退去を許可した（大半の従業員は自発的に残り、仕事をつづけた）。四月八日、北朝鮮は自国の労働者全員（約五万人）の開城からの退去を発表し、朝には皆出勤しなかった。『ニューヨーク・タイムズ』は次のように書いた「……北朝鮮が南に対する脅威を実施するのにどれほど本気かを開城の運命が示すだろう。その継続は、平壌の言葉は戦闘的だが、必ずしも相応の行動が伴うとは限らない兆候としてよくみられる」。以前、開城は二〇〇九年に三度閉鎖されている。

平壌は、アメリカの侵略の脅威は「予防的」核攻撃を引き起こしかねないとし、戦争は「今日明日中」にも始まるかもしれないと述べた。

四月四日、北朝鮮は東海岸へ向けて中距離ミサイルを配置換えした。翌日、韓国は「世宗」クラスの駆逐艦二隻を北朝鮮のミサイルが展開されうる地区の監視のために派遣した。緊張状態の激化が続いた。北朝鮮のミサイルは、これ見よがしに燃料を補給し、それに対して韓国とアメリカ、台湾は、軍を戦闘状態に入らせた。

四月一一日、北朝鮮のミサイル一機が垂直状態に立てられ、それが発射への準備と考えられた。夜中のうちに北朝鮮軍は、偽装のために何度かミサイルの配置場所を変えた。緊張は高まりっぱなしだった。韓国は、境界線越しに破壊工作のチラシを投下した。北朝鮮は、韓国が「必ず大惨事に遭遇するだろう」と声明した。

開城工業団地に関する交渉を行うという韓国の提案を北朝鮮は「中身のない無意味な提案」だとして四月一四日に断ったが、こうした背景の下ではそうなることは明らかだった。

さらに北朝鮮は脅しに出た。「朝鮮民主主義人民共和国革命軍の軍事力デモンストレーションは、朝鮮民主主義共和国最高指導部の名誉と尊厳を冒そうとするすべての敵対勢力を全滅させてしまう大ハンマーのような強力な攻撃力に変じていくだろう」──朝鮮中央通信が伝えた軍司令部の最後通牒にはこのように述べられている。

北朝鮮はまた、金日成の誕生日である四月一五日にソウルで金日成の写真と人形を焼き、そして金正日、金正恩の写真と人形も焼いた韓国の活動家の行為を「犯罪」であるとした。「傀儡韓国」側からまた新たな侮辱がなされた場合は、北朝鮮は警告なしに敵を攻撃すると脅した。

しかしながら、北朝鮮もやはり「やり過ぎ」はよくないと感じ、平和愛好的な態度を時たま見せるようになり、もし韓国が対話をしたいのなら、「無礼な行為」に対して謝罪すべきであると言った。さらに北朝鮮は、核大国としてのステータスに異議を唱えないという条件付きで平和的な関係を復活させる用意があることを示したのである。

五月には、状況は少し落ち着きを見せた。朝鮮民主主義人民共和国の人民武力部長が交代し、張正男《チャンジョンナム》が就任したが、韓国の専門家によると、これは金正恩が緊張を和らげようとしたものだとされている（前任者の金格植《キムギョクシク》将軍は、「強硬路線」派だと専門家は見ている）。しかし、ソウルをいらつかせている短距離ミサイルの試験飛行は続けられていた。韓国軍は、係争水域近辺の白翎島と延坪島にスパイク・ミサイルを配備した。一方、北朝鮮は、韓国との境界線に近代化された砲兵隊を展開した。

それでも対立は、収束の方向へ向かい始めた。五月末、潘基文国連事務総長は朝鮮半島における緊張の緩和を歓迎し、北朝鮮との対話においてロシアの支援に期待すると述べた。五月二九日、北朝鮮は、韓国に対して現行の休戦協定の代わりに平和条約を結ぶことを提案した。そして六月八日、北朝鮮は、板門店で実務レベルの交渉を行うという韓国の提案を受け入れ、現地時間一四時、韓国との通信手段を再開した。

一方韓国の方では、二〇一三年八月二日、朝鮮半島を三八度線で分割する非武装地帯に「平和公園」を創設することを北朝鮮との共同イニシアチブとして発表した。八月一四日、交渉の結果として南北の代表は、開城工業団地の共同活動再開について五項目からなる計画に調印した。二〇一四年二月および二〇一五年一〇月に離散家族の面会が再開された。

その間、韓国では保守政権としての対北朝鮮政策の理論的基礎となるものを模索していた。柳吉在《リュギルジェ》統一部長官が二〇一三年八月二一日に発表した韓国統一部特別文書には、「信頼政策」実施の詳細なプランが書かれている。柳統一部長官は、現在は南北朝鮮間の不信感がかなり強く、関係もマイナスの状況であるから、朴槿恵政権の政策は、信頼に基づいた新たな秩序を韓国の指導的な役割のもと形成していくための一つの手段である、と述べた。新政権の対北朝鮮政策の柱について同長官は、次のように説明している。強固な安全保障をベースに南北朝鮮の信頼を築き、関係を発展させ、朝鮮半島の平和を強化した上で統一の基盤を築いていく、というものである。その文書には朝鮮半島における（ここでは南北朝鮮関係が主要テーマになっているので正確には南北朝鮮関係における、とすべきである）三段階の信頼プロセスが挙げられている。第一段階―信頼形成、第二段階―社会経済インフラストラクチャー分野での協力、第三段階―非核化の進展に合わせた大規模な北朝鮮支援だ。

金正恩は、二〇一三年に頑固さと非妥協的な態度を見せながらも、経済的利益のためにも関係正常化を進めることに反対ではなかった。二〇一四年一〇月、韓国で行われたアジア競技大会を利用して、金正恩は仁川での閉会式に黄炳瑞《ファンビョンソ》人民軍総政治局長を団長とする軍と党のハイクラスの代表団を派遣した。黄炳瑞は当時、北朝鮮指導部で「ナンバーツー」と目されていたが、スポーツには何の関係もなかった。仁川では北朝鮮代表団と柳吉在統一部長官、金寛鎮《キムグァンジン》国家安保室長との交渉が行われた。交渉の結果を受けて韓国代表は、ハイクラスの南北会談開催の予定について伝えた。

ソウルはまた、韓国の港への石炭輸送のために、ロシアと北朝鮮の「ハサン―羅津」プロジェクトに参加したいとの意向を示し始めた。

しかし、朴槿恵の大統領在任期間中（弾劾訴追で二〇一七年三月に失職）には関係の正常化は実現しなかった。朴槿恵は胸の内では依然として、北の体制は長くは持たないと考え、大きな譲歩に出ることはなかった。武器は相変わらず見え隠れし、毎年の米韓合同軍事演習「キー・リゾルブ」「トクスリ」は規模も目的も変更なく続けられていた。それらの演習は、依然として南北国境線のすぐ近くで行われ、北朝鮮の橋頭堡奪取とその後の首都への前進訓練を行っていた。北朝鮮の「馘首」作戦、つまり指導者の物理的排除のシナリオまで訓練されていた。

二〇一六年初めに北朝鮮がまた核実験（一月六日）とミサイル発射（二月七日）を行った後、南北の関係が急速に冷え込んだ。二〇一六年二月一〇日、韓国政府は、開城工業団地の閉鎖と「ハサン－羅津」プロジェクトからの一方的離脱を発表した。国連で決議された北朝鮮に対する制裁の他に、韓国は、独自の一方的制裁を導入した。それは、大量破壊兵器開発関与が疑われる人物に対する金融規制、一八〇日以内に北朝鮮の港に寄港した外国の旗を掲げる船舶の韓国への寄港禁止、北朝鮮産製品の第三国経由の輸入禁止、北朝鮮の外にある北朝鮮レストランや商業施設の韓国国民による利用の禁止等である。協力は完全に停止された。

南北朝鮮の「蜜月」

二〇一七年五月九日に行われた任期満了前の選挙でリベラルな文在寅大統領が権力の座に就いたことで、状況は大きく変わった。文在寅は、北との接近については彼のパトロンであった盧武鉉元大統領よりもラジカルな見解を持っていた。そのため保守派は文在寅を「左翼主義者」「共産主義者」と呼んだ。
発表された南北朝鮮政策の大綱は、かなりインパクトのあるものだった。統一部のホームページには、新政府によって「北朝鮮や隣国、国際社会と共に朝鮮半島および北東アジアにおける「平和」と「繁栄」を達成する長期的・包括的政策」が行われると書かれてあったのである。

またそこには、ソウルは「段階的かつパラレルなアプローチで制裁・圧力、対話を通じて北朝鮮の核問題を平和裡に解決していく……北朝鮮の核問題と南北朝鮮関係改善は、別々の問題ではなく、相互補完の関係にある」と指摘されていた。さらに新政権は「安定した南北朝鮮関係樹立のための新しい南北朝鮮基本協定」を結び、「民族の同質性」を復活させ、「様々な南北朝鮮交流拡大によって南北朝鮮共同体」を築くことを約束していた。

こうしたアプローチは、平壌で一定の共感を呼んだことを指摘しておかねばならない。核問題（北朝鮮は、もっぱらアメリカとの交渉マターだと見なしていた）と南北朝鮮関係を一緒に結びつけることは、北朝鮮にとっては受け入れがたいことだったのに、である。鄭義溶国家安保室長や文正仁《ムンジョンイン》大統領顧問、徐薫国家情報院長といった韓国支配層のリアリストたちが提案した路線は、建設的な内容であり、過激な反対者も少なくなかったが、国内外で理解をもって受け入れられた。このようなアプローチは、全体としてロシアが考える南北朝鮮関係の望ましいシナリオとも合致していた。とはいえ、対北朝鮮政策を抜本的に変更した文在寅は、核問題が北朝鮮を孤立させ、弱体化させるための最大の切り札であると考えるアメリカや韓国保守派にも気遣いを見せなければならなかった。

しかしながら、善意の期待にもかかわらず、二〇一七年は、朝鮮半島における急激な関係悪化と軍の集結、トランプと金正恩のつばぜり合いの年となった。そのような状況は、文在寅に北との接近という自身の意向を実行に移すチャンスを与えなかった。新政権は、武器をちらつかせるトランプと、核戦争の不可避性に言及する金正恩との間の取り持ちに追われた。韓国は、変わり者という点でお互いに引けを取らず、説得に耳を傾けようとしない両リーダーが行う「グレート・ゲーム」の人質となった。

たとえば、二〇一七年末、ソウルは、二〇一八年のオリンピック・パラリンピック終了までは合同演習を行わないようワシントンに頼み込んだ。これまで北は、この演習に対してかなりの苛立ちを示していたが、それも無理はない。演習では、北朝鮮およびその指導部を標的とする作戦が定期的に行われていたからだ。

文在寅にとっての「ピーク」は二〇一八年初めに訪れた。韓国は平和プロセスの「操縦桿」を握る立場となり、そこでの文在寅の個人的な功績は極めて大きかった。前回の緊張緩和の時代、韓国でリベラル派が政権を握っていた一〇年間（一九九八−二〇〇八）は、アメリカはスポイラー的役割を果たしていた。ジョージ・W・ブッシュ米大統領は北朝鮮との「和解」に反対し、金大中と盧武鉉政権の和解政策を事実上抑え込もうとしていた。しかし今回は、文在寅とトランプの利害が一致したことで、変化の規模は地殻変動的なものとなった。結局、新時代の夜明けは来ることはなかったが、それは文政権の責任ではなかった。

北朝鮮のミサイル火星一五号発射に対する二〇一七年一二月二二日の厳しい対北朝鮮国連安保理決議（事実上の経済封鎖）採択後、大惨事の脅威が現実のものとなるかに思われたが、北の絶妙なイニシアチブによってそれを避けることができた。二〇一八年の金正恩の新年のメッセージで、平昌冬季オリンピック二〇一八の成功を願い、北朝鮮の選手参加を期待すると表明したのである。「まず北と南の厳しい軍事的緊張を和らげ、朝鮮半島に平和的状態を作り出すことが不可欠である」と金は強調した。

文在寅は、これまで繰り返されてきた北のこのような提案をプロパガンダと呼んでいた歴代大統領とは違って、この意向を即座にとらえた。一月四日にはすでに両国代表が、復活したホットラインで言葉を交わし、その後、一月九日には板門店でハイレベル交渉が行われた（二〇一五年一二月以来初めて）。その席上、「偉大な民族の姿を示す良い機会となるよう」オリンピック開催に「積極的に協力していく」ことが決定された。

双方は、北朝鮮が高級官僚やアスリートの他、応援団、芸術家グループ、演劇アンサンブル、テコンドーの模範演技チーム、ジャーナリスト等を含む大規模な「ハイクラス代表団」を派遣、韓国はそれをステータスにふさわしい形で受け入れることで合意した。

紛争の可能性が減少し、南北朝鮮の選手が一つの旗の下に出場した（これが初めてではない）という事実そのものが雰囲気を高揚させるものであったことは疑いない。しかし、より重要なのは北朝鮮がこれまでの記録をすべて塗り替えるようなレベルの代表団を派遣してこの機会を政治対話に利用したということである。

形式的にすべての国際行事で国家を代表する国家元首格として代表団長を務めたのは、金永南《キムヨンナム》最高人民会議常任委員会委員長だった。しかしはるかに重要であったのが、リーダーの妹である金与正が参加していたことだ。「支配一族」の代表が韓国領土内での交渉に出席したのはこれが初めてだった。韓国指導部との会談の席上、彼女は、今後の親交と南北朝鮮関係の展望について兄の見解を伝えた。そして一三年ぶりとなる南北朝鮮首脳会談（金正恩の時代では初めて）開催について合意がなされた。

北朝鮮は何につけても「是非」を秤にかけて長考するのが常であったが、今回は双方とも時間を無駄にしなかった。南北朝鮮サミットと関係改善に全体として大きな役割を果たしたのは徐薫国家情報院長だった。彼は、二〇〇〇年と二〇〇七年の二回のサミットの準備にも関与しており、韓国人で金正日と会った回数では記録を樹立した。三月初め、徐薫国家情報院長は平壌を訪問し、北朝鮮指導部との直截なコンタクトをつけ、多くの原則的な問題を解決して首脳会談への道を拓いた。二〇一八年三月二九日、北朝鮮側の板門店で首脳会談の準備の一環として趙明均《チョミョンギュン》統一部長官と李善権《リソングォン》祖国平和統一委員会委員長の間でハイレベル交渉が行われた。そして四月二七日に首脳会談を板門店の韓国側施設「平和の家」で開催することを決めた。

金正恩は文在寅大統領との会見に先立って、北朝鮮が四月二一日から核実験と大陸間弾道ミサイルの発射を停止し、国内北部の核実験場を閉鎖すると発表した。

まず象徴的、視覚的観点（南北首脳会談が韓国の領土で行われたのは初めてで、数多くの美しい写真が撮られた）から重要であった首脳会談の結果を受けて四月二七日、板門店宣言が採択された。この文書がどちらかと言えば象徴的なものであったことは指摘しておかなければならない。これまでの南北朝鮮の文書と同様に（その歴史は一九七二年に遡る）未来へ向けた誓いが多く含まれていたが、具体的な内容は乏しかった。

宣言には「北と南は民族自主の原則を再確認した」「早期に高官級会談を含む各分野での対話と交渉を始めることを決定した」等と書かれている。また「南北共同連絡事務所を開城に設置する」ことも合意され、それは韓国の希望に歩み寄る前代未聞の措置だった。さらに「国民各層の多方面にわたる協力と交流、往来、対話を活性化させ……両国内で各層の国民が参加する民族共同行事を行う」ことも約束されている。北と南は「アジア競技大会二〇一八をはじめとする国際競技大会に統一チームで出場する」ことも決定している。そして「離散家族・親族の再会を検討するため、南北の赤十字社の交渉」を始めることもうたわれている。

また二〇〇七年一〇月四日に金正日と盧武鉉によって調印された宣言を引用して「東部と西部の海岸地

域の鉄道および道路の連結、近代化、活用に関する具体的な措置を実施する」とされている。

軍事的緊張の緩和については別個の章が設けられている。そこでは双方が「すべての地上、海上、上空において軍事的緊張と衝突の主要原因であるすべての相互敵対行動を停止」、および「五月一日から軍事境界線地域において拡声器放送やビラの散布を含むすべての敵対行為を停止し、その手段を撤去し、今後非武装地帯を真の平和地帯にする」ことも決定された。紛争の歴史を考えると特に重要なのは、双方が「西海〔黄海〕の北方境界線地域を平和水域にし、偶発的な軍事衝突を阻止し、安全な漁労活動を保証するために具体的措置を実施する」ことで合意したことである。

朝鮮半島の平和体制確立については「北と南はあらゆる形体の武力行使による不可侵合意を再確認し、段階的に軍縮を行うことで合意した」とうたわれている。

クライマックスとも言えるのは「休戦協定から六五年目にあたる本年、終戦を宣言し、休戦協定を平和条約へと変化させ、恒久的かつ強固な平和確立のために北、南、米の三者あるいは北、南、中、米の四者会談開催を積極的に推進していく」という項目である。この文言はこれまでの首脳会談の趣旨の繰り返しではあるが、これほどはっきりと六者会議が否定されたことはなかった。同盟国アメリカの怒りを買わないことが極めて重要であった文在寅にとっての成功となったのは、宣言に「北と南は全面的非核化によって核のない朝鮮半島を実現するという共通の目標を確認した」という文言を入れることに金正恩が同意したことである。しかも「北が率先して行っている措置が朝鮮半島の非核化にとって極めて意義のある重要なものであるという共通の理解」という部分が北側の主張によって強調されている。

文在寅が平壌を苛立たせず、かつワシントンも受入れを拒否しないように、できる最大限のことをしたことは認めなければならない。さらに初の米朝首脳会談の仲介者としても成功している。だからこそ南にとって非核化についての言及がトランプに示すためにこれほど重要だったのである。北朝鮮とアメリカの喧嘩の後、二〇一八年六月に予定されていたシンガポールでの首脳会談が危うくなったとき、文在寅はそれを救った。そのために五月末、文は金正恩と緊急に板門店の北側で会い、その後、首脳会談を断らないようトランプを説得したのである。

金正恩は文在寅がアメリカとの関係に前代未聞の突破口を開いてくれたことに満足し、平壌で彼を喜んで迎えた。この年三度目になる南北首脳会談（二〇一八年九月一八－二〇日）は、まさに晴れがましいものとなった。金正恩は「予定外」にゲストを白頭山に招待し、双方の家族とともに山頂で朝鮮民族にとって聖なる湖を背景に記念撮影をした。そして両指導者は和解の印として一緒に植樹をした。歴史上初めて韓国の国家元首が、特別に選ばれた聴衆とはいえ一五万人もの北朝鮮人を前にスタジアムで演説をすることが許された。

そして軍事を含む「センシティブなもの」も含めた各分野に関する多くの重要な合意を盛り込んだ「二〇一八年九月平壌共同宣言」が調印された。また「民族自主の原則」の一環として南北朝鮮の連帯が以前よりも大きくテーマとしてとりあげられた。そこには朝鮮民族の独立と自決の優先と、外からの干渉なしで自力で朝鮮問題を解決する意思が強調されていた。

宣言の中で最も重要な項目は「非武装地帯および他の対立地域における軍事的敵対関係の終結は、朝鮮半島全域における軍事脅威の実質的な除去と根本的な敵対関係の解消とつながっている」。この項目を敷衍させて軍事分野に関する前代未聞の協定が結ばれた（これについては後述参照）。

さらに東西海岸地域の鉄道と道路の接続および近代化を「本年中に」開始し、「開城工業団地操業および金剛山の観光事業の正常化」「西海経済共同特別区と東海《トンヘ》観光共同特別区」について検討することが合意された。さらに「環境協力を前進させ、まず第一に林業の分野で現在行われている協力を現実的な成功に導くために努力する」「疫病の流入および伝播防止の緊急措置実施を含む防疫・医療分野の協力を強化する」ことも決定された。

その他、「離散家族と親類の常設面会所を金剛山に開設」するなどの人道協力の合意もあり、赤十字を通じて離散家族および親類がビデオ面会やビデオレターの交換ができるようにする、文化・芸術分野の交流拡大、二〇二〇年の夏季オリンピック等国際試合に合同チームで出場する、二〇三二年の夏季オリンピックの共同開催実現に協力する」ことも合意された。これは韓国が、これまでのように北朝鮮の体制崩壊を期待しておらず、北と南は一五年後も別々に存在していることを認めたことになり、このような決定は重みを持っている。

特にオブザーバーの注目を引いたのは、両国が「朝鮮半島を核兵器も核の脅威もない平和基地に変え」「朝鮮半島の全面的な非核化プロセスにおいて緊密に協力する」義務を負った点であり、しかも北朝鮮が「東倉里《トンチャンニ》エンジン試験場とミサイル発射台を関係国専門家たちの参加の下、永久に廃棄する」約束をしたことだった。北朝鮮はまた「もしアメリカが六月一二日の朝米共同宣言の精神に基づいてしかるべき措置をとるならば、寧辺《ニョンピョン》核施設を恒久的に閉鎖する」（この公約はまずワシントンに向けたものである）意向を示した。

特に騒ぎを呼んだのは、金正恩が初めてソウルを訪問することに同意したことだ。以前はそのような旅行は安全ではないと考えられてきた。

九月一九日に平壌で締結された「軍事分野に関する板門店宣言（四月二七日南北首脳会談の結果に関する合意書）遂行に関する合意」のように深く突っ込んだ軍事活動調整と信頼措置に関する合意は、困難な南北朝鮮関係史においてこれまでにないものだった。ソウルは平壌宣言の調印が準備されていたことについてアメリカには前もって知らせておらず、在韓米軍司令官はこの朝鮮半島の安全保障にとって極めて重要な事実を事後に知ったということも注目に値する。

今回の合意は南北朝鮮の文書としてはまれなほど具体的である。これは事実上、不可侵条約である。軍事演習に関しては軍事境界線から五キロ以内で砲射撃訓練および連隊級以上の野外機動訓練を禁止、非武装地帯における兵力および軍備を削減、文字通り大砲の「砲身にカバーをかける」ことになる。

特に重要なのは、係争水域である西海（黄海）における「平和地帯」の確立である。軍事境界線から双方向に四〇キロまでを飛行禁止区域とし、無人機、ヘリコプターその他の航空機の飛行を禁止している。

ふたつのコリアは事実上、兵力・軍備管理の初期段階について合意したことになる。これ自体が紛争の防止を保証するものではまだないが、偶発的な衝突の可能性を大きく引き下げるものである。

平壌での南北首脳会談の結果、南北協力発展の本格的な措置が取り決められた。それは「バランスのとれた道筋による経済発展」を目指すものである。特に注目に値するのは、北朝鮮と韓国の長年の係争水域になっている黄海に経済特別区を設立する展望が出てきたことである。これが実現すれば理想的と言えるだろう（もっとも、二〇〇七年に既に合意していたことだが）。半島東部では観光特別区の設立が決まった。

北朝鮮はどうやら真剣に合意の実施に期待していたようで、実務協議で近いうちに鉄道工事が黄海沿岸で中国へと出る「西」ルートに沿って始まる期待を語っていた。北朝鮮専門家の試算では、二年間の共同作業でこのルートの定期運行が可能になると見られていた。その後、ロシアへ出る「東」ルートの工事が始まる予定だった。まず最優先で始められるのは「金剛山観光事業」の再開と開城の共同工業地区での作業である。西海岸地区での経済特別区設置計画については、相互理解が得られたと北朝鮮側は理解し、実務協議が開始されたが、東海岸地域の経済特別区についてはまだ基本合意がなされたのみだった。

こうした合意はある程度実行に移されたものの、その後の経緯を見ると期待が先走りしていることを示していた。二〇一八年一〇月、双方は板門店の共同保護区の軍縮を完了し、一一月二〇日には北朝鮮が韓国との国境にある哨所一〇か所を廃止した。一一月二二日には既に両国の軍隊が自動車道の連結を完了した。その一ヶ月後の一二月二六日、南北間の鉄道の連結・近代化工事開始の記念セレモニーが行われた。また、地雷除去や軍人の遺骨収集も行われた。

幻滅の時

短い「蜜月」の後に抜本的な変革は結局は起きなかった。金正恩は、トランプ政権時代は「アメリカは自国の利益に集中」しており、金正恩とアメリカ大統領との個人的な「じゃれ合い」をしている間にソウルはアメリカの強力な庇護から「抜け出して」南北朝鮮関係において独自の路線を貫けるだろうと考えていたようだ。文在寅の「対北政策」は、核問題の強調を除いては全体として受入可能だと北朝鮮側は考えていた。しかし、そのうちまもなく韓国がやはり「アメリカの馬車」に強く縛り付けられており、文在寅が心底願った事業の大半が実現不可能であることがわかった。おかしなことではあるが、これは金正恩にとって不快な発見であり、自国の自称保守派の前である意味「面子を失った」のである。

二〇一九－二〇二〇年に起きたことがらは、北と南が自分たちだけでは地域の安全保障体制の問題を解決する十分な可能性を持っていないことを再び明らかにした。決定打となったのは、ハノイでの米朝首脳会談だった。この時、トランプ米大統領と北朝鮮のリーダー金正恩とは、合意に達することができなかった。期待はずれとなったことで金は「自立していない」韓国に「怒りを爆発」させた。

北側を怒らせたのは、あらゆる誓いと抱擁の後も韓国側はアメリカと行動の調整を続けていたことだった。金正恩が特に腹を立てたのは、韓国大統領が自身の一貫した対北政策を貫かなかったことだ。その証拠が軍事演習の継続だった（「私の背中に突き立てた短剣」）。金正恩はこのことについてトランプにも抗議の手紙を書いており、それはB・ウッドワードのジャーナリストとしての調査により明らかにされている。これが国内「タカ派」に対して北朝鮮指導者の立場を弱めることになったのだ。

結果の出なかった二〇一九年二月のハノイ首脳会談後、北朝鮮は鎖国の時期に入り、南北のコンタクトは急激に減少した。もし文在寅政権が本当に北朝鮮の味方となるなら「北の願いどおり、米韓合同軍事演習および北朝鮮を攻撃しても発見されないステルス戦闘機の輸入を停止したはずだ」と北側は考えた。

二〇一九年一〇月、金正恩は長年放置されたままの金剛山「共同観光地域」を訪れ、「手入れがされていない」「時代遅れ」の観光地だと激しく批判し、韓国が建てた施設を「見栄えが悪い」として撤去させた。今後の問題を協議するための二者会談を実施するというソウルの提案は黙殺された。このあらゆる意味で象徴的なプロジェクトをなんとか復活させようという韓国の試みは、おまけにアメリカによっても阻止された。アメリカは北朝鮮が核プログラムの新たな資金源を得ないように、制裁という口実でもってソウルに観光特別区の再開への努力をさせなかったのである。ドナルド・トランプは二〇二〇年四月に、北朝鮮に経済的に譲歩するのは「今は時ではない」と言明した。それにもかかわらずソウルは南北合意で関心のある部分について実行する試みをやめなかった。たとえば二〇二〇年四月二七日、韓国内で（一方的に）南北鉄道連結計画実施作業のおおやけな開始を記念するセレモニーを大臣レベルで行っている。

関係悪化への急変は二〇二〇年半ばに起こった。そのきっかけは五月三一日風船に「数十万」のビラをくくりつけて境界線越しに飛ばした二つの脱北者団体「自由北韓運動連合」と運動「大きな泉」の行動だった。それは二〇一八年四月二七日の板門店宣言ではっきりと禁止がうたわれた行為だった。それに対して「民主的な手続きの範囲で」反北朝鮮団体の活動を抑えようとしたソウルに対し平壌は不十分だとしてさらに怒りを強くした。北朝鮮は、四月の議会選挙で大統領派が勝利して文在寅はもっと断固たる行動を取れたはずだと青瓦台を非難した。

このような事が引き起こした北の反応は想像以上に厳しく尾を引くものとなり、再び圧力と対話拒否へ移行する時だとの平壌の決意を示すものだった。

指導者の妹金与正（最近まで北朝鮮リーダーの継承者と騒がれていた）のレベルは、首脳会談で得られた合意を破棄する構えであることと、南との関係は「敵対的なものになった」ことが発表された。実は二〇一八年の韓国でのオリンピックでも金与正が「平和の鳩」としての役割を果たし、多くの事実からみて今や金正恩は南との関係については彼女に担当させていることが伺える。従って南へのメッセージは、後戻りはできなくなってしまったということを明確に伝えるものだった。

声明には次のように書かれている。「韓国政権は、卑劣な言い訳のもとに、まるで他に方法がないかのように自身の重要な責任から逃げており、くずたちの反共和国的敵対行動を暗黙のうちに認め、南北関係を悲劇的な終点に追いやった」

「正面突破後退」を強調して二〇二〇年六月九日一二時、北朝鮮はこれまで南北が対話を行ってきたすべての通信ラインを遮断した。「今回の措置は韓国構成分子とのすべての接触空間の完全ブロックと不要なものの廃棄についての決定がなされてから最初の一歩である」と朝鮮中央通信は強調している。それと同時に、ワシントンに対し、うわべだけの良好な対韓関係を維持することで、両国リーダーが直接合意した義務をアメリカが遂行しているように見せかけるという「まがい物」などとんでもないという平壌の見解をはっきり表明した。アメリカが南北関係悪化に「がっかりしている」ことにふれた北朝鮮外務省の声明には「アメリカは南北朝鮮問題をコメントする資格はない……南北朝鮮関係が発展の兆候にあるときにはそれを妨害しようとやっきになり、関係が悪化しているときは、心配しているかのようにふるまうアメリカの偽善は見ていてぞっとする」。

平壌は「悲しく苦しい時代」についてソウルに警告し、六月一二日、金与正は、朝鮮民主主義人民共和国はソウルに対して「次の一歩」を進めることを述べ、「韓国一味と別れる時が来たことは明らかだ……ゴミはゴミ箱に捨てないといけない」と続けた。

第一回南北首脳会談二〇周年を迎え、普通なら未来について構想するところをこの日、朝鮮中央通信は次のように声明を発表した。「我々は、韓国政府と顔をつきあわせて問題を議論する必要はないという結論を既に出した。あとは、彼らにその忌まわしい犯罪に対する高いつけを支払わせるだけだ。我々は裏切り者とクズを罰するための一連の対応措置をとることにした。発表の通り、南北共同連絡事務所は消滅し、敵に対する次の措置を行う権利は我が軍に渡される。無敵の我が革命軍は、敵に復讐するために断固たる行動をとるだろう」。

北朝鮮はこれより前に緊張緩和の主要な象徴の一つである開城工業団地の南北共同連絡事務所の活動停止について発表していた。北朝鮮は六月一六日、言葉を実行に移した。その少し前に開城工業団地に建設された事務所が、韓国の監視装置が直接見える範囲で爆破されたのである。朝鮮中央テレビは次のように報道している。「対敵闘争部は開城工業団地の南北共同連絡事務所を完全に破壊する措置を取った」。朝鮮中央通信は、一九五三年から非武装地帯となった一部地域に軍を戻すという平壌の意向を伝えている。ソウルと平壌はこの地帯の非武装ステータスを見直そうとはしなかったため、このような決定は一九五三年から遵守されている休戦体制の明らかな違反であるし、ましてその二年前に南北のリーダー出席のもと締結された軍事合意に当然違反することになる。参謀本部は「前線を要塞に変えて南に対する警戒心をさらに強めていく」と言明した。これを受けて韓国軍は戦闘態勢に入ったが、韓国政府は強い反発をすることはなかった。とはいえ、朝鮮半島は危機的な状態へと戻った。

しかしながら数日後、金正恩は妹の権限を無効にして自身が調停者として乗り出した。六月二三日、金正恩は朝鮮労働党第七期第五回中央軍事委員会会議予備会議を行い、参謀本部によって提案された対韓国軍事行動の延期を決めた。その後、聯合ニュースの報道によると、北朝鮮のインターネットは韓国政府批判の記事の削除を始め、軍は設置を始めたばかりの拡声器を撤去した。これを韓国ではソウルとワシントンを仲違いさせようと行った戦術的ゲームと受け止め、いつでも北との対立へ戻る用意があると声明した。もっとも、裏のチャンネルを通じて韓国が北朝鮮に何か約束したという事態もあり得なくはない。いずれにしても北朝鮮にとってこれは政治的策謀の一つであった。

その後しばらくして両コリアの指導者は秘密のチャンネルを通じてかなり温かいメッセージを送り始めた。二〇二〇年九月二二日、北朝鮮の国境警備隊は新型コロナの感染防止のために外から国内に誰も入れてはならないという厳格な命令に従って係争境界線近くの海上で越北者とみられる韓国人を射殺し、乗っていた「浮遊物」を焼却した。金正恩は前代未聞の形で文在寅に「謝罪」をし、それが関係改善への出発点になった。

しかし長期的な側面もある。双方ともに歴史的な苦い経験と未だ残っている戦争のトラウマ、疑惑や誤解、南北の社会体制やメンタリティーの違い、韓国が対北朝鮮政策において自立していないことなどが民族和解を妨げる越えがたい障壁として残っている。この和解という問題はどうやら、軍事境界線の両サイドに朝鮮戦争の傷を背負ったリーダーが一人もいなくなる将来の政治家世代に解決が託されることになるのかもしれない。それはつまり、平和共存の定式ができるのにはあと一〇－一五年は待たないといけないということである。

第二部
朝鮮半島の核・ミサイル問題、外交的解決の試み

第8章　北朝鮮の核・ミサイル計画——新事実

金正恩登場以前の核・ミサイル分野の回顧

　世界の社会主義体制が崩壊した後、北朝鮮の核・ミサイル計画は北朝鮮のアイデンティティにとっての「骨格」となった。理屈がないわけではないが北朝鮮は自国の安全保障と独立とにとって唯一の保証であるとみている。北朝鮮の政治家にとっては、これは唯一の聖なるカードと化したのである。それは単に抑止力としてだけでなく、関連利害を有するパートナー、特に体制の敵対者だけでなく、その支持者である中ロのパートナーとの関係でも、事実上の核保有国としての利益を保証し、混沌を避ける意味もあった。北朝鮮の核・ミサイル計画は、国際関係での数少ない主体的な要因としての北朝鮮の立場を押し上げ、その指導者のステータスを保証するものとなった。平壌にとって脅威は単に西側だけではない。中国からの介入も念頭に置かなければならない。

　それ故に北朝鮮とっては最後の最後まで核兵器を保持し続けることは不可避的な結論となる。つまり敵対者に敵意がなく、国の発展に必要な効果的な支持が得られると確信するまで、というありそうもない時期までである。しかしそれは見通せる将来には訪れそうにもない。

核問題は一九八〇年代末か一九九〇年代はじめには国際関係での重要な要因となったが、その計画自体は六〇年以前から始まっていた。

この決定にはいくつかの要因が関係したが、その多くは今でも有効である。第一に最も重要なのは朝鮮戦争というトラウマであるが、これは今日もなお終わってはいない。中国の関与によってのみ救われた北朝鮮の指導者は、これ以上同盟国への従属的位置に甘んじないとしたら通常兵器のみで安全保障を確保できなかった。一九六三年のキューバ危機は、北朝鮮の金日成にとっては、ソ連のキューバに対する裏切りと映った。彼にはソ連の核の傘は信頼できないのである。一九七〇年代初めのデタントは、中国とその敵のはずの米国の和解、キッシンジャーとニクソン外交で、中国からの支持は信用できないと映った。金日成は自国の核兵器によってのみ枕を高くして眠ることができるのだと結論した。

北朝鮮はまた一九五八年からの韓国での米国核兵器の展開を知っていた。この事情は一九六七年になって、米国製の九五〇発の異なったタイプの戦術核兵器の配備によって頂点に達した。韓国に米国の核兵器が配備された。それに加えて、朴正熙大統領は米中接近を恐れ、独自の極秘の核プログラムを開発しはじめた。それは一九七〇年代末に完成予定であったが、もっとも彼が暗殺されたためにこれは頓挫した。しかし金日成は競争上も対応し続けた。こうして一九七〇年代半ばには朝鮮半島には核軍拡競争の全条件が整った。

最も現実的にはその後一五年間は米国とソビエト・ブロック間との勢力均衡が半島の安全を保証した。従って北朝鮮は核開発を急ぐ必要はなかった。その活動には、必要な資材の探索、専門家養成、実験用の必要なインフラ整備と展開という制約があった。さらにソ連の協力で北朝鮮は一九八五年には核不拡散条約に加盟した。一九五二年の科学アカデミー内の核エネルギー研究センター創設は北朝鮮の核プログラムにとっての始点として位置づけられよう。当初の段階は、必要な資料の探索、主題への沈潜、専門家養成、研究センター設立に焦点があった。武器テクノロジーの選択に当たってはウラン濃縮技術が当時としては複雑で、エネルギー浪費的であったこともあり、プルトニウム方式に集中した。

一九六〇年代初めソ連の協力で寧辺の核研究所が作られ、これが核計画の中心となった。ソ連から提供された実験用核原子炉、放射線化学実験所を含めて軍事用を目指したものではなかった。しかし北朝鮮は不拡散体制に加わることを回避していた。放射線化学実験技術の転用は専門家が使用燃料を利用してプルトニウムを分離することを可能にした。北朝鮮は国際原子力委員会の枠内で一九七九年から英国企業の文書へのアクセスに成功し、マグノックスの黒鉛減速ガス冷却炉を作ることに成功した。これに完成すると軍事用のプルトニウム開発に成功できる。同時に平壌は平和目的のための核計画をも立案した。長い説得を経てソ連は二個の軽水炉の建設を約した。

平壌は長い間その運搬手段の開発にも一九七〇年代から努力していた。というのも当時からミサイル開発を強行したからである。北朝鮮が選んだのは液体燃料を利用した一段式のR－17弾道スカッド・ミサイルである。その模型はエジプトから得た。

一九八六年一〇月のゴルバチョフと金日成との会談でその軍事利用が加速された。北朝鮮指導者は新思考とペレストロイカとを、ソ連の援助がなくなることに先行した不吉なモスクワの政策転換であると評価した。北朝鮮の軍事力は、国の経済的低落と一九八〇年代半ばからのソ連の援助の停止で衰退していた。核の選択が魅力的だったのは、急進的にしてしかも相対的に安価であったからだ。

ソ連崩壊後、北朝鮮は核物資（プルトニウム）生産を急いだ。しかし北朝鮮はこの活動への「外交的カバー」のために、ワシントンとの安全保障での対話を確立することに熱心であった。一九九二年一月、韓国の盧泰愚大統領は戦術核の撤去と合同軍事演習の停止を宣言した。まもなくソウルと平壌とは朝鮮半島での核からの自由宣言を行い、朝鮮民主主義人民共和国はＩＡＥＡとの間に一九九二年四月に発効する政府ガードの協定を結んだ。

平壌が一九九二年までにプルトニウムを生産する可能性のためにＩＡＥＡとの協力を拒んだことから、一九九三‐四年の核危機が生じた。これは北朝鮮との米国との枠組み合意で決着し、核計画は凍結となった。特に五〇メガワットと二〇〇メガワットの原子炉の付加的な建設は中止となった。しかしデタントは長続きしなかった。こうして国際社会との長年にわたる「綱引」がはじまった。あたかも季節が変わるように、デタントと協議の時期は、危機とエスカレーションの時期によってとって変わられた。

二〇〇〇年初め、枠組み合意が失敗し、米国との正常化の望みがなくなると、核兵器製造に焦点がいった。米国務次官補Ｊ・ケリー代表にたいし、北朝鮮代表はウラン濃縮だけでなくもっと発達した兵器開発の権利がある、と主張した。二〇〇三年の北朝鮮のＮＰＴ体制からの離脱と並んで、二〇〇五年一月には核兵器の保有を宣言、二〇〇六年一〇月九日には最初の核実験を実施した。交渉が始まったためその過程は停止したが、代わりの伝達手段の建設は積極的に進められた。次の五年は各種のミサイル発射実験が繰り返された。

二〇〇九年の四月五日に行われた通信衛星のための大気圏軌道へのミサイル発射は大きな反響を呼んだ。西側は、平壌が弾道ミサイル実験を行ったとみた。しかし実験は失敗し、有効積載物は軌道に乗ることなく、ブースターは太平洋に落下した。

国連安保理の決議に抗議した北朝鮮は核査察官を追放、ＩＡＥＡにたいし軍事核計画の再開を宣言した。核専門家は使用済の核の再利用を始めた。材料には二〇〇七年までに黒鉛減速ガス冷却炉で得られた燃料が使用された。

二〇〇九年五月二五日、第二回目の核実験と短距離ミサイルの発射実験を始めた。二〇〇九年七月にはさらにミサイル発射実験にのぞんだ。ウラン濃縮計画が明らかになった。後者によって、北朝鮮はより有効に鉱物資源利用ができた。この計画の噂は二〇〇〇年前後から出ており、米国は相応の批判を繰り返したが、証拠は乏しかった。

二〇一〇年一一月二〇日、北朝鮮は米国の著名な核専門家ジークフリード・ヘッカーにウラン濃縮計画をみせた。米国の専門家によれば、示されたのは濃縮度の低いものであったが、間接的な証拠によればより高度なウラン濃縮計画もあった。施設の主要技師長によれば、北朝鮮は八〇〇〇倍の遠心力を持つ二〇〇〇の遠心分離機を持っていた。（三三二の分離機を有するカスケードが六つ）。このことから判断して計画が発足したのは数年前、明らかに二〇〇九年より以前、つまり非核化をめざす六者協議のさなかである。

その少し前には一〇〇メガワットの実験軽水炉を寧辺周辺に作ることになっていた。北朝鮮にとってはこのことは軽水炉のための低度の濃縮ウランだと強弁できた。しかしこのことが問題なのは単に軍事目的だけではない。北朝鮮が十分な安全保障措置を講じることができるかである。地震多発地帯には先進的な建設技術やデザイン・テクノロジーが必要だが、米国の技師によるとその有する施設ではこれを満たしてはいなかった。

同時にミサイル計画もまた急速に発達した。北朝鮮のミサイル武器庫はこの間急速に拡張された。それは、射程五〇〇キロ以下、もしくは五〇〇－一〇〇〇キロの地上発射型短距離移動式弾道ミサイルを含んでいた。多くのミサイルにはソ連式の祖型があった。単距離の火星五号、火星六号は、ＮＡＴＯがスカッド・ミサイルと名付けたＲ－17型の系に属し、火星三号、一一型は、ルナＭとトーチカの変種である。中距離ミサイル火星七号、火星九号は米国ではノドンと名付ける。また火星一〇号はムスダンとも表記されるが、これらのテクノロジーによって作成された。

新段階に至った核・ミサイル計画

金正日時代には、北朝鮮のソビエトのＲ－17型スカッド・ミサイルを模倣したミサイルの発射実験に限定されていた。火星五号、六号は朝鮮半島の南端以外をカバーしたし、ノドン・ミサイルは日本の西半分をカバーした。

金正恩時代になると核・ミサイル計画は新しい段階に至った。平壌は特に注意を払った二つの主要目標があった。第一に、核の分野で質量ともに突破をはかることで、核兵器の効果的な展開を可能にすること、第二に、運搬システムのレンジを拡張し、米大陸本土に到達できるＩＣＢＭ（大陸間弾道ミサイル）を開発すること、である。

北朝鮮の核開発の中心は寧辺周辺の核施設である。五メガワットの黒鉛減速ガス冷却炉は、年間七・五キログラムの兵器用プルトニウムを生産できる。プルトニウムを供給できる高度ＨＬは、年間二〇〇トンの使用積み燃料を通常供給可能である。平壌は三三－六〇キロのプルトニウムを生産したと考えられる。実験用には六キログラムが使用された。したがって二〇一〇年代半ばには二〇－四〇キロが予備として蓄えられた。

二〇一八年初期には、北朝鮮の核工業は二〇もの核施設を作った。二〇一七年七月米国の情報当局は北朝鮮に六〇発の核兵器があるとみた。もっともＣＩＡや非政府組織の専門家は兵器庫がより小さいと見なしている。他の評価では二三－三九発とみるが、この変域は毎年三－五発ずつ増えているからだ。二〇二〇年国連の専門家は北朝鮮の核兵器が六〇発と見なした。米国の専門家は二〇二〇年に北朝鮮が弾頭を小型化することが「できる」とみなした。同様の観察は以前にも見られたが、北朝鮮ははたしてこの重要な里程標を、相応した証明活動なしに到達できるかについては疑問視されている。

二〇一六年一月六日、北朝鮮は「水爆実験」を行ったとして質的転換を示した。大抵の国際政治の専門家は水爆兵器所持の可能性については批判的である。「遅れた」北朝鮮で現実の可能性があるかについては、公的には正反対のことが表明されたが、国連安保理についての相応する反応を含め、そのようなテクノロジーの出現は懐疑的に見られた。批判的な専門家にいわせれば、爆発領域は熱核兵器にとっては不十分であるのだが、北朝鮮はネーミングについては曖昧さを示している。平壌では水爆というのは、重水素でもって補強した弾頭かもしれない。

二〇一七年初め北朝鮮は六回の核実験を繰り返し、ＩＣＢＭに使用できる「水爆装置」といった。新型実験の破壊力は大変大きく、一〇〇から一五〇キロトンであった。その影響はウラジオストクでも観測された。それはすでに熱核兵器で実験用トンネルが置かれた山が部分的に崩壊したほどだった。

金正恩が特にこだわったのはミサイル計画であった。外国人専門家を驚かせた多くの成果は、父金正日の時代に精力的に追求されたものだが、彼はあまり外部世界を驚かせたくないために成果を誇示しなかった。二〇一六年から一七年一一月にかけて七六発の弾道ミサイルが発射された。このうち成功したのは五九発であった。一三種類のミサイルが発射されたが、そのうち二〇一四年以前にしられていたのは四種類型のみであった。

すべてがうまくいったわけではない。二〇一二年四月の火星三号は通信衛星を地球軌道に乗せるために打ち上げられた。火星三号は二〇一四年に金正恩のもとで打ち上げられた最初のものだった。韓国の専門家がミサイルの落下物を調べてみたところ、すべては旧世紀半ば以降の技術を使ったものだった。つまり第一と第二ロケットはＳ－17と呼ばれるスカッド・ミサイル、第三も同じかトーチカ型だった。搭載重量は一〇〇キロである。しかし二〇一二年一二月には北朝鮮は発射を繰り返し、軌道上に搭載装置を乗せることに成功した。もっともその成果が示されなかったことからみると破損に終わったようだ。

二〇一六年二月七日、朝鮮民主主義人民共和国はあらたに「光明星四号」を打ち上げたが、一〇〇％成功したとは言いがたく、安定軌道に達しなかった。この行動は、既存テクノロジーによるリハーサルであっても、科学技術上での突破というよりは政治的効果を狙ったシグナルだった。韓国の専門家によればその搭載重量は二〇一二年の一〇〇キロから二〇〇キロへと倍加した。しかし二〇一六年のロケットはその外観からして、外に光明と書かれている以外に先行のそれとは変化なく、衛星こそ当時一〇〇キロだったものの、ミサイルは実際二〇〇－二五〇キロの有効重量を搭載可能であった。

何人かの専門家はＩＣＢＭとして利用されたときは荷物を積んでいなかっただけで、より大きな有効搭載が可能というのである。しかしこの技術の軍事的な利用可能性を適切に推測することはできない。ミサイルは一定の質量を一定の距離飛翔させるだけでなく、目標を正確に打撃させなければならないからだ。現実に二〇一七年に実験した遠距離ミサイルは「火星」ミサイルの技術ラインを継承してはおらず、基本的に新しいものであった。

二〇一七年二月、北朝鮮は移動式固体燃料ミサイル「北極星二号」を成功裏にうち上げ、そして春期を通じてその活動を継続した。その基本的特徴とは固体燃料は打ち上げ時間が最小限になるということである。これは質的な転換となった。というのも北朝鮮のミサイルは液体燃料式で、その発射に時間がかかり、その打出の間に敵によって破壊される可能性があるからである。新型ミサイルのレンジをどうするかは、そのロフテッド軌道によって困難となる。それは将来の北朝鮮のミサイルにとってあらたな特徴となった。しかし北極星二号は一三〇〇キロまで到達可能である。

二〇一七年四月に北朝鮮当局は数回、中距離ミサイル火星一二号の実験を繰り返したが、即座には成果を上げられず、ようやく五月になって初めてそれに成功した。

二〇一七年七月四日に北朝鮮は真に大陸間弾道弾ミサイルと呼べる二段式火星一四号を打ち上げた。これは火星一二号と同じ推進力と構造的テクノロジーを持つ。これは改良式であって、新式エンジンをもち、近代化された弾頭を用いる。日本上空を飛翔することを避けるためのロフテッド軌道を選んで、二八〇二キロの飛翔に成功した。もし同等の水平式で長距離軌道を選べば優に七〇〇〇－八〇〇〇キロ、つまりグアムやアラスカ、そしておそらくハワイにも到達可能であるが、多分米国本土には届かない。しかし七月二八日に行われた第二の試験飛行では、三七二五キロ飛翔し、もし同じ積載量での物質を運べば最適軌道は一万キロを突破し、米国の東海岸にまで到達可能となる。

二〇一七年一一月二九日、北朝鮮は大陸間弾道ミサイル実験での重要な里標となる火星一五号に実験に成功した。これは液体燃料式で四四七五キロの最大高度に到達、水平距離で九五〇キロ飛翔し、その弾頭は日本海に墜落した。もしその通常起動で発射されるとそれは一万二〇〇〇キロ先の目標に到達する。ミサイルは九車軸の起立発射機から発射された。

この二〇一六－一七年のミサイルの種類の多さと、異常に高いミサイル実験の成功は、北朝鮮ミサイル計画の飛躍を象徴した。二〇一七年には三つのモデル（似たように見えるが）が、ほとんど同じ使用ではあったものの、以前から準備されたものであることが証明された。このことはこの技術的突破についての多くの専門家の当然の疑念を生んだ。

Ｍ・エレマンの推測では、これは北朝鮮がウクライナのユジマシ（南部機械工廠）設計ビューローへのアクセスに成功したからだった。北朝鮮のインテリジェンスは二〇一〇年代当初からここに接近していた。特にＲＤ－２５０エンジンを探っていた。同国の政治的混沌のためにこのような軍事技術への接近が可能となった。この可能性は国連のウクライナ常設ミッションによっても認識されている。北朝鮮は、このエンジンを入手したか、あるいはその生産テクノロジーを入手した可能性がある。北朝鮮へのロシアの「援助」については、早々と嫌疑があったが、問題はありえないことである。我が国を経由して小さくはないミサイル・エンジンを密輸することは話す必要もないことだ。もっと現実的なシナリオとしては、北朝鮮が長い間欲しがっていたウクライナの専門家や設計図について接近が可能となったということだろう。

ＲＤ－２５０系列のエンジンの出現は北朝鮮ミサイル計画にとっては大きな飛躍となった。同様な技術は、ソビエトのＩＣＢＭ計画でも利用され、その中にはＮＡＴＯがサタンと呼ぶＲ－36Ｍがある。北極星二号と言われる固体ロケットが北朝鮮の武器庫にあることは注目に値する。二〇一七年に示威された火星ミサイルは北朝鮮の軍事的潜在力に大きく貢献し、もっと効率いい武器への階梯となりうる。情報筋の解釈では実験の情報は、米国、特にトランプ大統領の「関心」を引くためであったという。しかし、北側が問題的にしようとしているが、米国の脅威となるには何ダースか何百のＩＣＢＭを製造しなければ深刻な脅威となることはない。北にはそれは困難である。南に打撃になるためには最小距離の制限からこれらのミサイルには意味がない。

ロシアの専門家の間では、北朝鮮の現実的な戦略的核能力については広く懐疑主義が行き渡っている。垂直型、もしくはロフテド軌道によるミサイルではその飛行の特質だとか、射程についての適切に能力判定を許す段階ではない。北朝鮮は弾頭部の落下地点を統制しているわけでなく、データを分析できていない。遠隔計測法によるパラメーターはおそらく秘匿の理由で伝達されなかった。武器化するためには実験を何十回も繰り返す必要がある。弾頭部を熱から隔離するメカニズムは発達していないし、大気圏再突入時に燃焼する危険がある。積載能力も不明確だ。火星一四号、一五号の再突入試験の重量は一五〇キロであると評価される。大きな積載量のミサイルがどう行動するかはわからないし、その特性が何であるかもわからない。核弾頭そのものの証拠もなければなおさらだ。

国連安保理が、北朝鮮に関する厳しい制裁決議（二三七一）を八月はじめに決めて以降（二〇一七年以降は一四章で触れる）、北朝鮮はミサイルを米軍基地のあるグアム沖に発射することを「研究」しているといった。そこからは朝鮮半島に戦略爆撃機が定期的に飛来している。また日本頭上を飛んだが、そこは米国の同盟国として別の米軍基地が位置している。二〇一七年末にある評価によると、北朝鮮のミサイル軍の能力は、以下のようである。

システム	発射装置	ミサイル
火星三	二四未満	六〇－八〇
火星五	二〇〇未満	三〇〇－四〇〇
火星四	一〇〇未満	三〇〇－四〇〇
火星七	四八未満	二〇〇－三〇〇
火星九	二四未満	八〇未満

火星一〇	三二未満	六〇－八〇
火星一一	三二未満	一〇〇未満
火星一二	一二未満	二〇未満

（出典――A.Khramchikhin）

二〇一九年五月以降、北朝鮮は短距離ミサイルを少なくとも別の三種のシステムで発射した。第一に、二種の多層ロケットシステムがある。北朝鮮以外ではＫＮ－23と呼ばれる固体ロケットがある。ＣＴＡＣはこれを新しいタイプの戦術誘導兵器と呼ぶ。ＫＮ－23は、しばしば「北朝鮮のイスカンデル」と呼ばれているが、軌道を途中で変換でき、ミサイル防衛をかわすからである。もちろんここではロシアのミサイルとの特性の類似性を語っているのであって、ロシアからの技術移転があったわけではない。七〇〇キロと短距離の射程は、韓国の標的に打撃を即座に展開するべく射程に収めているものとみられる。

二〇一九年八月、ＩＡＥＡは北朝鮮が所有する生のウラン鉱を後になって利用するため、濃縮、もしくはプルトニウム製造のために自国産のウランを採掘していると報じた。一〇月になって北朝鮮は中距離固体燃料式の潜水艦発射型新型ミサイル（ＳＬＢＭ）北極星三号を公開した。射程距離二〇〇〇キロと思われる。その外形から判断するとこの形は理論的にはミサイル探査装置を搭載できる。他方で、北朝鮮の科学者がたとえ理想的なＳＬＢＭを開発したところで、北朝鮮は現代的技術で容易に察知できる「騒音の多い」ディーゼル型潜水艦しか持っていないのだ。他方で、このような動きは単に象徴的なものだけで、米国は平壌が理論的にはそのコアな領域に到達できるとのみだけ反応した。

コロナウイルスの危機が一段落したところで、実験は再開された。

国連安保理の専門家は、北朝鮮の実験について、固体燃料型ロケットを含む弾道ミサイルシステムの習熟、様々なタイプの移動式発射台による移動性、ミサイル防衛の能力、水中発射型の準備可能性、を指摘した。北朝鮮は弾道ミサイルのための地下施設を改良しているが、この目的のために鉄道網をも利用している。

北朝鮮はこうして、核大国クラブの公式メンバーではないものの、技術的な道程をこなしてきたようだ。その経験はインド、パキスタン並みとなったが、彼らは五－六回の実験以降は核実験を停止した。二〇一七年の一一月二九日の火星一五号の実験後になって、金正恩は「北朝鮮が国家的に核能力を完成させた」と言明した。この言明は北朝鮮が小型核兵器を完成させ、その信頼性を高めるとばかり思い込んでいた分析家を完全に驚かせた。

二〇一八年四月二〇日、労働党中央委員会総会でこれ以上の核実験や長距離ミサイル実験は「弾道ミサイルが完成した以上」は必要ないと言明した。また決議も「核兵器は小型化し軽量化され、高度な核弾頭製造の技術は実現された」といった。

北朝鮮の核兵器とミサイル技術の発達の現実的な度合いは、今は重要ではない。このために正しい結論を今えることが最高位の権力にもできないのかもしれない。それは政治的、何より宣伝の武器であり、抑止と交渉の武器として働くからである。その敵対者に対する宣伝的な効用は、朝鮮半島と、ことに朝鮮民主主義人民共和国をめぐる統制外の緊張を高めているのだ。

第9章　北朝鮮の多国間・二国間外交——オバマ大統領・李明博との高まる反目

この研究が対象とする以前の朝鮮半島の核問題の主要なやり方は六者協議であった。北京の主導で始まり、南北朝鮮、ロシア、米国、中国と日本の間で行われた。しかし二〇〇八年末までの六者協議参加国の対立が高まったために外交的な決着は袋小路に入った。

この会議の目的は二〇〇五年九月一九日の六者の共同宣言で宣言されていたが、それは、コミットにはコミットを、行動には行動をの原則で核問題を解決するものと合意された。共同宣言は一九九二年南北共同宣言と九四年枠組み合意で確立された国際的法的レジームへの回帰といえた。この文書の建設的な性格とは、六者協議過程の原則と行動スタイルとを規定したことであった。

六者協議の終焉

現実的にステップ・バイ・ステップの行動を段階的にとるという解決策の選択は、一九九四年枠組み合意で見られたような、相互の核プレーヤーが相手側を「出し抜く」という欲望が不適切であるというところにあった。六者協議メカニズムというのは二〇〇〇年はじめには頓挫していた信頼を積み重ねることにあった。

達成された妥協の性格は「創造的曖昧さ」という表現に表れていた。可及的速やかに合意文書を採択するために、主要な重要概念での定義をめぐる合意を犠牲にする結果となった。一方でそのような接近法には意味がなくはなかった。概念をめぐって議論していれば合意文書をめぐる交渉を麻痺させることになる。しかしその曖昧さによって多くの論点に一致がないことにもなった。

特に米国と韓国では朝鮮半島の非核化とは北朝鮮の核テクノロジーの完全な非核化と放棄と平和的な核への査察を意味するのに対し、平壌の理解では、北が安全保障を受けた後での朝鮮半島全体での非核化を意味するからだ。

残念なことに二〇〇七年以降は共同宣言の義務は多くの理由により無視された。この点でその遅滞の多くの責任は米国とその同盟国側にある。一九八〇年代末から米国の方針は不変であったことが、この当然の結論に至った原因だ。米国の政治階級は、ロシアを含めた多くの専門家の意見とは反対に、北朝鮮の早期崩壊を信じていた。そうすれば核問題は片づくというのである。従ってワシントンは一九九〇年代半ばに達せられた合意を履行することを急がなかった。そのことは北朝鮮にとって「悪い教訓」となったが、それで北もまた欺いたからである。次に多くの専門家の意見に反して米国は圧力を強め、北朝鮮はより適切に行動するよう圧力、孤立、そして制裁を強めた。それは詰まるところ、北朝鮮の弱体化と孤立とを目ざした。この政策が北をして核兵器をめざすことになった。この同じ話が二一世最初の一〇年半ばにもくり返された。核兵器を放棄させる代わりに平和と安全を、という六者協議の合意にもかかわらず、である。同様なことは、二〇一八－一九年の緊張緩和期にもあり、北朝鮮は、米国の制裁解除を願ったが、結局米国は敵対的な接近法を変えるようなことは何をするつもりもないと理解、対決的な方針へと戻った。

逆説的であるが、このような政策は北の体制を弱めるどころか、むしろ「包囲された要塞」というイデオロギーを正当化する動機となった。このことが朝鮮民主主義人民共和国の内外の安定性を高めた。その結果はといえば、北朝鮮人民だけが苦しむことになった。

六者協議が麻痺した理由は、いくつかの異質な要因がシナジー効果を出したものだった。

第一に、二〇〇八年にはいつもの米国政権の交代があり、米国でも、またその同盟国でも対外関係を停滞させ、従って次の政府が何を期待しているかわからないことになった。

第二に、二〇〇八年に南北関係では韓国での保守派の台頭により悪化した。李明博政権が誕生、議会では保守派のハンナラ党が勝利した。新政権は北との宥和政策（太陽政策）を放棄、平壌には受け入れがたいような経済援助への条件を付け出したが、これは米国が二〇〇〇年代はじめにとった手段とも似ていた。さらに韓国は核問題での協議での優先をもとめ出したが、北朝鮮からはただ米国とだけ話し合いたいことでもあった。この結果、ソウルとの対話にいらついた北朝鮮は韓国とのつながりを縮小し、新ソウル政権との対話を批判、核を討論する協議からの韓国を除外することを主張しだした。

第三に、六者協議は「行動対行動」といった原則に則っており、過去の時代に合意された原則を履行する時期ではあっても、新しいものを締結する時期ではなかった。

第四に、二〇〇八年は北朝鮮指導部には金正日の長引く病気もあって困難な時期であった。権力が一人に集中した体制では彼が行動不可能に陥ると政策決定は不可避的に停滞することになる。

第五に、北朝鮮では相対的に保守派やタカ派の勢いが増した。このことで金の政権移行の「屋台骨」が揺らいだこともあり、国内外での不利な条件もあり北朝鮮体制を「軍事化」することになった。

第六に、二〇〇八年までに各関係当局は自己のイメージと利害を害さずにできる妥協を重ねた。このためこれ以上コミットするにはいっそうの信頼が必要であった。特に次の段階は、核兵器の廃絶と現実的な製造の放棄であって、これは平壌にはできない話であった。

しかし北朝鮮は二〇〇八年六月二七日、六者協議継続の証として寧辺の原子炉の冷却装置を爆破した。一方でこの措置は、多くの外国専門家が見たようによく考えられたPR措置であると同時に、平壌は自己の義務を遂行した。それに加え北朝鮮はこの構造物の除去で二五〇万ドルの支援を米国から受けた。

これ以降状況は悪化していく。二〇〇八年一〇月八日以降はＩＡＥＡの査察官による施設査察を拒否する。もっとも米国が北朝鮮をテロリスト援助国の指定を解除した三日後に、平壌は査察官の禁止を解除したのである。もっとも決定は遅れたために北は再びもとに戻った。

しかし米国が指定する査察の要求は厳格で、北朝鮮は明らかに不満であった。一九九一年のイラク制裁での厳しい基準に沿ったからであった。平壌は査察官にとって疑わしいと思われるすべての施設を見せ、どのような文書をも公開しなければならなかった。二〇〇八年一一月北朝鮮外務省は提案された査察案を拒否した。

二〇〇八年一二月にはこのために六者協議が開かれたが、成果は乏しかった。議長声明は成果を強調し、未来に向けての積極的活動を求めたが、次回の会議日程も含め具体的成果はできなかった。

朝鮮問題の主導性は、米国の受動性もあり、ソウルの保守派の手に移った。当初のオバマ政権にとっては朝鮮問題とは専門家が言うようなトップ二〇にはいる優先事項ではなかった。一見して状況は統制下にあり、やる気のない六者協議と二者間の協議は続いていた。平壌に今与える「にんじん」はなかった。米国、とくに韓国人が譲って北朝鮮に「大きなパッケージ」を与えるのは素朴な考えだとみた。その中には米朝首脳会談もある。「非核化と引き換えの正常化と経済援助」という平和共存の基礎となる考えであった。もし北朝鮮が核を完全に放棄すれば平和条約が約されよう。しかし平壌がこのことを受け入れる余地は、米国が交渉を受け入れる余地がない以上は存在しない。それでも関係諸国間での長々とした討論は可能である。

北朝鮮にとっては、六者協議は経済的な利益がない以上、そして米国や日本との正常化という意味での政治的討議がない以上、当然の筋道として政治的挑発の道となった。平壌はそのパートナーの意向にかかわらず、再びカードを切った。譲歩にみあう利益を得ようとし、同時にパートナーにも自称の核メンバーとして受け入れるよう威嚇したが、それは核の威嚇と瀬戸際外交に他ならなかった。

対立への回帰と二国間交渉

二〇〇八年から二〇〇九年初め、平壌の政治エリートの間では権力の不可侵と維持の保障となるのは核保有国としての地位の維持という考えに至った。北朝鮮としては核というカードを放棄できないと強く理解した。

二〇〇九年初めからは次の危機の時期が訪れた。平壌の高官の声明もより厳しさを増した。北朝鮮は、韓国が非友好的であることを理由に関係を完全に断絶した。北朝鮮は米国の敵対政策がやむまでは核兵器を諦めないと主張した。また韓国に対する攻撃姿勢を示し、いわゆる「北限界線」を承認しないと言った。これは黄海に国連軍によって一方的に一九五三年八月三〇日にひかれた線を指していた。

二〇〇九年四月五日の人工衛星打ち上げ失敗は中ロにはやっかいな国際法的問題を意味した。両国は一九六七年の宇宙の圏外利用の権利を承認している。同時に国連安保理決議一七一八は、中ロによって支持されているものの国際条約よりは効力が弱い。これは北朝鮮の弾道ミサイル・テクノロジーを禁じている。もちろんすべてのミサイル技術とは汎用テクノロジーではあるが、しかし四月五日の発射実験は、軍事的というよりは政治的な性格であった。それは同時に北朝鮮のミサイル技術を宣伝、誇示するも目的もあった。二〇一七年の長距離ミサイル発射実験は、衛星目的とは異なるテクノロジーを軍事目的で使用できることを見せつけた。

米国は、中ロが忠誠を誓う国連を北朝鮮に対する圧力の道具として利用しようし、こうしてこの国際社会での主要メンバーへの人質とできた。こうして打ち上げ実験は失敗に終わったが、オバマ政権は「違反は罰せられるべきだ」といい、日本は当該地域の平和と安全への直接の脅威はなかったものの、国連安保理事会開催で主導性をみせた。四月一三日安保理は一致して議長声明で、北朝鮮の発射を非難、六者協議の継続と北朝鮮への追加制裁継続とを声明した。これはすぐに国連安保理決議一七一八となった。

しかし翌日北朝鮮は厳しくこの国連安保理決議を非難、もはや六者協議には戻ることなく、そこでの話し合いの合意も認めず、そして核プログラムは続けると声明した。この措置によって、その挑発的行動と並んで、国際社会の予想される厳しい反応に対し状況悪化の手段を講じ、ウラン濃縮核開発プログラムを開始することを宣言した。

もちろんそのような行動はオバマ政権の気を引きつけるための一歩と見なされた。というのもオバマ政権は世界的な金融財政危機に見舞われており、国内経済事情にかかりっきりであったからだ。六者協議再開とはこのことの当然の反応であって、平壌の厳しい声明への反応ゆえではなかった。各国政府は自己の国内問題に追われ、核プログラム解決にまわす力も資金も限られていた。

北朝鮮の覚悟は堅く、二〇〇九年五月二五日には第二回の核実験を強行した。もちろん核実験のような大規模な実験は短期の間に準備されたものではなく、それは核実験声明の一月後のことであった。準備は予告よりも相当前から準備されたことになる。二〇〇九年六月一二日に国連安保理決議一八七四が出されると、北朝鮮への制裁レジームは堅くなった。

こうして北朝鮮に対する制裁の輪が強められた。決議はなお対話の再開をも呼びかけたが、両者を結びつけるどのような手段も方途も講じなかった。

第二回核実験が不拡散体制に与えたインパクトはより大きいものがあった。もっとも一回目ほど顕著にはみられなかった。もし第一回の実験が「やり過ぎ」、固有な事件としてしばらく考えられたとしたら、二回目はその続きとして国際社会のなかでも「一連のシリーズ」、「習慣」と化したからだ。それは北朝鮮に対する国際社会の反応の遅れからも判断できる。もし国連安保理決議一七一八が実験後五日目に出されたとしたら、決議一八七四は半月も遅れたのである。

それまでにオバマ政権の北朝鮮核問題への「待機」とでもいうべき政策が新しくつくられ、姿勢が鮮明となり、それは適切にも「戦略的忍耐」と呼ばれた。この忍耐とは、制裁措置をふくめた圧力と交渉、つまり平壌を六者であれ二者であれ交渉というテーブルに引っ張り出すという、あまり積極的ともいえない意味があった。もちろん北朝鮮の非核化が結果となるか、もしくは少なくとも交渉への前提条件となった。これは米国では「待機姿勢」と呼ばれたが、金正日がいなくなることを望んでいたのだ。新しい北朝鮮指導者とは交渉した方がより容易だ。

二〇〇九年八月クリントン元大統領が北朝鮮を訪れた。北朝鮮はワシントンとの長い間二国間交渉を望んでいだが、この面での成功の可能性をほのめかした。米国は積極的には対応したものの、対話は始まらなかった。というのも、核実験後導入された制裁解除をはじめとする北朝鮮の条件が、米国には受け入れ不可能であった。それどころか、制裁は効果的であると結論づけ、むしろそれを強化しようとした。

平壌も六者協議再開をちらつかせた。金正日は二〇〇九年一〇月はじめに訪れた中国首相温家宝に表明した。また二〇〇五年九月一九日に米政府特別代表スティーブン・ボズワースが訪問したとき六者協議への支持を表明した。しかし、北朝鮮は交渉を始めるに当たって、自己の条件を押しつけ、二〇〇六年と二〇〇九年の国連安保理による制裁を解除すべきと言った。

北朝鮮が六者協議に色気があるとみた六者各国は活発な外交活動を進めた。特に中国は、武大偉計画という政府特別代表の名をつけた三段階での交渉再開プランを出した。それは、①平壌とワシントンとの非公式協議、②六か国間の外交官での予備的会合、③六者間の本格協議の公的な再開、というものであった。

しかし一連の悲劇が計画を頓挫させた。二〇一〇年三月二六日に韓国のコルベット艦「天安」が爆発し、沈没した。韓国と米国はこれが北朝鮮の仕業であると非難した（第六章）。二〇一〇年一一月二三日には黄海の延坪島で砲撃が両者で交わされた。

ちょうどその頃北朝鮮は軽水炉ＬＷＲ建設とウラン濃縮計画を発表し、国際世論に挑戦した。当局は核計画がエネルギー供給のためだと主張した。通常ＬＷＲが生産するプルトニウムは軍事目的には質量ともに不十分で、それを軍事目的の資材に転換するには、エネルギー効率も悪く、また容易に察知される。プルトニウムを生産するためには、北朝鮮は一九八〇年代に建設された黒鉛減速ガス冷却炉を稼働する必要があるが、それはなされなかった。それにもかかわらず北朝鮮の軽水炉ＬＷＲは稼働していなかった、建設はほとんど完了したと言われてはいるが。そして国の核施設での「達成」は平壌によって、もっぱら軍事利用の文脈で宣伝された。

北朝鮮の核計画におけるウランの出現は、制裁と制限による政策が核問題への解決をもたらしていないことの例証といえる。これらすべての障害にもかかわらず、北朝鮮は、米国や韓国の情報機関から隠れて必要な設備とテクノロジーをパキスタンから獲得した。このような秘匿された回路が存在することは、これまでの核の不拡散体制への憂慮すべき存在といえる。北朝鮮はパキスタンとイランの協力でこのような必要な要素を確保した。例えば一九九〇年代北朝鮮はパキスタンから一連の核テクノロジーを確保した。物理学者A・K・カーン博士は核拡散ネットワーク設立の責任者であるが、ミサイル技術の協力と交換でイスラマバードから入手した。北朝鮮はこうして必要な物資を得るための複雑なフロント企業ネットワークをグローバルに設立した。

状況の悪化は六者協議参加国間での熱心な論争の種となった。例えば米国は北京と平壌に外交使節を送った。特に興味深いのは北朝鮮訪問に、ニューメキシコ州知事のリチャードソンを送ったことである。前のエネルギー庁長官で北朝鮮特別使節であった。訪問中、米国は北朝鮮のIAEAの査察の合意を取り付け、また平壌は黒鉛減速ガス冷却炉への燃料を商業ベースで提供すると暗示された。このことが示唆するのは北朝鮮がプルトニウム計画と関連した不要となった資材を除去しようとしたということである。

二〇一一年はじめ中東情勢と日本での核事故とその結末によって、この地域での諸国の関心は北朝鮮核問題からそれた。平壌のウラン問題を国連で審議することに中国は抵抗した。第一に、北京はこの問題で極端に慎重になり、口頭での証拠だけで北朝鮮のウラン計画を判断するのには問題があると確認した。第二に、もし問題を議論する必要があるなら国連ではなく六者協議のフォーマットであると北京は主張した。

二〇一一年四月末、元米国大統領ジミー・カーターが訪問した。北朝鮮に拘束された米国市民の釈放に加え、六者協議の再開の展望について話し合うことになった。訪問は直接の成果はなかったが、接触を試みることは肯定的に評価された。カーター個人と直接に個人では会わなかった金正日はメッセージで韓国の李明博大統領と首脳会談で会いたいと言った。

二〇一一年にはイラクの要因が影響したのと同様、「リビア要因」が北朝鮮の外交全般、とりわけ核問題には大きなインパクトがあった。北朝鮮指導部はカダフィ体制の運命から重要な教訓を得た。つまり核兵器こそ安全保障の唯一の保証だということである。それ以前にも北朝鮮は核計画を放棄する可能性は薄かったが、しかし二〇〇三年に西側との関係正常化と引き換えに核計画を自発的に放棄した体制に軍事攻撃を加え、さらに指導者が暗殺されたことで、北朝鮮での放棄可能性はなくなった。

二〇〇八－二〇一一年には朝鮮半島での核問題の生命サイクルからいえば停滞期であった。六者協議は次第に消え去り忘れられた。金正日の統治からすれば、よく見られた大規模軍事行動や政治活動が全般的に控えめな時期だったが。これには北朝鮮の核プログラムを巡る国際プロセスの全般的ロジックに加え、指導者の個人的問題とが絡んだ。しかしあまり目立たなかったが、核実験の継続やウラン濃縮の開始という事態は、北がテクノロジーの改善と、新たな緊張へのラウンドへの野心を捨てていなかったことを示した。

第10章　対決の新段階――二〇一二－二〇一七年

外交の転換と圧力

二〇一二年はじめ、米国は北朝鮮での権力の交代には適応戦術で応じた。二〇一二年二月二九日の北京における二国間協議は、いわゆる「閏年合意」と呼ばれたが、核・ミサイル活動の削減と引き換えに米国からの譲歩による食糧援助が約束された。

もっとも双方はおたがいをよく理解していなかった。それは米国の交渉者の経験不足が原因だった。彼らは合意の中身を理解しておらず、また北朝鮮の警告を無視していた。このために北朝鮮が金日成生誕一〇〇周年で四月に人工衛星発射を計画していると聞いて怒った。権力についたばかりの金正恩は祖父や父の遺訓を捨てることはできず、自分自身は柔軟でもこの危機的時期には保守的エリートからの批判のリスクがあった。金正恩は実験を新しいアプローチの方針で進め、外国人ジャーナリストも招くなど最大限の公開制を実施したものの、失敗に終わった。専門家が驚いたことには、当の平壌は失敗を即座に認めたのである。二〇一二年一二月には過誤を修正した。

これに対してワシントンは食糧の補給をやめ、北朝鮮は「閏年」のモラトリアムを認めたわけでないと応じた。オバマ政権は、北朝鮮での即座の成果がなかったことからさらなる外交努力を放棄し、「戦略的忍耐」に回帰した。以前と同様、北朝鮮に孤立化と圧力をかければ、これが体制崩壊につながり、核問題も自ずと解決するということだった。

二〇一二年四月、北朝鮮はさらにミサイルでの示威行動を起こし、金日成生誕一〇〇周年の軍事パレードをおこない、そこで大陸間弾道ミサイルの模型を示した。西側では当初ＫＮ－08といわれたが、後にうまくいかなかった火星一三号と呼ばれた。事件はむしろ警告を与えるものとなった。しかし、六つの模型はそれぞれ異なり、飛翔実験はなされることなく、提示されたＫＮ－08は単なる実物模型にすぎないということになった。筆者の一人も平壌のパレードに同席し、同じ印象を得た。

二〇一二年五月に北朝鮮は憲法を改正し、その序文で金正日が祖国を核保有国にしたと述べた。また二〇一三年には最高人民会議は核戦力に関する法を採択した。

同年に金正恩は経済の発展計画を提起する。経済計画と核保有との併進路線《ピョンジン》である。イデオロギー面でも、国の内外政策における核計画のほとんど原理的役割が強調された。

戦略核・ミサイル計画の発展の加速は、金正恩政権のトレードマークとなった。公式の宣伝でも世論でも北朝鮮の改革と経済発展とは核分野での発達と関連づけされた。従って二〇一七年の国連での安保理決議のように国の指導部が国民の経済水準向上ではなく核兵器に金を費やしているという非難は北朝鮮では理解されない。それどころか両者は不可分に結びついているのだ。

強調されるべきことは憲法上でも、核保有国としての地位は亡くなった指導者の貢献として評価されており、たとえ非核化がなされてもこの箇所は残るということである。もちろん北朝鮮は金正恩のもとで基本法に忠実で、定期的に規定するとしても。二〇一八年北朝鮮はまったく迷うこともなく非核化を支持し、金日成の遺訓だとまで主張した。しかし六者協議の交渉では北朝鮮は核保有国だとは認めることなかった。北朝鮮はこの原則面では一種のイデオロギー的勝利を得た。

しかし二〇一二年の北朝鮮に対する国際社会の反応は、お決まりの批判でしかなかった。国連安保理決議二〇八七は二〇一三年はじめ北朝鮮の行動を非難し、弾道テクノロジーを使用してのミサイル実験を非難、同時に以前の決議に従って制裁を科した。米国は外交活動に動くこともなく、また韓国の李明博大統領はすべての北朝鮮との接触を否定した。前に触れたように北への制裁は効果がなく、そもそも北は世界から孤立していたので、そのインパクトを感じることもなかった。また北に影響がある中国は制裁を急がなかった。

二〇一三年には南北とも圧力的手段に動いた。二〇一三年二月北朝鮮は三度目の、定例となったかのような核実験を行い、新しい国連安保理決議二〇九四は平壌の行動を非難、NPT体制と六者協議復活を訴え、新しい金融制裁を呼びかけた。北朝鮮は、以前の安保理決議を「騒がしい」と無視した。平壌は国連の場を、自己の敵やパートナーとの討論のための場所としては考えていなかった。決議は北朝鮮のウラン濃縮計画をも非難した。

そして米韓の合同演習のさなかに、北朝鮮は朝鮮戦争の一九五三年停戦合意からの離脱を宣言した。周知のように、韓国は李承晩政権が懇願し、敵対行為の終焉を望まず、北朝鮮と「最後まで」戦うのに熱心だった。春を通じ北朝鮮はミサイル実験を繰り返し、双方は情熱をエスカレートさせた。四月には南北共同事業である開城工業団地企画が停止した。関係者は素早く対応し、交渉は始まった。施設での活動は秋に再開された。

危機は二〇一三年二月からの韓国大統領となった朴槿恵にとっての試練となった。ユーラシア外交とか、南北関係での信頼構築といった言葉にもかかわらず、彼女は李明博の強硬路線を続けた。交渉と政治の道は閉ざされた。二〇一四－一五年には南北関係は悪化し、現代朝鮮の核問題は悪化の一途を続けた。オバマ政権もまた「戦略的忍耐」の消極さを続けた。以前のエスカレーションの危険に加えて、危機のエスカレーションがすべての参加者の脅威感を増し、平壌は新しい軍事的安全保障の手段の確保を追求した。

二〇一六－一七年のエスカレーション――水爆とＩＣＢＭ

危機の次のラウンドの起点は二〇一六年一月六日にはじまる。北朝鮮が、次の第四回の核実験を行ったのであるが、それを水爆実験だと表明した。注目すべきことには新しい実験のニュースはあらかじめ準備された。金正恩は二〇一五年一二月一〇日に、北朝鮮は「原爆および水爆を爆破できる核大国となる」と宣言した。朝鮮労働党機関誌『労働新聞』のウェブサイトを探しても二〇一五年一一月以前には水爆は現れない。しかしその発表から事件までに約一〇件の結果を見いだせる。

二〇一六年二月七日の人工衛星打ち上げは、前記したように成功したとはいえず、軌道に装置を乗せることはできなかった。二〇一六年の核とミサイル実験とは、科学やテクノロジー実験というよりも情報戦だとみれば、その受け手となったのは米国、中国、そして国内の視聴者だった。北朝鮮は様々な政治・軍事の行動を通じて米国の関心を引こうとしてきた。二〇一五年末以降、米国の大統領選挙が始まり、平壌は各候補の討論のアジェンダとしてこの争点を再度現実化させた。オバマ陣営は頑固に核問題を無視して戦略的忍耐を求めたが、平壌はこれにいらつき、六者協議再開を妨げる要因ともなった。

中国の北朝鮮との関係も悪化の一途をたどり、新しい実験は一方で北朝鮮の自主独立さを証明すると同時に（中国は常に平壌の実験を強く非難してきた）、他方で、状況を正常化することを求めた。さらには、ミサイル・テストと第四回核実験は、三七年間開催されなかった第七回労働党大会開催をまえにしての防衛努力の成功の一環でもあった。さらにはこの性急さは、北朝鮮核問題専門家による計画遂行という上司への報告のためでもあった。

しかし平壌は望ましい国際的反応を得ることはできなかった。モスクワも北京も北朝鮮の行動を非難し、核実験以上にミサイル発射は古いパートナーをいらつかせた。このような目立つ行動を繰り返したことで、親近感を呼び起こすどころか、極東での米国とその同盟国の軍事的強化の口実をあたえる。北朝鮮のミサイルや核問題はそれ自体としてはロシアや中国の安全保障に直接の脅威とはならないものの、しかしそれに関連した米国の反応という間接的な脅威こそがもっと切実なものとなる。

米国は、挑発には応答があると声明し新しい制裁を予告したが、実際B－52を朝鮮半島に送り、ミサイル実験後米国は三つの地対空のパトリオット・ミサイル・システムを韓国に配備した。

国連の核実験への対応は安全保障会議議長声明の形で出たが、ほかのいつもの決議ではなかった。しかし一月後のミサイル発射への安保理の三月二日付決議二二七〇はより強硬となり、新しい決議は北朝鮮に対する経済、金融、そして交通の制裁を科した。国が「敏感な」技術情報を得る能力を限定し、領域を通過するすべての荷物を監視することを命じた。韓国は、過去一八〇日間に北朝鮮を訪問した船舶の港湾へのアクセスを拒否した。こうして制裁から逃れたロシアと北朝鮮の「ハサン－羅津」プロジェクトへの参加をも除外した。

新しい制約的文書が採択されたのは中国が北朝鮮の行動に憤慨して米国を支持したからである。モスクワはかなり受動的で中国の姿勢に総じて倣った。決議は北朝鮮でのロシアのビジネスを痛打したが、中国のそれは無害であった。中国は北朝鮮の重要な経済的なパートナーであり、その結びつきを切ることは平壌には敏感である。決議の文案は、協力を維持する抜け穴を用意した。明らかに、中国の制裁の厳格さは、北朝鮮の「話のつけ方」の性格いかんによっている。

二〇一六年二月一〇日、ソウルは北朝鮮の実験に対し開城工業団地の閉鎖で応じた。これは南北朝鮮間の協力の最後の大きな恒久回路であった。北朝鮮は厳しく反論し、開城を軍事統制地域と宣言し、軍事コミュニケーション回路の切断で応じた。

二〇一六年五月の第七回労働党大会報告で金正恩は北朝鮮が「責任ある核保有国」であると語った。この理念を補強するため、大会文書は北朝鮮の古証文を引っ張り出して、非核化はほかの核保有国とも協調して進めていくと昔ながらのテーゼを主張した。言外に問題解決への処方箋がほの見えてくる。平壌からすれば核戦略とは「帝国主義」の敵対政策への対応として作られたに過ぎず、もし状況が変われば必要とはされない。しかし北朝鮮は以前非友好的であった国とも結びつきを発達する用意がある。このことは米国との二〇一八年の交渉に先んじて国民や世界に対して政策変更を説明するイデオロギー的枠として使用していることが興味深い。

二〇一六年九月の水爆実験に対応して、ワシントンはソウルの強い支持の元、新しい制裁措置を講じた。それは信頼関係と決別し、圧力強化を目指した。米国国務長官J・ケリーの発言には「戦略的忍耐」の固有の矛盾が反映されていた。交渉は性格上、不可能である。というのも今までのすべての例が失敗しており、北朝鮮が非核化を始めた時のみに関与政策は可能だというのだ。

韓国の反応も大変戦闘的であった。例えば大統領朴槿恵は、世界の忍耐は切れ、外相尹炳世《ユンビョンセ》も、平壌が原爆を諦める唯一の道は「それに我慢できない痛み」を加えることだといった。中国は自己の立場を明確にはのべなかったが、しかしその後の展開に照らして、制裁案に傾斜していた。ロシア外務省は北朝鮮の「危険な冒険」を非難しつつ、同時に「自動的」な制裁措置には反対し、創造的な外交を求めた。

新しい一一月の国連安保理決議二三二一は討議のためにやや遅れたが、決議二二七〇を多くは注釈し、修正し、そして拡大した措置だった。文書は核実験への反応ではあったが、それは化学兵器や生物兵器拡散とどう戦うかに注意が向けられた。この非核化への拡張解釈は米国の政策の特徴であって、その後の国連決議にも見られる。

二〇一七年には北朝鮮と米国との核とミサイルでの膠着が相当エスカレートした。米国のトランプ大統領は選挙キャンペーンで朝鮮問題こそ彼の外交問題の主たる焦点となると指摘した。彼はまた金正恩とハンバーガーでも食べながら、対話する用意があるとも語った。

しかし彼の任期最初の一年は建設的とは言いがたかった。二〇一七年を通じて緊張は高まり、米国指導部は北朝鮮への「予防的」攻撃について真剣に討議し、それは多くのタカ派ですらパニックにおとしいれた。ドナルド・トランプはかれらしくツイッターでの自己のブログを駆使して外交に従事したが、北朝鮮指導者を「ロケット・マン」とよんで平壌を威嚇した。

二〇一七年八月には、もし平壌の反応が米国を脅すのであれば、「炎と怒り」を持って反応すると約束した。九月には国連総会の演壇から北朝鮮を全滅させるとさえ述べて、「米国は忍耐があるし、強力だが、もし自分や同盟を守ることを余儀なくされたら、躊躇なく北朝鮮を完全に破壊する」と指摘した。「ロケット・マン、それは自分と体制への自殺の道だ」、米国は（北朝鮮を）破壊する用意があるし、意思も能力もあるが、それは不要だろうと。

これに対し金正恩は、前例のないテレビ演説で、トレンプを「もうろくした、頭のない老人」とよんだ。以降米国と北朝鮮の政治家はともに侮辱的な修辞を繰り返した。

顕著には二〇一七年末に、北朝鮮はこれら米国の公的侮辱をほとんど彼らへの最も重要な表明と見なした。

年初以来、様々なチャンネルを通じてトランプは北朝鮮のミサイルや核計画を押さえ込むために軍事行動を画策し、北朝鮮は米本土を狙ったＩＣＢＭを発達させていると表明した。ある専門家は、トランプのソーシャル・メディアでの強い言語と米国の力の行使とは、ホワイトハウスが、北朝鮮の華々しい修辞と軍事政治行動に対して対称的なスタイル面での反応に過ぎないと指摘した。しかしこのスタイルこそ北朝鮮のトレードマークであって、ホワイトハウスがそれを模倣したことは無神経だと、反対派も同盟者も当惑した。

「類は友を呼ぶ」というが、金正恩は同じ言語を発するトランプのスタイルから一般的には不快感を持つことはない。相互にやり合うことは重要なことを示している。ワシントンが直接コンタクトし、素早い状況対応を示したのである。以前は対話に値する敵とは見なしもしなかった北朝鮮に対して、である。とりわけ平壌の武器庫には反応を呼びおこすものが満載であった。核爆発、長距離ミサイル騒ぎは、ワシントンからの雷撃的な反応を招いた。つまり空母の派遣、重爆撃機の飛来である。しかしこれはただ金正恩の神経を興奮させたにすぎなかった。米軍はたとえ総司令官が戦闘を命じても、アメリカ軍人はそうはしない。その代価はあまりに高いからだ。しかしアドレナリンを分泌するという刺激は存在している。歴史は戦争が意図せずして始まった多くの例、いな偶然にはじまった例を知っている。

ワシントンがすべきことは威嚇する修辞を作り、制裁を科すことだった。このことは北朝鮮の核・ミサイル能力が「米国のコアの領域を脅かす脅威となった」にもかかわらず、である。二〇一七年には国連安保理決議は四つの制裁決議を通した。最初の決議二三五六は春のミサイル発射の後である。米国の「完全で後戻りしない検証可能な非核化」が記載され、平壌を極度にいらだたせた。

その後の制裁措置は余計センシティブであった。決議二三七一は、八月の火星一四号打ち上げ後に出されたが、それは個別の領域を狙った分野別制裁を拡大させた。

新しい制裁は北朝鮮の外貨の源泉を、したがって核とミサイル計画の財源を照準に合わせたものであった。文書は中ロの示唆によって国連安保理が、六者協議の招請とその刷新を想起させたが、北東アジアの平和と安全の強化措置を政治部門では含んでいた。この部分はその後の二つの決議でも踏襲された。

決議二三七五はよけい強硬であった。それは輸出や合弁企業からの外貨獲得を厳しく制限した（第一四章参照）。分野別の制裁措置は繊維、冷却器、液化天然ガスにまで拡大され、国連メンバー諸国は、すべて合弁企業を閉鎖し、北の国民には労働許可書を新たに発行することになった。文書は上限で年間二〇〇万バレルの原油、石油精製品にかぎることになった。

中国が黙認するかたちで、米国は、火星一五号の発射という一一月の発射措置への反応として厳格な二三九七決議を出した。米国の一方的制裁と第二次制裁の威嚇のもと、北朝鮮の状況は貿易封鎖に似てきた。つまり体制への経済戦争へとエスカレートしたが、直接の軍事手段をとることはやや危険であったからであった。

状況は全く異常であった。ロシア、韓国、日本、そして中国もまた北朝鮮問題で米朝が仕掛けた神経戦の捕虜となった。この地域の他の国は、単なる傍観者となり、米国と北朝鮮の指導者の熟慮を信頼するしかなくなった。米国の同盟国である韓国や日本にとっても同盟は自己の安全強化というよりはリスク要因となった。

もっとも不愉快であったのは両コリア自身である。いくつかの平壌の大使館は非常事態に備え、まじめに爆弾の待避壕を備え、何人かの米国の政治家はペンタゴンに、米人家族を韓国から避難する措置を要請した。

モスクワと北京とは二〇一七年七月四日に、解決計画をレベルアップさせた。それは北朝鮮がミサイルと核実験計画を中止することの代わりに、米韓の大規模軍事演習計画を放棄するものである。相互の不信を招く行動を自粛し、双方が、会話と対話に移行し、東アジアでの平和と安全についてシステムを構築する（第一五章参照）。興味深いことに二〇一八年の一連の事件はこの論理に従い、韓国がこの非公式協議に応じた。もっとも公式的には直接は支持はなかったが。

別言すれば、二〇一七年の事態の悪化により、すべての側がそれぞれ自己の立場を考え直し、核問題への政治解決と、地域全般の健全化を高めることを求めることを強いた。問題は深刻であったが幸い関係者の努力もあって、問題を後回ししたり、「絨毯の下に隠し」たりすることは米国にとっても代償はあまりに高かった。選択肢は一つしかなかった。戦争か、それとも交渉かである。現実の展開にてらして軍事解決の実験は不可能であり、米国は外交を考えるしかなかった。

米国は北朝鮮は言うまでもなく、中ロをも問題解決交渉から排除しようとした。二〇一八年一月バンクーバーで協議が開かれたが、上記のメンバーではなく、一九五〇－五三年の朝鮮戦争のワシントンの同盟国間で開催され、そこには朝鮮民主主義人民共和国問題と関係のない国も招かれたが、それは当面の利益を目指すものもあった。他方では、このような政治の陰謀は、すくなくとも二〇一七年のワシントンでの野心的な力の行使とかさなった言葉の上での公然たる脅威よりは、危険性はやや少なくなった。

第11章　緩和と停滞――どちらが待ち受けているのか？

北朝鮮と韓国、アメリカ関係における予期せぬ突破口

外交への転換は突然起こった。北朝鮮が得点を先取した――というのも金正恩の方から新年の挨拶で平昌オリンピックで南北二つのコリアが合同参加することを提案したからだ。そのような平和イニシアチブは、平壌は定期的に行っており、同じく反対者（ワシントンの民主党、ソウルの保守派）も同じように定期的にプロパガンダを行っていた。今回は、韓国の文在寅大統領が対話を志向しており、アメリカ国内では南北朝鮮危機についてエリートが合意した戦略がないために茫然自失気味の状態であることと相まって、事がよい方向へと向かっていった。

文在寅は、「オリンピックの雪解け」を実現することで自身の名を調停者として歴史に残すこともできることからこのチャンスに飛びついた。二〇一八年の朝鮮半島緊張緩和において文政権は決定的な役割を果たし、この歴史的な転換点において青瓦台は協力者、プロモーターの役割を果たした。このことを批判

する人々は、文在寅がまず自身の権威向上を第一義とし、アメリカの助言を無視して北朝鮮に譲歩したことを非難した。

それでも平昌オリンピックがこれまでの長い年月で初めて「微笑み外交」の祭典となった。長年行われなかった重要なハイレベルの政治交流が初めて実現し、北朝鮮の選手が試合に来てホストと一緒にセレモニーに参加し、一部の競技では南との合同チームで出場した。一方アメリカは不意を突かれ、オリンピック開会式に出席したM・ペンス副大統領は、北朝鮮代表団の一員であった金与正をこれ見よがしに無視した。韓国のホスト側は、ワシントンにはっきりした方針がなかったので、金与正を特別待遇していた（詳細は第六章参照）。

平壌はまた「後方固め」にも気を配っていた。南との関係において突破口が見いだせたおかげで同盟国、特に、問題が中国にも飛び火した金正恩の核・ミサイル冒険主義を非難していた習近平に平和愛好的態度を示した。もちろん、北京の支援あるいは少なくとも中立的態度なしには国際舞台で動くことが極めて困難なことを北は十分わかっていた。以前は、習近平は「若くて未熟」と見ていた金正恩と会うことを避けていたが、今では互いが歩み寄りの動きをするようになった。平壌のイニシアチブによって四月の南北サミットを前にして北京で行われた両国首脳会談は極めて温かい雰囲気だった。その後北朝鮮のリーダーは板門店会談の後にも、トランプとの会談の後にも政治的助言を求めて中国を訪問している。

大きな国際的反響を呼んで画期的なイベントとなったのは二〇一八年四月二〇日に行われた朝鮮労働党第七回大会中央委員会第三回総会であった。その席上、金正恩は併進路線が国防分野において成功裡に完了したと発表し、北朝鮮は核兵器製造を終え、これから経済発展と生活レベルの向上に集中できるようになったと述べた。つまり、今や核・ミサイル実験の必要性はなくなってきているのだという結論を導くことは容易であった。

その後まもなく北朝鮮は豊渓里《プンゲリ》核実験場の閉鎖を伝え（金正恩とトランプの会談の前、五月末に北朝鮮は実験場爆破セレモニーを行った）、その場に報道関係者を招いてオープンなものとした（アメリカは「核専門家」のセレモニー出席を求め、さもなければこれを「ポチョムキンの村」的なみかけだけのショーとみなすと言った）。

北朝鮮のこの行動は重要な善意のジェスチャーであったが、実は北がこの「譲歩」をするのはかなり簡単であったことに気づかないわけにはいかない。核実験場はすでに何度か実験が行われてリソースを使い切り、いずれにしても閉鎖か大規模な改修を行うことになっていたからである。

外交プロセスにおいて画期的な出来事となったのは、二〇一八年四月二七日の南北朝鮮サミットだった。これまでの章で取り上げてきた南北関係への効果の他に、この首脳会談が核問題解決の展望も示したことは、南北接近に対するアメリカの反感を中和するという点で極めて重要であった。韓国首脳部は、板門店宣言に非核化の義務を入れたことを重要な外交上の成果とした。文在寅は、明らかに米朝対話を推進しようとしてトランプに、金正恩が「一年以内に」非核化を行うことに同意したかのように伝えた。これが南北朝鮮関係史上初めてのことだと強調されたが、明らかにソウルの外交官は一九九二年の朝鮮半島非核化についての南北共同宣言をこの時忘れていた。さらに、これは北朝鮮だけが核を放棄するよう文在寅が説得したということではなく、この文書には朝鮮半島全体の非核化がテーゼとして掲げられていた。平壌は核問題で注意を払うべき唯一の相手はアメリカだという自説を変えたわけでは全くない。共同宣言および板門店での首脳会談は、どうやら北朝鮮にとってはワシントンへ「つながる」ための手段であったようだ。

したがって宣言で北朝鮮が和解のために行った措置が肯定的に評価されていることは特筆に値する。

板門店宣言では、一九五〇－一九五三年の朝鮮戦争の公式的な終了を意味する平和条約締結という北朝鮮提案も反映された。そのために三者会談（南北コリア・アメリカ）、あるいは四者会談（三国に加えて中国）の実施もうたわれていた。

一面から見れば、相互不信が高いレベルまで激化していることを考えるとどんな交渉も歓迎しないわけにはいかない。モスクワは表にこそ出さなかったが、朝鮮半島の調停および今後の北東アジアの安全保障構築からロシアが外されたことを喜んではいなかった。また日本の懸念について明らかに誰も考慮していなかったため、東京でもあまり盛り上がりはなかった。

アメリカとの関係における進展は、明らかにトランプという個人に負っており、金正恩はトランプに韓国を通じて首脳会談についての提案を伝えた。平壌が二〇一八年五月にアメリカがイランの核合意から一方的に離脱したことに注目したことは間違いないであろう。そしてそれが二〇〇〇年初めの米朝枠組み合意のワシントンによる無効化を思い出させただろう。北朝鮮は、ミサイル兵器規制問題におけるアメリカの行動も注意してみていた。そして北朝鮮が最重要と考えている交渉相手がこれほどにもあっさりと自身が負った義務を放棄したことほど、そのアメリカと誠実な対話をする必要があると北朝鮮に信じさせるものはなかっただろう。

舞台裏で米朝首脳会談開催をめぐって外交闘争が行われていた。J・ボルトンは、自身の世間を騒がせた回想録の中で鄭義溶国家安保室長が三月に金正恩からのトランプへの招待状を渡したと書いている。ボルトン自身は当然首脳会談に反対し、「これらの外交踊りはすべて韓国がお膳立てしたものであり、金正恩側あるいはわが国の本格的な戦略よりも、『統一』という課題を念頭に置いたものだ」と考えていた。ボルトンの説によれば、文在寅は四月二七日の南北首脳会談後、アメリカ大統領に電話し、これによってトランプをノーベル平和賞候補に推薦することができるかもしれないと約束し、サミットについての合意を取り付けたことになっている。

歴史的な首脳会談の準備は順調にいったわけではなかった。五月八日、北朝鮮は重要なジェスチャーを見せた。平壌を訪問したM・ポンペオ米国務長官に、逮捕されていたアメリカ国民三名を引き渡したのである。北朝鮮は見返りを期待していたものの、お返しはなかった。そして米韓合同軍事演習の実施に対する不満を表し、首脳会談を拒否する可能性もあると言い出した。トランプの補佐官たちは、北朝鮮のステータスを「合法化」してしまうかもしれない「終戦宣言」構想が進むことを危惧し、また実務レベルでのコンタクトが不十分であることから、トランプが首脳会談を取りやめるように働きかけ、それをツイッターで知らせることを提案した。

文在寅はホワイトハウスでのトランプとの会談を利用して首脳会談の準備を続けるよう説得した。ペンス副大統領に向けた北朝鮮の言葉による攻撃の後、トランプは金正恩にサミットを拒否する手紙を書くことに同意したが、そのような事の進展は悲劇だと考える韓国側の圧力によって思い直した。

アメリカの政権では分裂が起きた。首脳会談の反対者たちは、北朝鮮は総括文書に「非核化」の言葉を入れることに賛成しないと指摘していた。また日本が、北朝鮮がすべてのミサイル、化学兵器、生物兵器を放棄するとの合意を入れるよう要求し、火に油を注いだ。首脳会談の準備に当たってアメリカの役人が最も心を砕いていたのは、たとえ会談が決裂したとしても、北朝鮮への何らかの譲歩を回避し、北朝鮮に対する「最大の圧力」を維持することであった。彼らはその方法しか核軍縮へと導く方法はないと信じきっているのだ。ボルトンとポンペオとは、宣言に「完全で、不可逆的で、検証可能な非核化」という文言を入れるだけでなく、厳しい時間的制約も入れるよう求めていた。これは明らかに、北朝鮮が核保有国というステータスを維持するためにアメリカの許可を必要とはしていない、という現実が彼らにはわかっていないようだった。

そうこうするうちに北朝鮮の特使、金英哲が金正恩の手紙をトランプに渡すためにホワイトハウスを訪問した。その後アメリカ大統領はやはりシンガポールに行くことを決めた。

長年の敵同士の会談はあまりにも象徴にみちていた。経済・政治の世界で歴戦を戦ってきたベテランのアメリカ人は、ことあるごとに若き朝鮮のリーダーに好意を示し、相手もそれに答えた（腹立たしいあだ名は忘れられた）。アメリカ側は、国家安全保障会議で急いで制作された映画を北朝鮮側に見せた。それは、もし北朝鮮が非核化に同意すれば可能となるであろう経済的に明るい未来についての映画だった。わずか数十年で小さな漁村から世界的な金融センターへと変身したシンガポールを会談の場所として選んだのもそのような期待を強調するものだった。しかもそれは双方からの期待を表していた。

金正恩はトランプと一緒に仕事をする用意があると述べ、アメリカとの敵対はこれまでの政権の過ちであるとした。北朝鮮の指導者は、今後いかなる核実験も行わず、核プログラムは早期に不可逆的な形で廃棄されるだろうと保証した。一方トランプは平壌とのあらゆる合意を上院の批准を経て行うと約束した。金正恩は米韓合同軍事演習を停止するよう求め、トランプはそれに同意し、演習は力と金の無駄遣いであり、練習を停止するよう軍に圧力をかけると約束した。金正恩は北朝鮮の衛星発射場である西梅《ソヘ》（東倉《トンチャン》里《リ》）エンジン試験場の閉鎖について伝え、実際にまもなくそうした作業が始まった。そのためトランプは、アメリカにとって北朝鮮からのミサイルの脅威はもはやなくなったと感激して宣言した。

本稿の著者の一人はサミットの様子を報道するためにシンガポールに当時滞在していたが、首脳会談の結果がどんなものになるのか予測困難であったし、合意事項も形式的に決められてはいなかったため、現地は緊張と興奮とが渦巻く雰囲気だった。双方は共同宣言の内容をかなり曖昧な文言にとどめた。具体的な決定やプランは含まれておらず、首脳会談の内容と前向きな意向を記録したに過ぎなかった。両人は「完全に、深く、真摯に」新たな米朝関係の樹立と、朝鮮半島の恒久的な平和体制の構築を話し合ったと述べられている。トランプは北朝鮮に安全を保障する義務を負い、金正恩は再び朝鮮半島（または北朝鮮の、ではなく）の非核化の強固な不屈の意志を示した。

関係の正常化が地域および地域外における平和と繁栄を促進する、信頼の構築は核の放棄を促す、という信念をもって両者は四つの項目を挙げた。第一に、アメリカと北朝鮮は「両国国民の平和と繁栄の希望を実現できるような」関係を築いていく用意があることを表明した。第二に、朝鮮半島に平和システムを共同で築いていく用意があることを表明した。第三に、北朝鮮は板門店宣言の精神に則って完全な非核化に向けての作業を行う用意があることを表明した。第四に、双方は朝鮮戦争時代に亡くなった人々の遺骨の交換を行う義務を負った。

共同宣言の始めと終わりには、この首脳会談が歴史的な瞬間であるという言葉が繰り返されていた。アメリカと北朝鮮は決めたことをできるだけ速やかに実現することを自らの義務とし、そのためにポンペオ長官と名前は文書には上がっていないが北朝鮮の担当官との交渉が始まることになるはずだった。

シンガポール宣言を読むと、核問題は首脳会談の中心的なテーマではなかったかのような印象を受けることが興味深い。中心テーマと思われるのは、米朝関係の正常化と朝鮮半島における平和と安全の構築であり、非核化は何かおまけのような形になっている。そのような特殊な定式化は北朝鮮外交の成果と考えられる。しかも金正恩はトランプから自分に対するアメリカの批判を和らげ、懸念の種であった米韓合同軍事演習を停止させることに成功した。両国の指導者は信頼感に基づいたメッセージを交わし、後日わかったことだが、そこには互いに深い好意が記されていた。

これらはすべてアメリカの「影の国家〔影の支配者〕」をいらだたせることとなった。彼らは合意のサボタージュを始めた。対応策として北朝鮮から非核化の手順を検討するためにすべての核開発の活動について報告を求めた。そのような情報は、米軍および専門家に北朝鮮の軍備力の実態および重要な施設の位置（後で米軍ミサイルの照準をそれに向ければ良い）を知らせてくれるし、しかもアメリカは自分の情報を与える必要もないのだ。

圧力をかけるアプローチに将来性はないことを示したのが七月初めのポンペオ長官の北朝鮮訪問だった。平壌は、アメリカの代表が「一方的かつならず者的な非核化の要求を突きつけた」と嘆き、交渉が「遺憾なものであった」とした。北朝鮮は非核化までの「安全の保証」を得ることが不可欠であり、アメリカが要求する証明はその後に初めて可能となると指摘した。しかしそれはアメリカにとっては受け入れがたいものだった。

アメリカのエリートたちは北朝鮮が非妥協的であると非難し「最大の圧力」の増強を続けた。北朝鮮側は「戦争終結宣言」採択の合意について注意を喚起し、再び金正恩とトランプの会見の実現に向けて動き始めたが、ホワイトハウスの官僚主義者たちはそれを全力で押さえ込んでいった。

こうして、譲歩と同調がどの程度できるかについて双方の立場が完全に相反するという数十年前からわかっていたことが改めて明るみにでた。北朝鮮側はアメリカからさらなる関係改善の措置を何よりも期待しており、それによって朝鮮戦争を形式的に終わらせることができたはずだと考えていた（シンガポール宣言にはこうした立場が色濃く反映されている）。平壌としては自国の譲歩（特に核・ミサイル実験場の閉鎖）は物質的な破壊を伴うものであり、一方アメリカ側の譲歩（軍事演習の廃止）は、実行しやすいものであると考えていた。また北朝鮮は善意のしるしとして制裁が緩和されることを期待していた。しかしアメリカは即時の非核化を求め、その後に初めてそれに続く行動および北側にとっての「アメ」について検討することを主張した。疑わしいことが知られている北朝鮮だけではなく、国際舞台で活動する者の中で、完全に信頼するパートナーに対してさえもこのような振る舞いをすることはおそらくないだろう。

ここで仲介者、調停者として再び文在寅が登場した。しかし文は平壌およびワシントンでの差しの会合で、米朝それぞれの立場を相手が聞きやすい話に幾分「修正」して伝えているのではないかという疑いを双方が持ち始めた。それでも九月の文の平壌訪問を受けて採択された宣言には再び「非核化」の項目が設けられ、双方が朝鮮半島の非核化に向けて緊密に協力する意向であることを確認している。四月の板門店での南北首脳会談後もそうであったように、平壌は南北首脳会談をアメリカに向けたメッセージとして利用しているような印象があった。第一に、宣言には西海ミサイル発射試験場が外国の専門家出席の下で撤去された事実が記録されている。第二に、北（南とは別に）は、もしアメリカがシンガポール宣言の精神に基づいて北朝鮮の譲歩に相応に応えるならば、新たな措置へと進む用意があることを発表、例えば寧辺の核施設の不可逆的な破壊の用意があることを発表した。その後まもなくハノイ会談で北朝鮮がこの提案をアメリカ側に直接行っている事は興味深い。

南北平壌宣言では共同経済プロジェクトを再開させるという両国の意向が反映されていたが、しかしそれは国連の制裁および韓国の一方的な制裁のために不可能であった。ソウルは自国の制裁についてはいわゆる「二次ボイコット」、つまり平壌との協力に対してアメリカ側から罰せられることを恐れて、制裁を解除する事はできていない。北朝鮮は韓国が自主的に行動できないため、話し合いをしても実質的な利益が期待できないことをすぐに理解した。

外交的停滞と反動

二〇一八年一二月には、来る二〇一九年は、ゆっくりではあるが、確実な進歩の時になるだろうと思われた。しかし実際は進歩ではなく停滞と反動となってしまった。一連の二者会談が呼び起こした強力な外交の影響力は消えかかっており、金正恩が国の指導部と国民に約束した具体的な見返りがないことに平壌は徐々にいらつき始めた。アメリカは北朝鮮から不可逆的な断固たる措置を要求し、実際には譲歩はしていなかった。

金正恩は二〇一九年の新年の演説で、もしアメリカが自身の国際的な義務を怠り続け、制裁や圧力を続けて北朝鮮国民の我慢強さを試し続けるならば、北朝鮮は何らかの「新しい道」を模索せざるをえないだろうと述べた。わざとあいまいな表現を使った文言はその後長く専門家の頭を悩ませることになった。

二〇一九年一月のホワイトハウスでの金正恩の特使との会合でトランプは、世論が一貫していないと思ってしまうため、非核化までの制裁の緩和はできないというかなり突っ込んだ説明をした。

総合的に考えると、この時楽観主義を捨てなかったのは、当時すでに二〇一九年のメインイベントとしてハノイでの米朝サミットの準備を推進していた韓国の外交官だけだったということになる。この会談には大きな期待がかかっていた。最初のシンガポール会談は互いに知り合うためのもので、会談が実施されたという事実そのものが重要であったとすれば、新しい会談は実質的な成果をもたらすはずだった。理想としては、かなり長期的なスパンでの調停の基盤となる文書が採択されるはずだった。

アメリカ政府内では金正恩との対話の支持派と反対派間との対立が既に表面化していた。S・ビーガン朝鮮担当特別代表はハノイ首脳会談の直前にスタンフォード大学での講演で、アメリカ側は「戦争を終結」させ、「信頼醸成措置」について平壌と話し合う用意があると語り、つまり「行動には行動で応える」の原則で良識的アプローチを宣言した。これに対してボルトンをトップとするタカ派は、トランプがハノイ会談で譲歩をしないように、厳しい制裁を続けることがより良い結果をもたらすのだと説得してトランプに圧力を強めるようになった。

トランプにとって北朝鮮の首脳会談を行うことのメリットとデメリットを考える主要な根拠は、外交政策ではなく国内政治にあった。アメリカ大統領は二〇一八年の下半期、選挙民に対して朝鮮問題を永久に解決した政治家として自身を印象づけ、これまでの歴代大統領とは違うことを示そうとしていた。二〇一七年の混乱の後、ワシントンの平和愛好的な機運がたとえかなり単純な使い古された形をとったとしても肯定的に評価したいという期待があった。

二〇一九年初頭に「ＣＢＳニュース」が行った世論調査で、五八％のアメリカ国民は二〇一八年のできごとにもかかわらず核問題において北朝鮮の政策は変わっていないため、首脳会談の開催は望ましくないと答えた。さらにトランプは、国内政治の諸問題のため難しい立場に置かれていた。このような状況下では望みのない会談で良い顔をして平和構築者のイメージを作り出す事はまだ可能ではあるが、選挙民の大半が狡猾で攻撃的な独裁国だと思っている国家と本格的な譲歩をし合うことを決断するのは難しい。

したがって大半の人々は、ハノイ会談とはシンガポールの華やかなイベントにさらに新しい装飾を施して繰り返すものであり、双方は総論的な新たな宣言を採択し、その宣言には自動的に「歴史的な」ステータスが付与されるだろうと考えていた。

まさにこのような方向で両国の交渉人たちは動いていた。北朝鮮側はメインの「贈り物」はトップレベルで行われるだろうということを臭わせながら、わざとこのプロセスを引き伸ばしていった。

ハノイで公式会談を前日に控えた最初の夕食の席上、金正恩はトランプに重要で彼が対等と考える交換条件を提案した。それは寧辺核施設の閉鎖と引き換えに二〇一六年の後導入された国連の制裁を解除する、というものだった。

そのように事が運ぶのは、トランプ周辺のタカ派にとっては呪いであった。彼らは完全な非核化までは北朝鮮と話すことなどないとあらゆる人に熱心に説得を仕掛けていたが、非核化がされた後には誰も北朝鮮と話をしたいと思わなくなるということがわかっていなかったのである。アメリカ大統領の側近であるポンペオ国務長官とボルトン国家安全保障問題担当大統領補佐官は、北朝鮮に対していかなる譲歩もせず、最大限の圧力を維持するべきだと考えており、交渉の席で密かに二人の間でトランプを「同・・愛者」〔原文伏せ字〕と呼んでいた。

彼らこそ交渉が失敗するための主役を演じたのである。彼らの考えは驚くほど単純だった。北朝鮮から「全てを即座に」要求し、つまり非核化のことだが、そうすればアメリカはそれに応えるというものだ。そのような見解を受け入れられない北朝鮮は、狡猾な共産主義者と呼ばれ「行動には行動で応える」というアプローチは、この論理ではアメリカを罠にはめるためのものであり、北朝鮮がより多くの譲歩（自国製品の貿易を許可するなど）を受けることであり、同時に核保有国のステータスを維持することにもなるとされた。アメリカの譲歩なしでは核保有国のステータスは強まっていくばかりであるということが考慮されていなかった。なぜ超大国の政府内にこれほど対極的な意見が存在しうるのか北朝鮮にはどうしても理解できなかった。

アメリカと北朝鮮の代表がマスコミに語ったところから会談の大体の構図を再構成することができる。

どうやら、首脳会談に先立ってハノイで協議した二者実務グループは、次のような項目について合意したようだ。北朝鮮は、寧辺核施設の解体に同意し（黒鉛減速ガス冷却炉およびウラン濃縮施設）、その進捗状況を知るためのアメリカの査察を受け入れる。アメリカはそれを受けて制裁を一部緩和する、というものである。

後にトランプがウッドワードのインタビューに答えたように、金はアメリカが望む形での取引には応える用意ができておらず、最初から交渉を中断させるつもりであったことを「本能的に感じ取った」と語っている。首脳会談の席でアメリカは宣言文書に寧辺だけではなく、トランプの表現を借りれば「その他の地域」（トランプはその後「五つの施設」と言った）、核に関するすべての申告書を入れることを提案した。アメリカは特に、第二のウラン濃縮施設があるのではないかと疑っていた。その存在についてアメリカでは二〇一〇年にZ・ヘッカーが北朝鮮を訪問した時から言われていたが、二〇一八年夏にはその施設の場所が千里馬《チョルリマ》〔平壌近郊〕付近（アメリカは降仙、カンソンという旧名で呼んでいる）ではないかと発表された。その根拠となったのは様々な間接的な証拠だった。衛星写真で建設現場が認められ、それが時間的に濃縮施設の推定工事期間と一致していること、北朝鮮の指導部がよく訪れる工業地区の大型施設に対して「奇妙に無関心である」ことなどである。予備の濃縮施設は北朝鮮におそらくあると思われるが、後に国連の専門家は、核開発関連の目的でカンソンを利用しているような兆候は見られないと指摘している。

北朝鮮は、すべての制裁の解除という最大限の要請をしたようだが、それに対してアメリカが応えることはもはやできず、双方とも全体的に建設的でない雰囲気が支配的であったため、最初のほど良い立場に戻ることができなかった。金正恩は制裁の一部を解除するというトランプの提案に同意しなかったのは、おそらく出発前に国内で別の約束をしていたからではないかと思われる。

結果的にこの首脳会談では両指導者は共同声明について合意することもできず、個別の声明を出すという案については金正恩が拒絶し、会談が行われていたメトロポール・ホテルを去った。両首脳は会談の会場から退場し、しかも金正恩は予定されていた昼食会と、すでに記者達が連れてこられていた記者会見をキャンセルして帰路についた。トランプ大統領は、北朝鮮があまりにも高い要求を出してきたために合意ができず、双方は別れたと語った。

その場にいた人々の証言によると、実際にはトランプは会談の前に何が世論でのより高い「得点」を自分にもたらすか、「大きな取引」か「小さな取引」か、あるいは交渉の席を立つことがいいのかを計算しようとしていたようだ。最後の案を実行する用意は充分できていた。

呆然として北朝鮮の外務省幹部は、その夜急遽開催された記者会見でことの軽重について自説を述べた。それによると、北朝鮮側はすべての制裁を中止するよう頼んだのではなく、寧辺を閉鎖するという約束は相互譲歩の始まりに過ぎなかった。しかもその代償に北朝鮮側は何も得られなかったと嘆き、そもそもこれまでも核プログラム縮小の具体的な措置を行ってもアメリカ側からいかなる見返りももらわなかったと語った。

当然のことながら討議では結局、アメリカが最初に主張していたシナリオが確立してしまった。もしかしたら、アメリカのリーダーは面子を失うのを恐れるがゆえに金正恩と北朝鮮あての批判を控えたのかもしれない。いや、反対にトランプは北朝鮮リーダーととても良い関係ができたと何度も繰り返していたし、合意がないことについては形式的な単純な外交的不一致であり、将来簡単に解決できるものだとしていた。またトランプは北朝鮮の経済のポテンシャルについても何度となく高く評価していた。

北朝鮮側も公の場では比較的穏やかに振る舞っていた。李容浩外相のハノイ会談に関するコメントはかなり中立的なものだった。崔善姫第一外務次官はインタビューに答えて今後の交渉についての懸念はにじませたが、それ以上ではなかった。北朝鮮の『労働新聞』に掲載された国内向けの記事は外交的祝典のような雰囲気は伝えていたが、失敗とは思わせない内容だった。

首脳会談の意外な結末は、一般人にとっても専門家にとっても失敗と写った。しかしこのような失敗は、いつもの予想通りの無害で空虚な文書よりは今後の問題解決により良い影響を及ぼすのではないかという希望もあった。少なくとも双方は失敗したとしても現実的な措置を行っていく能力と用意とがあることを示し、あからさまな争いへは踏み込まなかった。同様の状況（もちろんこれほどのハイレベルではないが）は六者協議が始まった頃にもかなりあったが、それはある意味でその後の妥協を生む土壌を作った。しかしながら結局は良いシナリオにそっての進展はしない運命となった。

どうやらハノイ会談で最も落胆したのはソウルだったようだ。韓国は影の仲介者として米朝のコンタクトの調整を行った。文在寅政権は国内政策でも外交政策でも朝鮮半島の解決に重点を置いていた。しかし核問題においても南北朝鮮問題においても失敗してしまった。

北朝鮮指導部もまたハノイ・サミットが何の成果ももたらさなかったことは予想外だったようで、平壌はその重い後遺症を認識するまでに時間がかかった。金正恩はショックから抜けるとまもなく、自分は騙されたのだという見方をかためた、トランプとその補佐官（北朝鮮側はアメリカのリーダーとの架け橋を焼き払ってしまわないために彼らに罪を擦り付けたが）の振る舞いはペテンであると評した。このような衝撃は側近の目にも金正恩の地位を揺るがした。これは強い怒りを呼び、それを金は側近にぶちまけた。外務省は粛清、弾圧さえ行われ、金正恩は孤立政策へと舵取りを切り替え、交渉をやめて圧力路線へと方向転換した。三月一五日、金正恩のスポークスマン崔善姫はポンペオとボルトンを批判したが、その一方で金正恩とトランプの関係は良好のままであると断った。

金正恩はやはり交渉継続の全てのチャンスを利用しようという試みをすぐに諦めた訳ではなかった。可能性の窓を明確にして、北朝鮮は年内のみ交渉の用意があり、一方アメリカは新たなアプローチと見解を持って臨むべき、つまり「計算方法を変える」べきだとしてした。北朝鮮のリーダーは小さい相互の譲歩という戦術を捨てることにして、核兵器廃絶とそのスケジュールの協議に応じるかわりに、北朝鮮への敵対心を捨て、圧力を止めるという戦略的決定をアメリカに要求することにした。これができなければもう話すことは何もない、という訳である。

情報筋によると、これは次のようなことを意味していた。「これまでは平壌は非核化に向けた各段階の措置を北朝鮮が行うたびにワシントンも例えば制裁の一部を解除するといった、対応した行動をとるという一種の交換条件を行う用意があった。しかしハノイ会談以降は、北朝鮮指導部はこのスキームを完全に退けた。「取引はもうない」と言われた通りである。簡単に言えば、アメリカは北朝鮮に対する敵対心を永久に捨てるだけでなく、それを具体的な行動で証明しなければならないということだ。そうやって初めて平壌は交渉の席に着く構えを見せるだろう。これは事実上、朝鮮半島核開発問題解決への基本的アプローチを完全に変えろ、という最後通牒である」。

もっとも北朝鮮は、アメリカがそのような「計算」に応じるとは思っていない。二〇二〇年一月一一日の北朝鮮外務省顧問の金桂冠《キムゲグァン》の声明には次のように述べられている。「朝米対話の再開は、ワシントンが完全に我が国の要求を受け入れた場合にのみ可能となる。しかしながら、ワシントンにその準備ができていないばかりか、できない状態であることはよく理解している」。北朝鮮は不倶戴天の敵との対話に決定的に幻滅し、「正面突破」、つまり武力のみで自国の安全と利益を守っていくことにしたのである。

それでは双方の長期的な方針と動機はどのようなものだったのだろうか。その点を明らかにする情報はなく、推測するのみである。例えば歩み寄りの動きは奥深い理由で双方向であったとしよう。

金正恩は、北朝鮮がアメリカにとって、一種ベトナムのような存在となりかねないことをトランプにわからせようとした。アメリカもベトナムと戦って負け、今日、ベトナムで政権をにぎっているのは、かつてサイゴンからアメリカ人を追い出したあの共産主義者達だが、反中カードを時に使うなどして順調に協力を行なっている。ハノイを首脳会談の場所に選んだ裏にはそのような動機も見える。

一方トランプの方もまた、金正恩を東アジアの地政学において特に反中政策を中心に「インフルエンサー」として「引き込んで」しまいたかったのかもしれない。もし、金正恩がアメリカの対中・対ロのゲームで「ろくでなしの息子」としてアメリカを助けるようになれば、これはアメリカの大きな地政学的優位となり、そのためなら「人権」やその他のことには目を瞑って、北朝鮮経済支援という対価を支払ってもよいだろう。もちろん、それは北朝鮮が核兵器放棄という意味で服従し、国際政治での自立した主体であることをやめるという条件での話だが。

このような目論見が成功するチャンスは双方ともほとんどなかった。トランプに対しては、アメリカ国内の反対派がこのようなことをさせようとしなかっただろうし、結局そうなった。金正恩もそのようなシナリオに沿って核兵器を放棄するリスクを冒すことはできない。ましてアメリカの政権が代わると全てが一八〇度変わってしまう可能性があり、そうすると北朝鮮は軍事政治的な意味での法的主体性を失うことになる。しかしながら二人の政略家はこのようなチャンスがくる確立は百万分の一かもしれないが、再び巡ってくる時のため、やはり喧嘩は避けようとした。

二〇一九年四月に金正恩がウラジオストクを訪問してロシアのプーチン大統領と会談した頃、多国間外交は続いていた。両国指導者の最初の会談で議題となったのは二国間関係ではなく（国連安保理決議による制裁のためにそれは極めて狭い範囲となってしまった）、朝鮮半島情勢だったのはある意味で驚きである。金正恩の主要目的は、どうやらロシアの指導者にハノイ・サミットの結果と核問題についての北朝鮮の見解を説明することだったようだ——それのみならず、プーチンに機会があればそのことをアメリカにも伝えてほしいと頼んだ。

一方韓国の大統領は、四月にトランプを訪問し、北が南とのすべての接触を中断したと認めた。

二〇一九年六月、金正恩は中国の習近平国家主席を訪問した。朝中会談は殊更に温かい雰囲気で、ワシントンと平壌との交渉の困難な点が重要な議題の一つになった。中国のリーダーは北朝鮮に対して全面的な援助と支援を行うと約束したが、それは制裁という観点からも、外交の観点からも特筆すべきことである。ロシアと中国との協議で平壌は消えかけている問題解決のチャンスについて自身の見解を両国指導者に伝えた。

その後まもなく六月末にトランプ大統領はソウルを公式訪問した。その少し前にトランプはコリア滞在中には金正恩と会う用意があるとツイッターで発表した。金正恩はそれを受入れ、トランプは韓国大統領との会談の後、ひょっこり南北の境界線にある板門店に向かった。興味深いことにいくつかの情報によれば、北朝鮮では対米外交における失敗を韓国大統領に帰してスケープゴートとし、文在寅がそこに出席することに反対する向きもあったようだ。それでもやはり会談準備の主役をになったのはどうやらソウルだったようだ。韓国大統領の国内での成功は外交にかかっていたのだ。

そして六月三〇日、トランプは金正恩と再会し、北朝鮮側の領土に足を踏み入れて形式的には朝鮮半島の北側に初めて行った現行のアメリカ大統領となった。両首脳の短い口頭でのやりとりに留まったこの会談は、時に米朝サミットの「公式な」リストに入れられないこともあるのだが、この会談によってトランプ・文在寅会談が報道では完全に影に隠れてしまった。印象的な写真のほかに、この会談の唯一の成果となったのは、ハノイでの袋小路から出るために数週間以内に実務協議を開催するという合意だった。

しかし北朝鮮は実施されている軍事演習が合意の精神を損なうとみなしていた。八月五日、金正恩はトランプに米韓合同軍事演習について遺憾の意とともにかなり「冷たい」メッセージを送り、自身が「侮辱された」と感じているとはっきりと指摘した。

約束されていた「数週間」は結局数か月に伸び、期待されていた上記の交渉プロセスは正式にはスタートしなかった。アメリカと北朝鮮の代表は一度だけ一〇月初めにストックホルムで会談したが、双方は交渉の評価において意見が割れた。アメリカがいかなる新しいアイディアも提案せず、会談は無益であったと北朝鮮側は言う。北朝鮮側は、アメリカが「新しい計算方式」に同意しないうちは妥協するなという指示を明らかに受けていたようだ。一方アメリカ側は、経済プロジェクトを含む多くの提案をして協議はかなり活発なものとなったが、しかし北朝鮮側はアメリカの提案に関心を示さなかったと言っている。そして北朝鮮の代表はパートナーが建設的な態度でないという声明を読み上げて交渉の席を立った。とはいえ、八時間以上も話し合いを続けたこの一〇月の会談が全く「中身のない」ものとは言えなかっただろう。いずれにしても交渉は継続しなかった。

二〇一九年中、北朝鮮は自国の軍事力増強を内外に知らしめるために短距離ミサイルの発射や多連装ロケット砲の試験など様々なイベントを行った。ハノイ会談失敗の後、明らかに軍事行動が活発さを増した。

トランプは北朝鮮の行動を状況激化のきっかけとしようとはしなかった――それは政治的知恵からなのか、あるいは単に北朝鮮の軍備がアメリカに直接脅威をもたらす事はないからなのかはわからないが。しかも、金正恩は、長距離ミサイル発射および核実験を行わないとシンガポールでトランプの前で口頭でした約束を破っていない。アメリカも抑制的な態度を示した。アメリカ指導部は定期的に韓国との合同軍事演習の継続について声明を発表していたが、結局大規模な演習は延期されていた。しかも二〇一九年の間中、米朝のリーダーは定期的に「素晴らしい」個人的な書簡を交換していた。

この年の終わりは危惧すべきことが数多くあった。ワシントンがいかなる行動も起こさないならば、平壌は自国の政策を変更して何らかの大規模な行動を起こす可能性があった。西側の多くの観測筋がこのように思ったのは、一二月初め、李泰成《リテソン》北朝鮮外務次官がアメリカがどんな「クリスマスプレゼント」を受け取るかはアメリカ自身にかかっていると述べた中でほのめかしたように思えたからだ。専門家の一部は、新しい行動とは衛星の打ち上げではないかと考えたが、トランプ自身はどうやらこの北朝鮮の発言を真剣には受け止めず、ジャーナリストの質問に答えて、贈物は美しい花瓶となるかもしれないと冗談で答えた。

停滞する外交

二〇一九年暮れに起きた政治転換は「北朝鮮は緊張を煽ることにした」とだけ認識していた外国人による観測には気づかれなかった。実際には一二月までには金正恩が最悪の敵と何か合意をしようとする試みは終わっていた。「正面突破」は朝鮮労働党中央委員会の一二月の総会で外交政策のイデオロギーとして提起されたが、それは長期的な外交を放棄し、外国の影響を考慮することをやめ、具体的な課題に集中して自力で経済力および軍事力を増強させていくことに専念するという意味だったようだ。

総会での北朝鮮リーダーの演説では、ワシントンとの交渉に関する極めて懐疑的な意見が表明された。

それによるともし核問題が解決したとしてもアメリカは文句をつけるための別の種を見つけるであろうし、アメリカの軍事政治的脅威は全く消えることはない。またアメリカは、北朝鮮の核実験の放棄および実験場の解体という中間的な措置に対して相応の措置を取らなかったと金は遺憾の意を表した。そして結論はかなり暗いものだった。北は自国の軍事力をさらに増強し、今後は自身の抑止力のみに期待しなければならない。制裁の解除を待つのは無駄であり、国民は経済戦線で「正面攻撃」の準備をしなければならない、と。また北朝鮮の将来の行動についても発表された。北朝鮮はまもなく新しい戦略兵器を世界に発表するというのである。おそらく、潜水艦発射弾道ミサイルの製造を活発化させることにしたのではないかと思われる。

政府要人の声明から判断して、北朝鮮は制裁が近い将来に解除される事はないと考えているようだった。二〇一九年一二月、金正恩は「モデル」都市である三池淵市に一連の施設を開設した。その中には明らかに制裁が近い将来続いていくであろうことを見越して作られた工業施設もあった。

対外的な要因もまた交渉プロセスに対する北朝鮮の熱意をそいでいた。四月末、トランプは金正恩からまたメッセージを受け取ったと発表したが、北朝鮮側は何も送っていないと言った。北朝鮮のメインの話し相手であるトランプの状況はよくわからなかった。二〇一九年暮れトランプの政敵は弾劾決議をすると脅し、二〇二〇年半ばにはトランプ政権は新型コロナ感染と人種差別問題で深刻な試練にさらされていた。しかも北朝鮮問題もトランプを貶めるために利用されていた。アメリカのトランプへの見解を考えると、民主党の後継候補は共和党の大統領が自身の最大の功績としてあげている「朝鮮プロジェクト」を崩壊させるために全力を尽くすであろう事は明らかだ（民主党候補バイデンの声明からそれがうかがえる）。

このような状況の中、平壌は大きな外交イニシアチブを急いで発揮しようとはしなかった。アメリカと韓国の北朝鮮問題に対する態度はそのうち逆転する可能性があった。一方で北朝鮮はアメリカおよび韓国のリーダーの信頼を失墜させ得るような「挑発的」すぎる行動は慎んでいた。北朝鮮を幻滅させた指導者たちであるとは言え、それでも協力の姿勢を示しているのだ。

残念ながら、北朝鮮は今のところ重要問題をアメリカ以外のどことも話し合うつもりはないようだ。米朝トラックが停滞していたとしても、それがその他の地域諸国と仕事をしようという「切り替え」を平壌に促すことはないだろう。崔善姫はハノイ首脳会談後のコメントで、南に対して補完的な役割さえ認めていなかったが、それは現実と一致するとは言えないだろう。北朝鮮は最大の恐怖と最大の希望を同時に体現するワシントン以外と話をするのは無意味だと確信しているのである。

二〇二〇年前半、新型コロナ・ウィルスのパンデミックが北朝鮮の意図を幾分くじいたようだ。国際政治活動は麻痺状態となり、北朝鮮は外界から隔離されて多くの大規模なイベントを断念しなければならなかった。金正恩が隔離と積極的な活動を停止したこと（健康状態に問題があったためとも考えられる）も外交を一旦休止させた。さらに世界のマスメディアや政治家の関心は完全に新たな挑戦課題に向けられた。三月の潜水艦発射弾道ミサイルおよび短距離ミサイルの実験も、二〇一九年に同様の実験が行われた時は例外なく幅広く話題になったのだが、今回はほぼ注目されることがなかった。

二〇二〇年五月、北朝鮮は戦略軍の戦闘状態を高め「核戦争抑止力」（以前は北朝鮮は普通「核抑止力」という用語を使っていたことは興味深い）を強化するという決意を再び思い出した。年の半ば頃までは対話継続の見通しもはっきりしないままだった。

アメリカでのドラマティックな事件（パンデミック、人種差別暴動、大統領選挙）のため朝鮮外交は忘れ去られ、そのおかげで平壌が自由に動けるようになった。二〇二〇年春の終わり、新型コロナ・ウィルスのパンデミックの急激な拡大がおさまった頃、北朝鮮は継続的な緊張の激化を始めた。最初にそれを感じたのはソウルで、平壌はソウルと通信手段を遮断し、文在寅が「十分に自立しておらず」（つまり平壌のすべての要求を遂行することができなかった）、アメリカの態度を大きく変えることができなかったために外交プロセスを袋小路に追い込んでしまったとして「スケープゴート」にしている。つまらない動機（ビラ散布）によって人工的に開始された南北朝鮮関係の危機（その象徴となったのが開城における南北共同連絡事務所の爆破）だったが、七月には北朝鮮側からの善意のジェスチャーへと変わっていった。

二〇二〇年七月はじめ、崔善姫は特筆すべき声明を発表した。それによると、選挙を控えたアメリカの外交は核問題で「手っ取り早い」見せかけの成功を収めようとするだろうが、しかし平壌はまた幻滅以外何ももたらさない話し合いをする気はないと言うのである。北朝鮮は今後外部ファクターを計算に入れずに働き暮らしていく計画を既に作り上げている。結論は単純でわかりやすい。「自国の政治的危機の解決の道具としてのみ朝米対話を考えているアメリカと同じテーブルにつく必要はない」。

この点についてはっきりしたニュアンスがハイレベルの声明でも現れていた。それは金正恩の妹金与正の七月一〇日の声明である。アメリカとの交渉は北朝鮮にとってはアメリカが「大胆に態度を変えた場合」のみ可能であり、今のところ「米朝サミットが誰かにとって必要なのだとしたら、それはアメリカ側にとってである。私たちはこうした会談は全く益のない、無意味なものとして見なければならない」——彼女はこのように述べた。

この後に新しい取引のラウンドが出てくるのかどうか、それは時が示してくれるだろう。もっともこの本の著者は近い将来のうちは北朝鮮の非核化を期待することはできないだろうと見ている。

第12章　六者協議——北東アジア集団安全保障システムの基盤

安全保障制度の骨組みとしての六者協議

二〇二〇年代初めの時点では朝鮮半島を非核地帯に戻そうという意味での核問題解決のいかなる展望も見えていない。北朝鮮にとって自国の最大の成果と体制維持の保証を放棄するようなインセンティブは何もない。さらにアメリカが一極化の秩序を維持できる可能性が低下している中で、同盟諸国との関係崩壊が起きないとも限らず、韓国やその他の国も核兵器開発の道を行くようになるかもしれない。たとえ新しい世界秩序が樹立したとしても、明らかな民族主義と脱グローバリゼーションが進む中で、北朝鮮の非核化は可能性という地平線の外にある。

ただ、そのような前提があったとしても朝鮮半島において様々なシナリオはあり得る。いかなることになったとしても、アメリカが関与し、中国が不可避的に引き込まれる形での軍事的解決、あるいは南北を武力で統合させようというような極端なシナリオは極めて可能性が低い。また北朝鮮を崩壊させ、力を蓄えつつある中国との緩衝国にしてしまうという筋書きも実現性が低い。しかしながら、その他のシナリオが実現する可能性と確率は、南北の対立を激しいままで維持し、相互の挑発を続ける筋書きから平和共存と協力に至るまで、かなり幅が広い。南北の世代交代および世界の個別の勢力間闘争の激化とともに、二つのコリアが民族的基盤の上での疑似国家連合のようなものも含めて、何らかの形で統合する可能性もなくはない。

この地域での安全を確保する従来型の形態は二国間関係のシステムであり、ポスト冷戦期に入ってからもそれはほぼアメリカのみとの関係である。この二者間フォーマットに「慣れてきた」ため、これまで北東アジアでは多国間安全保障メカニズムがそれほど活発に発達してこなかった原因の一つである。六者協議はそのようなイニシアチブが初めて実現した（そして今のところ唯一の）ものとなった。北東アジアにとっての六者協議のフォーマットの特徴は以下の通りである。

—他者間、多国間の正式な（「トラック1」の）定期会合である
—地域のほぼ全ての国家（モンゴルを除いて）が入っている
—安全保障の問題を扱っている
—決定がなされた後、それが各参加国によって実現される

将来の六者外交プロセスの運命がどうなるかにかかわらず、これまでにすでに北東アジアの安全保障システム強化と核不拡散体制構築に少なからぬ貢献をしており、効果的な協力の事例や協同作業スキームを作り、重要な一連の文書を残していることは認めるべきだろう。

一方、朝鮮半島で生じた核拡散の問題は解決されていないのだから六者協議の協力を成功したとは言えないと反論することもできるだろう。しかしそのような主張は必ずしも正しいとは言えない。なぜなら、

六者協議の内的論理の視点から見ると、問題解決の方途を見いだすことができ、のみならずそれはほとんど実現されていたからである。二〇〇八年から二〇〇九年初めにかけて核問題は二〇〇〇年の最初の一〇年間に激化した状態のままでは形式的にはほぼ解決されていた。出発点への回帰は六者協議が失敗したからではなく、それとは直接関係のないできごとが原因である。

問題を最終的に解決できなかったのは、交渉の枠組みではなくその参加者である。交渉のフォーマット自体は、それを制度化していく潜在的可能性から見ても極めてよくできていた。いかなる変更の必要性もなく、唯一大きな改善を図る可能性としてはモンゴルを協議に加えることだ。

ちなみに協議のバランスを保障する幅広い代表制は最初からあったものではなかった。最初の中国のプランでは、北京・平壌・ワシントンという三者協議が想定されていた。構成メンバーを六者まで拡大したのはモスクワのイニシアチブがあったためである（ロシアをアメリカに対抗する補完力として期待していた北朝鮮が支持した）。中国はロシアと日本とを構成メンバーに入れることは、彼らに「主導権を奪われる」ことを恐れてあまり望んではいなかった。

六者協議で話し合う問題の範囲を拡大し、これを総合的な枠組みにする可能性についてはすでに学界では検討されていた。そのような案の根拠としては、六者協議で長年にわたって良い経験が蓄積されており、朝鮮半島の核問題解決後にはより規模の大きな課題へと移行していくのが理にかなっている（もっとも朝鮮半島の核問題は、それ自体極めて大規模な問題であることを認めないわけにはいかない）ことが普通あげられている。それを妨げる要因としては、状況や脅威の評価において参加者のアプローチが異なること、一部の問題（例えば領土問題）を多国間フォーマットで議論したくないという参加者の思惑、および相互信頼のレベルの低さがあげられる。

しかし交渉作業がストップし、その「制度的発展」が不可能のままとなっている最大の問題は別のところにある。六者協議は構造としてはほぼ理想的であったが、政治的には不要な制度になったのである。国連についてその役割が低下したと近年しばしば語られるように、六者協議は内部構造が不完全だったからでも参加者が妥協するのを許されなかったからでもなく、一連の参加者の政治を実現する障害となったからである。六者協議プロセスを凍結させることになった最大の「マイナス要因」は、地域の紛争レベルを下げるというその目的だった。

アメリカとそのパートナーは、現時点でコントロール可能な程度の対立がある方がどうやら都合がいいようだ。それがこの地域におけるアメリカ軍のプレゼンス維持（およびその拡大の可能性の保証）、日本の再軍備を正当化する主要な理由となっている。日本と南北朝鮮の保守派にとって、紛争の見通しは国内政治の臨戦体制化の手段である。しかも対立なしでは平壌が一九九〇年代から二〇〇〇年代初めまで好んで用いていた戦術が使えなくなるからである。北朝鮮は前もって国際社会を「挑発」しておいて、一定の軍事政治または経済的利益を得るためにその交換条件として核問題で譲歩する構えを示していたのである。しかし制裁のために多くを失った現在の北朝鮮は、すでにそのようなアプローチでは成功が期待できないようになっている。

朝鮮半島および北東アジアが今日最も必要としているのは、安全保障に関する外交協力の主要な手段としての紛争を放棄することである。定期的に起きる危機が示しているのは、例えばこの地域の安全保障システムの構造的な未熟さ、対話のチャンネルの狭さおよびさらなる減少、そして対立的な協調行動パラダイムの固定化である。言い換えれば、重要な問題は、ある「悪いリーダー」または「悪い将軍たち」が核兵器を手に入れて戦争をしたがっている、あるいは単に三八度線の向こう側で、あるいは海の向こう、あるいは自国で誰かを脅そうとしている、ということではない。問題は、一面では互いに接触をしようとしても前提となる紛争がないとできないという状況であり、もう一方では結局は何も恐ろしいことは起きない（敵も我々も実際は戦争など望んでいないのだから）から火遊びをしてもいいのだ、という偽りの確信を植え付けていることである。

より良い相互理解を協力して作り出すことができる。――安全保障問題に関する多国間の協議を制度化して、それを「危機が起きたら話し合いを」という原則に基づいた単発的なものではなく、定期的、恒常的なものにするのである。そのような構造および経験、協議のテーマから考えると、六者協議はこの役割にぴったり合致するのである。

ロシアの国益という観点から見ると、六者協議を再開して将来的には常設の地域機関にするということは有利である。ロシアは「東方シフト」を宣言し、シリアの軍事作戦を行うなどグローバル・プロセスにおいて自国の役割を高めようとしている。こうした中でモスクワが他の大国と対等に参加できる大規模なアジア政治フォーラムが復活することで自国の立場を強化し、情勢のコントロールができる補完的梃子を提供することができるだろう。

総括するならば、六者協議は失敗したのではなく、逆に「あまりにも成功した」制度であり、効率性においてその構造的な完成度の高さのために一連の参加者にとっては不要で不都合なものとなったのである。

今日六者協議は懐疑者たちがいうような外交フィクションでは全くなく、現実に忘れられてしまったが効果的な制度であり、しかし残念ながら故意に忘れられてしまった制度なのである。それにもかかわらずやはり六者協議を早期に復活させて、常設国際機構にすることを呼びかけ続けずにはいられない。それは地域諸国が「共に、互いに良き隣人として平和に暮らし、国際平和と安全を支えるために力を……結集する」ための先駆となれるのだから。関係国際アクターが参加する六者協議こそ（ある段階では国連の関与もあり得る）朝鮮半島の安全保障の政治外交的問題解決の処方箋であるのみならず、北東アジアの集団安全保障システムの先駆の形ともなり得るのだ。「一極集中の」国際秩序の退化と米中対立の深刻化を前に、その要請は益々強まっている。

安定の均衡——「大北太平洋プロジェクト」

二〇二〇年代初めに起こってきた国際関係のパラダイムとグローバリゼーションの形の変化——これは多極化が強まっているのでは全くなく、一部の国の優先権に基づいたローカルな利害の分裂である。このような事の進展を考えてみると「一極集中グローバリゼーション」に代わって、より公正で国家のみならずシステムの外にいるアクターの利害をも調和をとり、人類がぶつかっている基本的な挑戦課題を考慮に入れた何らかの新しいシステムが登場することはあまり期待できない。しかしながら可能な代替案を分析しても無駄ではないのではないだろうか。多国間協力システムが存在したことがなかった北東アジアも例としてとりあげたい（他の地域には類似した機構があるが、ほとんど信用を失墜してしまった）。

ものごとが平和裡に発展していくために、望ましからぬ対立傾向にブレーキをかけるようなしかるべき保険的メカニズムとツールを作ることが極めて重要である。北東アジアに多国間地域安全保障機構が出現することは、第一に朝鮮半島核問題の根本的な原因を取り除くことができるし、少なくともエスカレートを防止することはできる（上述された形で）。第二に、その他の深刻な地域問題を解決を促すことができる。

この意味で六者協議はまさに同様の機構としての役割を果たす理にかなった候補だと言える。

もちろんここにあげられた構想は理想的な世界でのみ実現しうる「理想的な」シナリオに基づいている。今のところアメリカと北朝鮮が和解する望みはあまりなく、しかも全関係者が受け入れられる条件となるとたやすくない。あらゆる多角的スキームはそれが絶対的な条件であるから、そのようなシナリオが実現する確率はかなり小さい。しかしながら、そのようなシナリオを部分毎に分解していけば、望ましい方向性を明らかにし、何らかの予測的行動を割り出すことができる。

戦後の朝鮮半島の問題を解決しようとする試みの歴史を分析すると、純粋に二者間のトラックでは成功は望めない、という結論が出てくる。自然な形で生じた六者協議のプロセスは、最初の時点で自身の使命が北朝鮮の核兵器を廃絶することなのか（アメリカとその同盟国が考えているように）、あるいは総合的な問題解決と新たな安全保障体制の創設なのか（北朝鮮の同意のもと大陸大国である中国とロシアはそう信じていた）を明確にすることができなかった。

こうしてどちらかというと部分的な朝鮮半島核問題の解決をめぐってそのアプローチに深刻な地政学的矛盾が反映された。

自身の役割低下によって不安になった覇者は今、「敵か味方か」という論理のみに従って行動し、誰かと何かのことで話をつけたり、妥協点を見つけようとはしない。しかし事実はあくまでも事実である。北東アジアで初めて共同で問題を話し合い解決をするという経験が積まれたのである。これはアジア太平洋地域におけるロシアの長期的な地政学的課題にとって重要であることを指摘しておきたい。朝鮮問題解決への関与は、アジアにおいて自身の立場を強化してイメージを改善し、地域のあるいは地域外の参加者（アメリカと中国を含む）からの一方的な行動（あるいは横暴）の可能性を制限する現実的なチャンスである。常設の多角的メカニズムを通じて初めてわれわれは自国の経済的利益を追求し、この地域の社会秩序への影響力を高めることができるのである（今のところ成功したのは、我々が北東アジアに関する意思決定のプロセスに何らかのアクセス権をもったということである）。

六者協議のフォーマットは理論上、反対者（第一にアメリカとその同盟国対北朝鮮、そして中国およびロシアも含め）間の利害を国際的支援と保証のもとで調整する最も効果的な制度として考えられる「北太平洋プロジェクト」の端緒としても見ることができる。

もちろん、疑問は多く生じてくる。

第一に、朝鮮半島の核問題解決において進展が見られたとしたら、北東アジアにおける多国間安全保障協力メカニズムは本当に必要なのだろうか。アジアの国家は三〇以上もあるが、その活動は必ずしも効率的ではなく、目立ってもいない。それらの団体がひしめく中で隙間を埋める存在となり得るのだろうか。

第二に、もしワシントンが「インド太平洋」コンセプトの一環として突然北東アジアにおける安全保障協力機構構想を支持したとしたら、それはアメリカが権利だけを持って責任は負わない（地理的にこの地域に位置していない）形で戦略的に重要な地域をコントロールする単なるアメリカ・プロジェクトになってしまわないだろうか。

第三に、主要なプレイヤー同士（南北のみならず、中日、日韓、ロシアと米日）の間での対立は多くの場合において慢性的で根本的な性質を帯びており、時折緊張激化をもたらすことを考えると、現在の歴史的段階でこのようなメカニズムはそもそも可能なのだろうか。特に今日アジア太平洋地域で安全保障を支える国際機構は、主にこの地域に位置するアメリカの軍事同盟国であり、新たに打ち出されたインド太平洋地域という枠組みではインドが反中をベースとして四者間の「民主主義のダイヤモンド」（いわゆるQuadクアッド＝日米豪印）に加わっているが、それを考慮に入れるとどうだろうか。

そもそも協議機関として全アジア的枠組みの効果にたいする懐疑的な見方が広まっており、この地域の平和と戦争、安全保障の問題解決という点では尚更である。例えばＡＳＥＡＮ地域フォーラム（ＡＲＦ）を例に取ってみよう。このメカニズムはあまりにも幅広く、あまりにも異なるそれぞれの利害を持つ国家が加盟しているため、最も全体的な問題以外でコンセンサスに行き着くのは難しい。また決定の実行状況を管理するメカニズムもない。さらに当初から「運転席」にいたのはＡＳＥＡＮであり、この地域で起っていることに対するＡＳＥＡＮの影響力は限定的である。

だからこそアジア太平洋地域の安全保障体制の「サブリージョナル化」の論拠が正当性をもってくるのである。「サブリージョナル化」がなされれば舞踏会で「全員が踊る」ことができ、決定された事は重要な意味を持ち実行されるようになる。このような観点から見れば、朝鮮問題というすべての関係国が直接関与している最も深刻な安全への脅威である、こじつけでない協力の動機があるというのはそれほど悪いことではないだろう。

朝鮮問題という「糸」を引っ張って、地域の矛盾が絡まりあった塊を解くことができるだろうか。いずれにしても理論的にはそのチャンスはある。

西側の専門家たちはこのようなメカニズムの目的を次のように挙げている。

―相互の誤解と計算違いを阻止する
―参加者間の透明性を奨励する
―武力の行使または武力行使の脅威を放棄するよう促進する
―経済協力の発展、紛争の平和的解決の促進、国民の生活レベル向上の促進、人々の自由な移動、情報および思想の自由な伝達の促進

—加盟国の文化・歴史のより良い相互理解を促進する

もちろんこのようなアプローチは一面では多分に短絡的という誹りを免れないし、半面では西側の利己的な利害が反映されている。しかも理論家たちは西側の冷戦での勝利を助けたと彼らが考えているヨーロッパの経験をしばしば引き合いに出す。この時代に生まれた欧州安全保障協力機構（ＯＳＣＥ）は、対立しあう対等な大国パートナーのゲームルールを定めていた。だからこそＯＳＣＥやその他のヨーロッパの機構の経験は北東アジアではおそらく受け入れがたい、少なくとも同じ規模では受け入れがたいだろう。特にＯＳＣＥがユーゴスラビアにおける紛争を許してしまったことに果たした役割（あるいは果たさなかった役割）を見てこのお手本に対して極めて批判的な態度を北朝鮮ではとっている。その他の国際機構も今のところ北東アジアにおいていかなる安全保障メカニズムとなり得るのかという問いにはあまり答えていない。近年行われてきたこのテーマでの学術的模索は事実上、袋小路に入ってしまっている。

しかし、たとえ北朝鮮の核問題解決への歩みがストップしていても、アメリカが中国に圧力をかけるために朝鮮半島に「制御可能なカオス」を維持するという戦略を変更しなくとも、すでに出来上がっている枠組みを活用しないのはもったいないのではないだろうか。トランプが金正恩を「手なづける」ことに失敗したのも、セーフティネットとなるメカニズムがなかったためである。そのメカニズムは多国間アプローチの上に作られるのである。

六者協議の参加国は温度差はあったものの、その使命を拡大し、より意義のあるものにしようとしていたことを指摘しておきたい。二〇〇九年二月、作業部会がモスクワで二年の作業を経てやっと、既に周知の（しかし滅多に遵守されない）国際関係基準に基づいた半ダースのもっとも総論的な原則（guiding principles）を取り決めた。アメリカと北朝鮮を含む全ての参加国が、相互の懸念を考慮して平和共存しようという意向を確認したことは、地域諸国の様々な異なる利害の妥協点を見出しやすくする枠組みを構想する重要な一歩である。

その答えは将来外交プロセスに戻った時に、安全保障と協力の問題を二つのトラックに分けて考えてみる中に見出せるのではないかと思われる。北朝鮮の非核化の問題解決の観点から見るとこれはナンセンスだが、しかし「北太平洋プロジェクト」推進の視点からは有益で将来性のあることである。様々な対立しない分野で比較的対立の度合いが低い問題から始めて、多国間の枠組みで意思決定をしていく経験を蓄積する価値があるのではないか。このような問題解決に直接利害関係のある関係諸国のみ、例えばアメリカ、中国、ロシア、韓国、そして北朝鮮が参加することで非拘束的な分野での多国間の合意および決定の履行に対する「拒否権」も効力を失うということは重要である。徐々に枠組みを制度化し、相互信頼を高める諸段階を経て初めて安全保障問題の協議に漕ぎ着けることができる。もちろん、もしも非核化を中心にしてしまうと進展はないだろうから、もしここまでことが進展したら、という意味である。

地域機構は、他の地域組織、国際組織（国連、海洋法、教育関係等）の「傘下」にある団体、およびそれらの組織の活動と連携した個別問題を協議する組織を含めることもできる。

このような枠組みのポテンシャルはどのようなものだろうか。どのような協力の機構様式があり得るだろうか。

手始めに理論上はまず国際関係の基本原則を北東アジアの特殊な問題に適用してみることができるだろう。

議題としては、海上、空における事故防止や海上交通の安全保障、また海上訓練の通告、オブザーバーの招待、軍事ドクトリン「白書」等があり得る。

その後六者協議の支援の下、地域の新たな課題や脅威との戦いにおける協力の問題（自然災害の援助、疫病、環境問題、国境を越えた犯罪、麻薬の売買、非合法移住等）を話し合うことができる。こうした協議には（最初はオブザーバーとして）他の関係諸国を入れることもできるだろう（スポンサーとなる可能性のある国を慎重に呼びかけてもよい）。その際各国はどのプログラムに参加するかは自身で決めることができ（各専門国際組織との協力への参加）、結果については他の参加者に知らせるだけで良い。

北朝鮮に対する経済協力プログラムの始めにはこのようなワーキング・グループが地域経済統合の核となることができる（既に形成されている「三者協議」および自由貿易特区に対抗して）。パイロット・プロジェクトとしては――あまりありそうもないような関係国の利害調整だって構わない――北東アジアからヨーロッパへの鉄道ルート、今のところあまり具体的でない朝鮮半島横断ガス・パイプライン構想やより現実的な案件としては送電線などのエネルギー・ネットワークなどがあり得る。

多国間協力の重要な方向性となり得るのは、文明間交流協力インフラの創設である。この地域に住む民族関係の複雑な歴史を考慮して、多者間プログラムの形で（NGOも巻き込んで）青年交流や教育学術交流、例えば一つの参加国の年をその他全部の参加国で設定するであるとか、もちろん既存の交流チャンネルも活用しながら六者間で音楽祭や映画祭を行うのも有益であろう。

比較的自立したサブグループの枠内で協力の枠組みを作ると、メインの政治トラックとは個別に発展していく可能性があり、メイントラック自体の発展を促すことも考えられる。たとえ核問題が行き詰まったとしても、相互交流と協力の外交メカニズムが維持され、それは独自の惰力で動いていくだろう――多国間プロセスにおいては、問題の本質よりも組織的・手続き的な問題がそれに劣らず重要となる。そのことだけでも北東アジアにとってこれは善となり、ロシア外交にとっては、北太平洋地域の「諸大国のコンサート」においてロシアの席を保証する歴史的な成果となるだろう。将来的に安全保障機構の形成まで行くことができれば、協力機構からの移行はよりスムーズで自然なものとなるだろう。

第三部
ロシア外交と朝鮮

第13章　朝鮮半島問題へのロシアの政治路線

概念的接近

この二世紀にわたって朝鮮半島での状況の発展はロシア、特に極東の安全保障と発展とに直接関与している。朝鮮戦争後の東西両陣営の対立によって、地政学的なより広い考慮が生じた。核問題が深刻になるに従って、戦略的安定をどう確保するという問題も問われた。この国境地域は我々にも戦略的重要性を持っている。

国益という観点からいえば、「否定的」と「肯定的」の双方の動機が関係する。ロシアにとってこの地域は近隣地域で、北朝鮮と国境を接している。もし紛争が生じ拡大すれば、ロシア連邦の極東地方にとって人道的、かつ生態学的災禍が襲いかねない。第二に、北朝鮮が核保有国として認められれば、軍拡競争が起き、核のドミノがこの地域に起きかねない。グローバルな安全保障と戦略的安定という構造が基礎を置いている核不拡散体制の中心的参加国として、ロシア連邦にはこのような展開は許されるものでない。

長期的には「肯定的な」利益もある。もし緊張が緩和され、政治的対立が解決されれば、半島は単に地域経済だけでなく、グローバル経済にとっても成長ポイントとなる。朝鮮半島は潜在的に輸送面での相当な可能性を秘めておりこの点でロシアにとって大陸横断鉄道での橋としてつながる。全東アジアのハブとなる可能性がある。北朝鮮はロシアにとって燃料資源と製造物、テクノロジー、非鉄金属やレア・アース、希少金属、ミネラル資源、労働力（その中にはＩＴのような熟練部門も入る）の市場となり、また観光地、有益な投資先ともなる。

西側の学者が「モスクワにとって北朝鮮の核問題の重要性とは安全保障というよりは地政学だ」というのには根拠がなくもない。その解決や安定は、米国のこの地への影響をへらすことで、より多極的な世界の構築を促し、それがアジア太平洋にとって、中国の同盟としてだけでなく、ロシアが独立的要素として確立することにつながる。

逆に言うと、「朝鮮半島での情勢悪化は、モスクワに逆効果となって、多数の米軍が滞在し、米国の同盟関係が強化され、米中よりも劣るロシアにとっての制約要因」（ボボ・ロー）となる。

二一世紀になって北朝鮮との関係が決定的に改善したあと、核問題が複雑となると、ロシア外交の概念上でも朝鮮問題の重要性が増した。ロシアの主要な優先順位とは、地域での緊張を抑え、大量破壊兵器の拡散を抑制し、そして両コリアとの関係を改善すること、である。

二〇〇八年に作られたロシア外交の概念では「朝鮮半島の核問題での政治解決の模索をはかり、北朝鮮と韓国との建設的な政治対話を維持し、平壌とソウルの対話を醸成し、北東アジアの安全保障を強化すること」と記された。これらのことが、その後は政治環境によって変動があったとしても、概念をめぐるその後すべての文書のライトモチーフとなった。

二〇一三年には概念のアップデート版では、「善隣友好と相互互恵の原則に基づいて北朝鮮と大韓民国との友好関係を維持し、地域発展のため経済協力を進め、これらの潜在可能性を生かし、両コリア間の政治対話をすすめ、この地域での平和、安定、そして安全保障をすすめる上で最も重要な経済的相互行動をロシアは支持する。ロシアは相応した国連安保理諸決議におうじて、また六者協議の枠のなかで定められた取り決めに従って、一貫して朝鮮半島の非核化を進める」となった。

二〇一六年には、クリミア紛争後の展開をふまえ概念は価値の一定の見直しを行い、対外観念はより具体的となり、また三年間のモスクワの西側大国との意見の相違を踏まえより率直となった。朝鮮半島もまたその領域の一つであった。

朝鮮半島に関しては「ロシアは伝統的に朝鮮民主主義人民共和国と大韓民国との友好関係を維持し、その緊張水準を低減し、政治対話による南北間の和解と協力を促す。ロシアは朝鮮半島の非核という地位を支持、半島の非核化を促す。このために六者協議は目的達成のための手段となる。ロシア連邦は北東アジアの平和と安全保障の維持の努力を続け、この地域での経済相互協力を図る」。

二〇〇六年一〇月九日に北朝鮮が初めての核実験を行ったことが、ロシアにとっての北朝鮮、そして朝鮮半島の核問題にとっても分水嶺となった。ロシア大統領ウラジーミル・プーチンは「ロシアは当然北朝鮮の行った核実験を批判する。それは単に北朝鮮だけでなく、世界の大量破壊兵器の不拡散過程にとって大きな損害となった」といった。

この期間に北朝鮮との関係が見直された。両国間関係を維持することを継続しながらも、ロシアは平壌の核への野心を強く批判した。ロシアと北朝鮮とは永年の歴史的関係があるにも関わらず、国連安保理の常任理事国としてのロシアは国連を含めた北朝鮮への強硬な手段に反対しなかった。それにはいくつかの理由があった。

—核不拡散条約による核兵器不拡散体制の維持という優先順位

—朝鮮半島での不安定化の阻止と核を利用した近隣国との戦争を許さないこと

—世界でのロシアの印象をたかめること

ロシアは一九九〇年代から朝鮮問題を多国間のフォーマットで解決することを一貫して支持してきた。六者協議には明確、また暗黙の反対者が将来の参加者にはあったものの、それを提唱したのはロシアであった。それは北朝鮮の立場にも寄っていた。この論議を通じて北朝鮮との緊密な関係ができた。西側の観察者は、ロシアがこの主張にこだわるのは、この地域での発言権を失いたくないし、米国にたいするこの問題でのすべてを任せないためであるという。朝鮮半島をめぐるロシアの多極的活動のもう一つのメカニズムは国連安保理である。そこでロシアはそこでのタフな戦いで、この問題の政治的解決をつねに支持してきた。

二〇〇八年に六者協議が凍結されてからは、ロシアは二国間関係を利用してこの問題を、六者協議をめぐって対立しているすべての国と関係を進めてきた。朝鮮半島の核問題は韓国を始め、米国、中国、日本との関係で重要な位置を占めてきた。事実、六者協議のフォーマットが変容し、これと平行した二国間関係の討議となった。

ロシア外務省の公式文書に寄れば、モスクワは、六者協議を朝鮮半島非核化の包括的な解決のためのもっとも効果的な処方箋とみた。モスクワは、「二〇〇五年九月一九日の共同声明には主要な重要性がある」とした。さらに「もちろん六者協議は北朝鮮と米国との正常化があってこそ展望がある」。

概念文書では、「北朝鮮の核問題を対話と平和的手段で解決し、全朝鮮半島の非核化をめざすというロシアのこの地域での利害を無視した解決やニュアンス」には警告した。

ロシアはこの地域での国益を維持するに際しての優先順位は、

—現在の北朝鮮核計画をめぐる現在の交渉過程を維持し、それが武装対立に至ることを防ぐ

—米朝といった主要な論争相手を含めた関係諸国に、抑制、忍耐、現実的で相互に受け入れ可能な妥協を見いだすよう十分に促す

—他の関係各国、特に中国と韓国と協調し、朝鮮と国境を接するすべての国の安全保障の利害を踏まえながら、彼らの最大限可能な支持をえつつ、外交的手段で解決すること

北朝鮮との政治関係の緊密さが、ロシアの朝鮮情勢への影響力と関係していることを理解して、ロシア外交は以下の分野での北朝鮮への支持を強調してきた。つまり北朝鮮への厳しい制裁に反対し、国連安保理で朝鮮核問題を議論すること、ロシアのＮＰＴ条約復帰を条件として北朝鮮での核エネルギーの平和利用を促すこと、そして平壌に安全の保障を提供すること、である。

ロシアと朝鮮核問題——二〇〇〇年代後半の不活性化、立場の変容

一九九〇年代初めから北朝鮮の核開発問題はグローバル問題の最重要問題でもあった。不拡散レジームの維持と戦略的安定の角度からは原則問題である。この問題はまもなくロシアにとっても、主要パートナーとの間で、多角的フォーマットで相互に受けいれ可能な解決策を見いだすためのトップ一〇に入る問題であった。単にグローバルなレベルでの安全保障の枠組みだけでなく、ロシアの東側の国境問題であり、

もし状況が正常化すれば地域的経済状況にとっても可能性が広がる。

ロシアの解決策はつねに多角的枠での政治外交的な妥協による解決であった。

もっともそのような解決の展望は二〇〇八年以降ますます不鮮明となった。中ロには困ったことに、六者協議は停止し、米国も韓国も北朝鮮への隠れた、もしくはオープンな圧力へと移行した。

さらなる約束の実行は双方での解釈の違いもあって展望がなくなり、北朝鮮はといえば戦略的抑止能力を拡大させ、その対抗者は圧力と孤立の戦術をとった。ロシアはといえばこれらに有効な手段を見いだし得ず、和解できない敵同士の和解をもとめ、政治外交的決着への回帰を願った。しかし二〇〇八年に権力に戻った韓国の保守的政権はそういうムードから遠かった。

北朝鮮もまたひるむことはなく、このため朝鮮半島はつねに「我慢比べ」の常態だった。このことはロシアに不可能な課題を出したが、つまり関与した各主体と誰とも関係を損なわないで、解決のコンセプトを進めるというのだった。

二〇〇九年五月の核実験に関連して、ロシアはつぎのように自らの立場を繰り返した「ロシアは、北朝鮮の当然の懸念を認識しながら、その問題は関連した諸国での政治外交手段で解決すべきだ。関連諸国による地域的な枠組みの形成を通じた以外の選択肢は見当たらない」。モスクワは「朝鮮半島の核問題は六者協議の枠組で政治的外交的手段」で解決すべきだとの立場を確認した。

ロシアは制裁と外交との間で妥協を見いだすことを試みた。しかし制裁措置は国連憲章七章四一項の枠内で、タフな制裁とこれへの明白な別の選択肢とのバランスを保つべきである。ロシアは、もし北朝鮮が要求を遂行するならば制裁を解除することの展望を保持しながらも、ロシアが再度主張するには「核・ミサイルの潜在能力を高めることは北朝鮮の戦略的安定をもたらさないだけでなく、北東アジアの緊張を高める。それは地域の諸国の利益に合わないだけでなく、北朝鮮自身にも利益にならない。この極端に否定的なシナリオにかわるものとしては、六者で共同して北東アジアの平和の枠を政治的外交的手段で作り出すことがある。それは政治的外交的な適切な保障となる」と、ロシア外務省は交渉継続を訴えた。

朝鮮半島情勢の相談には、六者協議諸国との回路が利用された。二〇〇九年一二月半ばにモスクワを北朝鮮外相の朴宜春《パクウィチュン》が、そしてその直後に韓国外交部高官の魏聖洛《ウィソンナク》が訪問した。さらにロシアの特別に委任された大使G・ログビノフがワシントンを訪問した。

しかし可能な妥協を目指した多くの討論が続いたものの特段の成功はなかった。というのも相互に対立するもの同士の和解しがたい対立とコンタクトの拒否とによってである。二〇一一年二月に南北対話の試みがなされ、モスクワは「南北間の軍事と軍事の対立は共通の関心に基づいた政治的対話によって変わるべきだ。ロシアは二つのコリア間で政治関係が正常化し、半島でのエネルギー、輸送、その他の共通の経済企画を始めることをロシアは支援する」。

二〇一一年三月にはロシア外務次官A・ボロダフキンが平壌を訪問した。彼は二〇〇五年九月一九日の共同声明に応じて交渉を再開するべきだというモスクワの立場を出した。第一に、六者協議再開を拒んでいる前提条件を破棄すべきだ。第二に、平壌は弾道ミサイル製造にモラトリアムを行い、ウラン濃縮センターへの国連原子力機関の査察を受け入れるべきだ。第三に、ウラン協議が六者協議の議題となるべきだ。ボロダフキンは、同様に国連原子力機関の査察官を寧辺のセンターに北朝鮮が招待することで、北朝鮮が六者協議の建設的一歩を自ら進めるべきだといった。

モスクワは、これらが六者協議を始める前提になるとして、「それは国家間関係再開の前提になるし、地域での平和維持の前提になる。そのため「新しく北朝鮮の核のウラン濃縮センターについての懸念を払拭すべき」と提言した。問題が国連安保理で論議されるべきであり、そのことがこの問題の五か国との統一を乱さないと議論した。もっともこれは明らかに反北朝鮮的であって、さらに中国もまた懐疑的であった。

金正恩体制初期でのロシアの状況対応的なアプローチと、新しい接近法

北朝鮮で権力交代が起きたが、ロシアが期待した相互譲歩と妥協に基づく解決策は生まれなかった。新指導者のもと二〇一二年四月になされたミサイル実験で状況はむしろロシアには悔しい思いとなった。ロシアにはとても歓迎できるものではなかった、たとえジャーナリストがこれに招待されたとしても、である。ロシアには北朝鮮に依頼してミサイル発射を自粛してもらう以外、緊張を緩和する手段を持ち合わせなかった。「ロシアは朝鮮半島の紛争解決の六者協議を組織して、制裁を解除するとか、平和的な宇宙開発や核エネルギーを利用する可能性開けることにコミットしている」、と。北朝鮮にとってはこのようなロシアの努力の成功を期待することなどはできなかった。

ロシアの専門家は、この問題は双方が責任を負うべきであると考えた。北朝鮮側は金日成の記念日にあわせて人工衛星軌道にのせるという故金正日の決めた「銀河三号」は放棄できないと米国にいっていた。しかし米国は「教育目的で」タフな姿勢を見せ、ロシアを含めた他者に制裁した。発射以前にモスクワは「深刻な懸念を見せ」、「ロシアは北朝鮮が宇宙を利用する主権的な権利を否定しない。しかし同時に国連安保理決議一八七四は、軍事目的であると民間目的であろうと平壌がすべての弾道ミサイルを発射することを非難している。平壌が六者協議再開のためにも世界を敵に回さないことを望む」。しかしこの警告は

聞き入れられなかった。モスクワは自己の無力さを表明した、「北朝鮮にはミサイル実験を行わないように、周辺国や全国際社会が否定的反応を示すとして警告した。しかしパートナーは我々の忠告を聞かず、それが国連安保理決議を再度招いた」、と。

同時にモスクワは国連安保理が同様な決議を採択するのに異論をはさまず、ただ「関係諸国が自制すること」を望んだ。ロシアは自己の立場を表明して「我々は、北朝鮮のパートナーが国連決議一七一八と一八七四に示された国際世論の意見に留意し、ＮＰＴ体制への実質的復帰と国連原子力機関のレジームへと復帰するため、まずはすべての核実験を停止し、ウラン濃縮活動をやめた上で、国際原子力機関の査察官を寧辺の核施設に招請する」ことを望んだ。

しかし恥ずべき二〇一二年の「閏年の合意」の終焉に際しては、アメリカはロシアの忠告は聞くことは聞いたもののそれに従うことなく、双方の立場に変化がなかったことを意味した。米国は金正恩の権力の最初の困難な時期に「体制を潰すこと」を望んだ。この立場にはソウルでのもっとも関係した保守的な層が支持し、北朝鮮にとってもっとも困難な時期にこれを吸収・合併することを図った。これは統合による強化と呼ばれた。北朝鮮がこれに唯一対抗できるのはタフさと譲歩しないことだった。

二〇一二年一二月の北朝鮮による人工衛星打ち上げは、今回は成功だった。ロシア外務省は「国連安保理決議一八七四は北朝鮮が弾道技術を使ってのミサイル発射に明確に警告している。我々は北朝鮮の宇宙の平和利用には反対しないものの、それは上述の決議が無効となって後の話である」。しかし現実には、ロシアの立場は国連安保理決議を支持するしかなかった。もっとも外務省は「制限的手段も人道的援助や経済協力への人民の切実な要求には関知しない」と語った。そして「決議は安保理による朝鮮核問題への政治的、外交的解決とそのための六者協議再開にコミットしている」と。

ロシアは西側と連帯し、二〇一三年二月の核実験で平壌を強く批判した。「我々は北朝鮮が非合法的活動を拒否し、国連安保理の指示に従ってその核計画を放棄し、NPT体制に復帰し、国際原子力機関の包括的セーフガードに従うよう主張する」。

もっともこれにはいくつかの留保があった。「同時に、我々は北朝鮮の現在の歩みが朝鮮半島での軍事的エスカレートのための口実にならないよう、核・ミサイルへの叱責への国際的法的選択肢があってしかるべきである。朝鮮半島の非核化への多角的な取り組みに応じてすべての参加者は対等の安全保障の原理のもと、地域での効果的安全保障が必要となる」。

次の決議二〇九四は、中ロの主張のもとで、国連安保理は朝鮮半島での核問題の政治的、外交的解決と、その目的で六者協議再開を決議した。同時に北朝鮮が以前の国連安保理決議一七一八、一八七四、二〇八七の要請に見合うなら制裁措置を停止するか、撤回することを求めた。その際多角的な交渉こそが、かわりの選択肢となると繰り返し主張された。

モスクワはすべての紛争当事者への一貫した「等距離」さを示すために、二〇一三年はじめの朝鮮半島危機の悪化はすべての関係者に責任があると述べた。外務省は、コメントして「三月三〇日に北朝鮮外務省は「軍事情勢」に関連して、「全面核戦争」の危機があると警告した。朝鮮半島南部では米国と韓国の核兵器搭載可能な戦略爆撃機も参加しての軍事訓練が行われている。我々は紛争の激化にいたるどのような言明や行動に対して否定的態度を表明する。我々は事態がエスカレートして政治的外交的境界を越えることを許さないためにも六者協議のすべてのパートナーと連絡を持っている」と。

ロシアでは二〇一三年の北朝鮮の「核保有」の地位を宣言した朝鮮労働党の三月中央委員会総会決議と最高人民会議の「自衛のために核兵器を保有する国家としてのさらなる強化のために」が憤慨をよんだ。

ロシアは、「国連安保理常任理事国として、そして核不拡散条約寄託国として、国連安保理の大量破壊兵器に関する決議への平壌の敵対的行動には全く受け入れられない」と指摘した。

モスクワはつねに関係するすべての間の対話を支持してきた。こうして二〇一五年八月に外務省は、両コリアでのハイレベル協議を歓迎しながらも、「南北朝鮮の緊張は、第三国の軍事行動の増大によって惹起されたことに真剣な関心を持たざるを得ない。このことは絶えず朝鮮半島を巡る緊張緩和と対立するインフラの撤去、北東アジアでの持続する多角的安全保障メカニズム創設を支持する」と。

二〇〇五年九月一九日の南北共同声明一〇周年に合わせてロシア外務次官I・モルグロフは、「周知のように、六者協議はほぼ七年前に停止になった。その間核問題での相互受け入れ可能な努力を重ねてきた。今日も二国間レベルで様々な努力が重ねられている。しかしそれでは十分でない。必要なのはすべて六者協議間での率直で、直接的、対面的な接触だ。我々は今このような会議を組織している。朝鮮半島の核問題を解決するにはその根本原因を除去すべきだ。それが我々のアプローチの出発点である。この地域での軍事的緊張緩和を進め、対立的なインフラを除去し、持続可能な東アジアでの安全保障メカニズムを構築すべきだ。我々はこの概念をパートナーに説明してきている」。

しかしこのアピールは具体的成果に結びつかなかった。半島での紛争は対抗的なスパイラルに陥っており、ロシアは置いてきぼりだった。

二〇一六年一月六日の水爆実験をめぐる新情勢の悪化に関係して、モスクワは「平壌の新しい動きは国際法と国連安保理決議に違反している。このような動きは、そうでなくともすでに軍事的政治的対決の潜在性を高めている朝鮮半島の現存の状況を悪化させる」と指摘した。

同年二月のミサイル発射に関しても、「北朝鮮サイドは普遍的に認められている国際法を無視している、北朝鮮は国際社会への敵対的挑戦だ」と指摘した。

外務省は、「このような情勢は北朝鮮と北東アジア情勢をいっそう悪化させ、同盟政治にコミットした人物の手に委ね、軍事対決をエスカレートし、地域の安全保障、まず第一に当の北朝鮮に深刻な損害を与える」と厳しく注記した。

モスクワは二〇一六年三月二六日の安保理決議二二七〇に応じて「核・ミサイルをつかった無責任なゲーム」には適切な処置を執ると批判した。「これは一〇年にわたって北朝鮮が、その核・ミサイル計画をやめよという国連安保理決議一六七五、一七一八、一八七四、そして二〇八七、二〇九四を無視してきた結果だ。（中略）われらは、この決議を適切に理解し、正しい結論を得、そして正しい結論を引き出し、交渉のテーブルに着くことを望む」と。

モスクワは二〇一六年九月の次の核実験を「国際法と国際世論の意図的な無視であり、もっとも強く非難する。北朝鮮の行動はグローバルな不拡散レジームを掘り崩し、朝鮮半島と北東アジアの平和と安全を脅かしている。それは何より北朝鮮自身に否定的効果を与えている。北朝鮮自身がこのような危険な冒険を停止し、すべての国連憲章の規定を遵守し、核・ミサイル実験を停止し、ＮＰＴ体制に復帰することを望む」。モスクワは躊躇なく厳しい国連安保理決議二三二一を支持し、このような支持をしたのは北朝鮮の冒険的な行動のせいである、この決定が北朝鮮当局をして核・ミサイルの冒険を停止し、不拡散体制に復帰することへの重大なシグナルとなることを望む」といった。

しかしロシアは同時に、少なくとも米国とその同盟国の主導で始められた国連合意の間は北朝鮮と対決することも望まず、「国連決議二三二一はこの問題や北東アジアの残った問題への政治解決を模索することにドアを閉ざさない。誰も軍事的紛争拡大の口実となってはいけない」ともいった。

ロシアのこの紛争解決の動きを支持する動きは、他の関係参加者にはどこにもなかった。確かに中国はこの動きを歓迎はしたが、しかしこの問題では中国が第一バイオリンを弾く以上、他に余地はないとした。同時に双方はモスクワを自己の陣営に引き込もうとした。確かに北朝鮮は特に多くは期待しなかったものの、この問題での一貫性がないことを指摘しようとした。この時期北朝鮮問題はすべて参加国が議論する国際問題中の「トップ5」に入っており、米国とその同盟者は確立された協議の枠を利用してロシアを北朝鮮によりタフであろうと仕向けた。これをいらつく二国間関係で結びつけた。

この傾向は二〇一七年の危機によっていっそう顕著となった。そのときは本当に朝鮮半島での直接的軍事対立が驚くほど現実のものとなった。

緊張がいっそうエスカレートしていく当初から、つまり北朝鮮が一連の核・ミサイル実験を繰り返し、そして米国と韓国とが大規模軍事訓練によって北朝鮮に対する軍事行動を高めるなかで、ロシアは「すべての関係国が抑制し、これ以上エスカレートすることが地域での安全保障に対する否定的結果をもたらすことになる」と警告した。朝鮮半島に近い極東の住民にそれ以上危機を扇動することは朝鮮半島問題をもっとも激しい国際問題の一つとすることを意味した。もっともロシアの態度は基本的には状況対応的であって、主導権は手中にはなかった。

二〇一七年二月一二日の北朝鮮によるミサイル発射は、ロシアから見れば「さらなる国連安保理決議違反であった。これは遺憾と関心を招かざるをえない。七月のミサイル発射もイライラをまねいた。さらなるショックは九月三日の「大陸間弾道弾用の熱核兵器」であって、外務省はあえて公然と平壌を批判して「国際不拡散体制を掘り崩すことを狙った行動は朝鮮半島と地域全般での大きな不安を巻き起こす。それは北朝鮮自体への大きな結果を巻き起こせざるを得ない」。

ロシアは二〇一七年一一月二九日のＩＣＢＭの発射には、それが直接目標を狙わなかったこともあり、それほど興奮はしなかった。しかしそれは米国と北朝鮮関係での直接の地政学的反応と優先順位には響いた。二〇一七年一二月二二日の厳しい国連安保理決議二三九七の採択に加えて、ロシア外務省はそれがクレムリンの意向とは反していたし、ロシアの具体的国益にも反しているとして、米中の草案に二四時間以内に署名せざるを得なかった。

ロシアの間近での急迫性と戦略的パートナー中国の国境をめぐる立場がさらなる行動を要請した。モスクワは中国の行動に合流した。七月四日になって中ロ両国外務省は共同声明を出した。両国外務相はモスクワで朝鮮半島での状況のエスカレーションに関心を示した。米国の終末高高度ミサイル防衛システム（ＴＨＡＡＤ）をも非難した双方は、「二重の凍結計画」を提案した。

この主要な戦略文書は、北朝鮮にも同様に次のような行動計画を提起した。「まず第一に、北朝鮮は自主的政治行動として自らの核実験と弾道ミサイルの発射実験のモラトリアムを宣言する。他方米国と韓国とは大規模合同演習を控える。つまり朝鮮半島全体を包括的なやり方で解決するために非核化を進める。そうして関係各国は半島に北東アジアの平和と安全メカニズムを作り、相応の国家関係を正常化させる。双方は、国際社会のすべての関与者に上述の主導性を支持する用呼びかけることで、こうして最終的に朝鮮半島での事態を正常化する現実的方途がひらける」。

このメカニズムは三局面からなっていた。

—北朝鮮が核・ミサイル実験を凍結する一方、米国と韓国とは大規模軍事演習の実施を控える

—国連憲章に従って南北双方の全般的原則を巡って交渉を実施し、採択する

—北東アジアにすべての関係国からなる安全保障を構築し、この結果としてすべての核抑止が放棄され

る
ロシアと中国との安全保障関係提案は、公式的にはどこも発言しなかったものの好意的に受け止められた。しかしその後米国と北朝鮮の間で開かれた会合と、第一段階の終わりから第二段階への移行が、この考えの正しさを証明した。

中国外務省代表は、ワシントンも平壌も中国が提起したこの「二重凍結」の「ロード・マップ」を拒否しなかったと公的に述べた。モスクワはこの計画のいくつかの観点を議論している間、米国とその同盟者の演習は事態を複雑化させた。

中国外務省の代表は、この期間に表明して、中国側の北朝鮮ミサイル凍結と、米韓の軍事演習凍結という二重凍結と、ロシアの「ロード・マップ」がいうところの、非核化とこの地域での安保構造の創設という二重移行とが一致していることについて触れた。中国外務省は同時に、北朝鮮側にも中ロの提案について情報がもたらされたことに触れた。「ロシアの提案か、それとも中国の提案が外交の回路で提案されたかは重要ではない。北朝鮮は双方の立場を知らされている」と彼はいった。

二〇一七年七月七日に、ロシアの外交官は米国の国務省北朝鮮政策担当特別代表J・ユンと、国務次官代行のS・ソーントンと協議、「二重の凍結」計画実施についても話し合われた。このような「時計あわせ」はつねに行われ、北朝鮮北米局長崔善姫との協議が九月二九日に中ロの「ロード・マップ」を中心に行われた。特別の意義があったのは、一〇月九日の三者間の次官級会合で、提案された解決案が論じられた。これは第一回目であった。三者間の会合はその後も続けられた。これはロシア外交にとっては大きな成果となった。というのも北朝鮮外交は歴史的には中ソ間の矛盾を縫って行われたが、いまや大きな二者との政策を調整する必要に合意したからである。その後数か月モスクワは中国、北朝鮮、米国、韓国、とのあいだですべて関係各国の交渉上の立場を明らかにするための協議を続けた。このことは、状況が危機的な段階に至るのを防ぐのに役立った。

このあとロシアは、中ロの声明を以降の朝鮮半島核問題への全体の戦略的接近への決定的なものとして提起した。この接近とは「力を行使するか、威嚇して問題を解決することを排除し、前提条件なしで政治的外交的手段によってのみ解決する手段とするというものである」。

しかし北朝鮮の敵対者は、圧力と威嚇とに対する別の選択は適切だとは考えず、それこそが北朝鮮の核問題を一時停止させ、この問題を解決するとは考えなかった。彼らは、「問題をロシアや中国で起きていることに責任を転嫁しようとし、モスクワと北京とが北朝鮮の核・ミサイル問題への野心に「淫して」いると告発した。

ロシアは二〇一七年後半の北朝鮮による核実験とＩＣＢＭ発射と関連して紛争の増大に危機感を持っており、二〇一七年一一月の危機の進化に対してロシア外務省は「ロシアの朝鮮半島での状況の解決に関する立場は変わっていない。長期的観点からで持続するこの問題解決は、持続的にして精力的な政治的、そして外交的努力によってのみ可能となる。この関連ですべての側が、ロシアの「ロード・マップ」による朝鮮問題解決に着手すべきである」。

重大な決意をもって、モスクワは北京と国連安保理で連帯し、前例になく厳しい安保理決議二三九七を採択させた。そのことは北朝鮮の行動により当時は憤慨させられたものの、しかしそのときは誰も北朝鮮がこれを「熟慮中である」とは思わなかった。

ロシアと思いがけない半島での雪解け

上述の外交的努力は決して無駄ではなかったようである。二〇一八年一月一日の金正恩による突然の米国と韓国との政治対話の申し込み以後、事態の変化には、ロシアもほかの参加者同様に驚かされた。事態はなだれのように展開した。ロシアからすれば朝鮮半島のこの雪解けのこのような変化には、かなり一般的なロード・マップ以外の行動計画をもっていたわけではない。それでも幻滅する時期に蓄積された北朝鮮との関係から事態の推移に対応することができた。

休暇シーズンであったにも関わらず、ロシア外務省は一月九日の北朝鮮外務省と韓国外務当局との板門店での会談を歓迎し、北朝鮮代表団の韓国での平昌五輪参加を歓迎した。ロシア外務省は、この参加が朝鮮半島での緊張緩和と地域間での安定を促すと表明した。ロシアの外交官はこの企画がロシアの作成した「ロード・マップ」と対応していると、その「具体化への研究をすべての関係各国が行うよう」促した。

二〇一八年四月二七日の南北首脳会談合意をロシアは歓迎した。ロシア外務省は当日「ロシアは四月二七日の南北首脳会談の成功を歓迎し、南北首脳会談の成功が首脳声明に盛り込まれたことを肯定的に評価する、そして北朝鮮と韓国との共同声明にある三国間の協力――鉄道、送電、ガスやその他の企画を歓迎する」と指摘した。その上、首脳会談が朝鮮半島での核問題を含めたあらゆる一連の問題を解決しうる政治的外交的努力を強める、と表明した。中ロによる朝鮮半島問題解決にむけた「ロード・マップ」の軌道にしたがって、関係各国が努力することを続ける、とも述べられた。

ロシアの専門家サークルでは朝鮮半島問題解決の表明された宣言で、参加国（＋アメリカ）か、あるいは四か国（＋中国）の会議開催の可能性の言及はあったものの、ロシアへの言及がなかったことに注意した。

もっともロシア外務省はこのことが懸念事項だとはみなかった。そのような主張に対してロシア外務省の代表者は、「ロシアはこの過程でドロップアウトするどころか、朝鮮半島のあらゆる問題を先取りして積極的に関与し、すべての問題解決に関与していく姿勢を見せた。宣言の表明は一九五〇－五三年の朝鮮半島の休戦協定に代わる平和協定を結ぶことを狙った対話の形式であった。その意味では、ソ連は朝鮮戦争に直接は関与してはおらず、従ってその署名国でも、その交渉国でもなかった」とロシアの高位の外交官は指摘した。彼はロシアは「ロード・マップ」でこのソウルと平壌の合意の枠をつくっており、「ロシアにはそのような条約への参加国になる意図や動機はない」。彼の見解では、「ロシアは過去にではなく、未来に関心がある。ロシアは朝鮮半島だけでなく、北東アジアすべての関係国の利益を考慮しつつ平和と安全保障にコミットしている」、と述べた。何度も述べたように「ロード・マップ」では、北東アジアの全体の平和と安定への関係国からなる六者協議以外には別の選択肢はない。従って平和条約交渉段階ではロシアが入らないことは論理的だ。もっとも形式的論理だけからいえば中国も米国も朝鮮戦争には関与しなかった。米軍は国連軍の一部としてであったし、中国軍は志願軍にすぎなかった。彼らはいずれもこの資格で署名したのであり、韓国にいたっては全く署名もしなかった。

二〇一八年の春の過程をつうじて、まず南北間で、それに北朝鮮と中国が関与、そして米朝会談が開かれた。ロシアは、四月に北朝鮮との外相レベルでの協議の可能性に預かった。

これらの事態を評価したロシア外務省は、「ロシアは南北和解を積極的に支持し、朝鮮半島全般についての対話を評価する。我々が以前から主張したように、中ロの「ロード・マップ」は、今日事実上履行されつつある。我らは信頼を回復することが朝鮮半島問題を政治的外交的手段で解決するための鍵となると確信する」と注目した。

ロシアは二〇一八年六月の米朝首脳会談こそ大きな政治的事件であり、朝鮮戦争にとって一線を画す事態であると評価した。ロシア外務省は、会議の成果は「ロード・マップ」で示された枠内に入ると評価して、「米朝首脳会談声明で表明された米朝関係の正常化は、核問題を含めた朝鮮半島問題の包括的な解決にとっての不可分の部分である。我らは会議中に米国大統領が指摘した、交渉中の軍事演習の停止表明を歓迎する。我々は挑発的な行動の停止こそ緊張を緩和し、信頼の雰囲気を創造することを歓迎する」。

ロシアのシンガポール首脳会談についての総括的声明では、「我々は米国と北朝鮮、そして南北朝鮮間の正常化こそ朝鮮半島での非核化や他の案件解決に向けた中ロ「ロード・マップ」の不可分の一部である。われらは確信するが、この目標達成には関係諸各国の結合した努力と政治交渉での多角的努力が求められる。我々に関しては、この地域での諸課題の包括的解決のため関係各国と協調して努力する、と述べた。

ロシアは二〇一八年の九月一八－二〇日の南北首脳会談を歓迎したが、「関係各国は朝鮮半島を平和ゾーンとし、政治、経済、人道分野での協力を拡大することを条件づけた。我らはこれの決定は中ロが作成した「ロード・マップ」に則っていることを歓迎する」。

二〇一八年九月の国連安保理でのラブロフ外相の演説が描いたように、「ワシントンと平壌の間の信頼の欠如こそが関連各国が共時的に連帯して問題を解決し、すべての問題を解決する一歩ずつの段階的解決を困難にしている。朝鮮半島非核化にとってのもっとも必要な前提条件である安全保障の国際保障体制構築を考えることを提案する」。米朝協議については「交渉とは双方向的であることを想起すべきだ。北朝鮮のステップ・バイ・ステップの接近は制裁の段階的緩和によって対応すべきだ。行動には行動だ。このことは米国がイラン核合意で犯した誤りを防ぐべきだ。そこで米国の同僚はあまりに遠大な課題を掲げ、また国連安保理の意見にも反して一方的にイラン核合意交渉から脱落した」と述べた。

また両国関係を前進させるための必要条件とは、ロシアでは正常化と南北対話とを、中ロの作成した「ロード・マップ」に従って「正常化の交渉での関係地域諸国による結合した努力によって、政治交渉プロセスの多角的性格を強めながら」、「地域での状況を総合的に解決する目的で」行うものとされた。

対話停止に対するロシアの反応

それ以前とは違って二〇一八年の朝鮮半島でのデタントの過程では、ロシアは対話促進のために、あまり気付かれはしなかったものの、積極的な役割を果たした。特命の外務次官や大使レベルでの米国との交渉担当（I・モルグロフ次官やO・バーミストロフ大使）が、米国の特に国務省のS・ビーガン（その後第一国務次官となるが）と顕著な役割を果たした。また韓国や、中国、北朝鮮とは冷静な判断をし、妥協の原則で問題を解決しようとした。

もっともそれがすべて上手にいったわけではなかった。対話には米国側の相応した動きが必要だというロシア側の論理的な説得にもかかわらず、米国の保守派の人物は基本的にそれを放棄した。ロシア専門家の警告にもかかわらず、二〇一九年二月二八‐九日のハノイ会談での結果は失敗であった。対話の凍結も驚くべきことではなかった。ロシアの外交官は同僚にたいし、「お互い現実的なステップ・バイ・ステップの接近法でいくべきで、お互い信頼の雰囲気を作ることを基礎に妥協的接近ですすめるべきで」あると説いていたのだが。

ロシアは二〇一九年初め、「ロード・マップ」に基づいて、朝鮮半島の諸問題を包括的な概念を発展させる「行動計画」を進めるべきだ、と主張した。そこでは、半島での軍事的、政治的、経済的、そして人道的領域での手段を概括し、すべての関係者がともに進むべき共通原則を作るべきだと指摘した。この計画は中国とともに合意されており、米国、韓国、そして北朝鮮の代表には伝わっていた。ソウルのロシア大使によれば、大韓民国も、米国と北朝鮮と同様、この文書の草案作成に関与していた。このことは文書を推進することへの彼らの関与が示している。二〇一九年一一月には、関係諸国の関連利害を踏まえた行動計画のアップデート版が配布され、「朝鮮半島での核問題の包括的解決に向けた多角的解決へのコミュニケーションによるメカニズム」をめざした。もちろん利害関係者は、自己の利益とビジョンをそれぞれ進めたものの、このようなスキームに対しての原則的な反対はほとんどなかった。外交官によれば、「同時並行的な企画を検討することは、現実の朝鮮半島の利害を段階的かつ相補的な原則で行うに際して役に立つ」のだった。

二〇一九年一二月にラブロフ外相は、「我々は中国とともに進められた行動計画を進めるが、その際米国や韓国からえたコメントを参考にする」かたちで計画が論じられるべきだとコメントした。

もっとも平壌は、米国が完全に「敵対的接近」を再検討するまではと対話を拒否した。ハノイ首脳会談が終わったあと、北朝鮮は「小さな妥協の「取引」に基づく方法での交渉モデル」を拒否した。ロシアは「朝鮮半島核問題解決の基本的原則を再適応した」ことに関してきちんとした評価ができていなかった。

そのような環境では、ロシアと米国との朝鮮半島問題への将来方針の接近はますます乖離していった。ロシアは解決が妥協的で、包括的ですべての正当な関係利害関係を含めた方法となることを主張した。米国に率いられた西側諸国は、ますます北朝鮮への制裁と孤立化をめざした圧力にこだわっていた。そのような方法が北朝鮮の非核化をとどめたり、その流れを逆転させることには効果がないことはわかっていたのだが。

つまり米国は危機を深め、北朝鮮の存在そのものを窒息させることに、あるいはすくなくとも対立を、中国の封じ込め目的もあって「コントロールされた混沌」にとどめておくという、合理的な疑いを生み出した。明らかにこのような立場は、中国やロシアにはまったく受け入れがたいものであった。米国国務省の変化もあって意見の交換は後景にしりぞき、国連安保理のなかでの「朝鮮半島一件」についての矛盾は隠しようもなくなった。

ラブロフは一二月米国で強調したが、「北朝鮮が米国の願うことすべてを実施するということを期待するのは非現実的である。つまりまず完全非核化を行ったあと、その後経済制裁を少し緩和して若干の利益を与え、安全を保障するという考えである。アメリカの同僚が言う北朝鮮の非核化というのは、不注意で不正確だ。というのもすべての合意文書での表現は朝鮮半島の非核化ということだからだ。我々は関係諸国が対話を続けることを望む。しかしそのためには、北朝鮮がすでに進めた歩みにそって、対応した歩みを進める必要がある」。

ラブロフは同様に指摘して、「もうすでに北朝鮮には十分な制裁がなされた。一方的手段という意味では十分すぎるかもしれない。（中略）ここでは柔軟に対応すべきだ。また現在の制裁レジームによって人道的問題が起きてもいる」。彼は、「北朝鮮がすでに核実験凍結を続けていることへの見返りとして北朝鮮にたいし対応して積極的援助をすることを米国は理解すべきだ」と論じた。

ロシアの北朝鮮への制裁参加――ジレンマと解決

以上述べてきた記述が示しているように、ロシアの朝鮮半島問題解決へのもっとも基本的な矛盾となっているのはその二重性である。つまりそれは、一方で西側諸国の北朝鮮への圧力と孤立とに矛盾しないようにしながら、他方で、妥協的な外交的解決を求めるという試みの折衷であるからだ。そのような解決法とは西側にとっては受け入れがたい北朝鮮を含めての正当な関係者の利益を考慮することを含むからだ。その結果、実際の外交とはジグザグの軌跡を取っている。つまり長期にわたる紛争でのすべての参加者と対等な関係を維持しながら、それが相互に非和解的な矛盾を含んでいるにもかかわらず、その先鋭化を防ぐといった願望によるからである。

この点でもっともあきらかなのがロシアの制裁参加問題だ。最初の北朝鮮での核実験以来、制裁こそ米国とその同盟国の朝鮮情勢に対して自己利害に沿って解決する主要な手段となってきた。しかし北朝鮮が国家として消えてなくなるといったことも含んだ解決法はロシアの利益とはならない。しかしこれらの諸国が支配する制度のなかでは、西側の利益を損なわない形で、ロシアは一致の原則を維持し、しばしば原則的問題ですら妥協している。

しかし他方でロシア指導部は制裁圧力政策の破壊的性格を否定しておらず、妥協を求める交渉を提唱している。ここから出てくるのは国連安保理での、北朝鮮問題に関して西側から提起された草案への柔軟化への熟慮である。しかし結局は制裁に参加し、それを守らざるを得ない。

このようなロシアの政策は、政治的便宜の観点からいっても、倫理の観点からも正当化できるものではない。制裁とは、理論的にいえば核開発実現の経済コストを引き上げる武器となっている。つまり大量破壊兵器製造を諦めさせるために、経済的困難を作らせることになる。しかし北朝鮮にかんしては、このような理論は現実とは異なっている。例えば経済的圧力が耐えがたい政治的圧力となるイランなどとは異なって、北朝鮮の政治体制では、経済的困難に対応できることに準備できている。この国は建国以来米国の政治的圧力下で生きてきたので、政治指導部は制約のもとでも対応するガバナンスのメカニズムがある。

北朝鮮は国際貿易システムには十分組み込まれてはおらず、貿易制限をしても指導部には譲歩すべき圧力とはならない。長年の制裁のもとで、新しい制約に対応することを学んできた。制裁を緩和してもただちに即効的で実質的な利益には結びつかない。それが期待するのはまず米国による大幅な譲歩を求めている。経済的に攻められやすく、政治的に不安定となるイランの場合とは異なって、北朝鮮の場合は、相互に利益となる妥協の範囲は極度に狭い。

従って、国連からの制裁であろうと非合法で一方的な制裁であろうと、北朝鮮への制裁とは公表された目標には効かないものなのだ。制裁を科そうとしたら、そのような制裁措置が持つ効果について目的達成の角度から評価すべきだ。もし蓋然性が低ければ、制裁は倫理的観点からは正当化できない。必要性の原則からいえば、経済制裁とその結果の困難さが、無罪の者に対する損害を最小化するか、あるいは無化することには別の選択肢がないことにかぎって正当化できることだ。最後に、無実の者にまで制裁を科すには、制裁を科すこととのバランスが問題となる。そうでなければバランスのとれない制裁とは、無実の者の利益を無視したことになる。H・スミスによれば、制裁が人口に与える影響は公正の観念に反するし、そのような手段を執るに際しての純粋軍事的な効率性の観点からも問題である。制裁のもとの北朝鮮の住民は、公開的な軍事紛争の下のそれと比較しても合法的権利が少ないのだ。

制裁の真の目的とは北朝鮮を弱めること、もはやこれ以上権力を保持できないと理解させ、変化をもたらすようにするため、孤立させることであることは驚くべきことではない。制裁の人道主義的な結果という問題は、「目的が手段を正当化する」といった原則で単純に無視されることになる。

今日に至るまで国際法では、制裁の許容範囲とか「許容可能な」制裁の議論はなされていない。制裁を強化するレジームの元で、制裁の被害者はますます一般の市民となり、もっとも庇護されていない人々であって、政治エリートはこれを回避する方法をしており、それを収入源ともしている。

二〇一九年の国連専門家パネルは、「国連制裁が人道的情勢、援助政策に意図しなかった結果をもたらしたりすることは、利用できるデータや証拠が限られているとしても、ありうることである」と語っている。二〇一九年六月、北朝鮮人権問題に関する国連人権理事会特別報告者トーマス・キンタナは「私の考えでは、北朝鮮への制裁レジームは、北朝鮮の人々の存在そのものを危機のリスクにおとしめている」。二〇二〇年に彼は「国際世論は、もはやエネルギーでの制裁が農業生産、機械力使用、肥料生産に影響を及ぼしていることに目をつぶるべきでない。我々はまた分野別制裁によって、繊維産業、鉱山業、漁撈生産で失業は増えている。この影響を受けた人々の収入の欠如により、食糧安保、栄養、そしてほかの権利が脅かされている」。

また彼は、「コロナ危機の災禍の中で、世界中が経済的影響を受けているが、国連安保理の制裁が、人々の生活に影響し、政府は危機に対応する能力に影響を与えることは再考されるべきである、国際世論、とくに安保理常任理事国が、最初に、食糧生産に影響する制裁を与えておいて、そして次に食糧援助をするという逆説を許すべきではないだろう。制裁解除措置は、食糧安保と健康をふくめもっとも弱い人々を目標に向けられるべきだ」と指摘する。

国連安保理で拒否権を持つロシアも、自発的に北朝鮮への制裁を主導することも制裁決議をだすことはなかったとはいうものの、最後にはそれに賛成した。もっとも米国やその同盟国が出した案にはそれを緩和する措置をとってきた。時にはそのような案を採択することを抑え、それを議長声明にすることに成功した。中ロが制裁を解除する試みにはロシアの外交官たちが認識せざるをえなかったことに、米国にとって北朝鮮とは、制裁戦争での措置の方法を学ぶ特別の実験場のようなものであった。また同様の制裁対象はロシアでもあって、このような制裁の戦場でこのような制裁テクノロジーを許さないことは、ロシアの国益とも関連していた。

その角度からは、新しく追加された禁止項目には、二〇〇六年の決議一七一八での禁止項目に入っていた奢侈品などの品目が拡張された。

国連決議一八七四が示すように、二〇〇九年の北朝鮮での二度目の核実験後に採択され、北朝鮮への禁輸項目が増加した。これは同時に、北朝鮮に向かっている船舶はすべて臨検し、北朝鮮の核計画に関連した荷物は破棄すべきことを推奨した。同時に、制裁監督装置である国連安保理の制裁専門家パネルをつくった。

二〇一三年一月、光明三号の発射後にでた国連安保理決議二〇八七もまた制裁を強化した。北朝鮮に向かう船舶を国連参加国の意見によって臨検し、軍事用に利用できる荷物を破棄できる権利を根拠付けた。ロシアは、主権国家の船舶への臨検措置の条項の緩和に努力した。

二〇一三年三月に、第三の核実験後に採択された決議二〇九四は、国際金融機関から北朝鮮への送金を禁じた。これらの制裁が北朝鮮と他国との貿易を著しく制約することになった。北朝鮮に豊富な貴金属（金、バナジウム、チタン）、希少金属、レアアースの輸出を禁じた。同様にして北朝鮮の石炭や鉄鉱石を禁じた。ただしこれらの商品を外国に輸出することが、住民の生活維持に不可欠な場合は例外だった。これはもうほとんど貿易封鎖であった。

二〇一六年一一月の、第四回核実験（二〇一六年九月）後に採択された決議二三二一は北朝鮮からの石炭輸出を禁じ、同様銅、ニッケル、亜鉛、銀を北朝鮮が輸出することを禁じた。

二〇一七年八月の決議二三八七は、北朝鮮のＩＣＢＭ実験に応じて採択されたが、北朝鮮からの石炭、鉄鉱石、鉛と海産物の完全な禁輸を行った。決議は北朝鮮の外国貿易銀行に制約を課し、また北朝鮮の海外での合法的労働力を増やすことを禁じた。

二〇一七年九月二日の核実験に対応して九月一一日に通過した決議二三七五は、北朝鮮の原油や石油製品の輸入、北朝鮮資本が関係した合弁事業、北朝鮮の繊維製品の国連メンバー国への輸出を厳しく禁じた。さらに北朝鮮市民の海外での雇用を厳しく制限した。

そして最後に、二〇一七年一二月二二日に採択された決議二三九七は、北朝鮮の火星一五号実験に対応したが、北朝鮮へのほとんど完全に近い禁輸措置に踏み切った。北朝鮮への軽油やケロシン油を含めた石油製品の供給、販売、そして移送の制限が強化された。一二ヶ月での最大限量は五〇万バレルとなった。上限四〇〇万バレル、もしくは五二万トンの毎年の石油輸出制限が課せられた。分野別の制裁は、北朝鮮の食料輸出、農産物、機械、そして電気製品、マグネサイトや鉱物製品があげられ、また木材、船舶、漁撈権の移転や販売も禁じられた。北朝鮮にたいし、すべての工業製品、車両、鉄鋼、その他の金属の提供が禁じられた。決議は国連加盟国に対し二〇一九年一二月二二日までに、収入を得ているすべての北朝鮮人の送還を求めた。北朝鮮からの海上を経由した石炭や他の商品の非合法的な輸出、非合法な石油の輸入が禁じられ、船舶同士の積み替え、密輸の海上情報の虚偽と戦うことが進められた。

西側は政治的手段としての制裁を幾分は過剰反応して理解している。例えば米国のいくつかのサークルでは、制裁による損害が金正恩をして二〇一八年に米国と交渉させた、というのである。当然これら制裁手段の効果をどう評価するにあたって、国連と西側諸国の関心の焦点であった。彼らはもし制裁措置がより厳格に遂行されたら、効果は質的には上回ったというのである。

この観点から常に中国とロシアの立場への批判が出てくる。いくつかは醜聞にすらなった。例えば二〇一八年九月一七日の国連安保理で、米国国連大使のニッキー・ヘイリーは、ロシア連邦代表の北朝鮮制裁への「システム的な違反」について批判した。外務省のコメントによれば、「とりわけ彼女はロシアが一七一八決議制裁委員会で、米国が求めた二〇一八年末までの石油禁輸について、いわゆる北朝鮮への密輸製品の量についての恣意的な評価を理由に船積みをゆるさなかったとロシアへの批判を述べた」。平壌がこの年石油製品の割り当てを超過して輸入したという結論は、いわゆる「数学的モデル」に基づくもので、ここでは十分な根拠は示されていなかった。今回もハーレー氏は、ロシアが公海で北朝鮮船への石油製品の積み替えを行っていると非難した。この例示として彼女はワシントンが非難したロシアのタンカー「パトリオット」の件のみをあげた。しかもこの事例では一七一八委員会の専門家集団が違反していないと結論づけたにもかかわらず、である。

ロシア外務省はさらに注記して、「ロシア連邦は、ニッキー・ヘイリー氏によれば、制裁レジームに違反して「すべての戦線」で活動している。我々の平壌への支持、そしてソウルが朝鮮半島での鉄道連結している試みは、ロシアが国連制裁措置に違反しても不凍港を得ようという試みだというのである。さらに彼らはいわゆるロシアが北朝鮮への中間報告書にも干渉して上記委員会活動を妨げているというのだ。しかしこの報告書の現在の版は、いわゆる米国の違反事例とはことなって、北朝鮮への石油製品への割り当て超過ではロシアとは意見が異なっていると言ったに過ぎない。専門家委員会の活動で意見が修正されることは当たり前に見られることである。ロシアは各種委員会報告について合理的な範囲内で専門家の意見を報告に反映させようとし、ロシアの反応が専門家報告書に反映することを望む。しかしアメリカでは明らかに、ワシントンの観点のみが反映されることを望む。この目的のために彼らは、米国人を含めたすべて専門家が署名した報告書の出版を妨害するのだ。つまり独立した専門家委員会の報告書の出版妨害をしているのはロシアではなくて、米国なのだ。アメリカ側は決して内気ではなく、出版委員会に圧力を加え、要請を送ることを防ぎ、そして「国連から、いかに対応しているかについて（米国の利益に沿って）動いている」。

二〇二〇年七月にも米国は、中国からロシアへの合法的な石油輸出を阻止しようと、一七一八委員会の北朝鮮の石油密輸のなかで、署名者グループを組織し、北朝鮮が石油製品の輸出限界をこえて密輸しているという意見を押しつけようとした。彼らは「ロシアと中国の意見に耳を傾けないよう」呼びかけた。

ロシアは、ワシントンが組織した数カ国が、二〇二〇年初めに我が国を批判しようとした試みに憤激した。それは決議二三九七の朝鮮労働者送還についての履行をめぐる、ありもしない罪状をめぐってであった。ドイツの国連代表部は、海外の北朝鮮労働者の本国送還についての二八か国の呼びかけを代表して意見を回付し、「世界平和と安全保障を維持する主要国際機関の決定を履行すべきかについて、自己の努力でもっていかに「熱心に」評価するか、あるいはその他の「遅れた」人に説教するようだった。この「二八か国のアピール」では、北朝鮮からの労働者の常態が歪曲された形で表明された。とりわけ学生や研修生、スポーツ選手や旅行者までもが、このカテゴリーに含まれていたという。その雇用主は第三国の個人や団体であるような労働者まで根拠がないまま一方的に含まれた」と示した。

皮肉なことには、これらの手段が誠に失望する結果しか生み出さなかったということである。たとえば二〇一九年の国連の専門家のパネル報告では、北朝鮮への度重なる制裁強化措置にもかかわらず、北は核・ミサイル計画を停止するどころか、それをむしろ強化した。平壌は少なくとも二五回も実験を繰り返し、その中には短距離での弾道ミサイルや潜水艦搭載ミサイルがあった。二〇一九年二月のハノイでの米朝会談で外交的活動が停止して以降、それは実際には現実化されなかった。

報告書はいわゆる分野別の制裁について効果がなかったことを示した。北朝鮮は依然として原油や石油製品、そしてほかの制裁対象の商品を、公海上の積み替えなどの手段で、かなりの量を輸入している。つまり分野別制裁は無意味なのである。北朝鮮は非合法な外国製品の輸入を、核・ミサイル用の分野やテクノロジー、そして贅沢品を行っている。伝統的な外貨を稼ぐ手段は閉鎖されていない。北朝鮮は、三億七〇〇〇万ドルの制裁対象の商品（石炭、砂）を地域に小型船で輸出した。米国の推計では北朝鮮は二八〇万トンの石炭をこういう方法で輸出した。

しかし北朝鮮の金稼ぎは、サイバーによる稼ぎであって、これは伝統的な対外的貿易禁止による損失をカバーしてあまりがあるほどだ。

こうして北朝鮮は伝統的合法活動の禁止に対し、非合法な、あるいは規制がほとんど及んでない分野に進出した。同時にこのような分野では新しい秘密のサプライチェーンやネットワークがグローバル・レベルで形成されており、北朝鮮とのコネクションなしで展開する。制裁によって北朝鮮の政治的権威は強化され、「ベルトを締める」ことで、政治的安定は増している。要するに、対外的な制約は支配エリートとそれを支持する「新興中産階級」を改善している。制裁は文献的にはよく知られているように、その権力に近い地位が経済の新（市場）政治部門の発展を統制しているエリートの立場を強めている。このことは歴史的挿話としては良く研究されていることでもある。同時にこのエリートこそ、大量破壊兵器の放棄することにもっとも想定される、圧力の対象となる。同時に制裁こそ当局にとって社会に圧力を加えることのできる例が増えていることは最近の北朝鮮の特徴である。

二〇一九年一二月一六日、中ロは国連安保理に決議草案を提出した。そこでは、北朝鮮での核実験とミサイル・テストでのモラトリアム、南北関係や米朝関係での対話への動きという肯定的傾向をかんがえ制裁緩和を求めた。とくに、過去の制裁措置で、北朝鮮の市民にもっとも否定的な影響を及ぼす措置の条項を停止することを求めた。これらの提案は、特定の非軍事的な、また南北朝鮮の協力に向けたインフラ案件の商品輸入が含まれる。また輸出制限にかんしても人道的に意味ある経済部門での制限を緩和すべきだと提言された。もっとも、西側諸国と安保理の多数派はこの観点には断固として否定的であり、北朝鮮を孤立させるという政策的観点、人道上の結果よりも最大限の経済的損害という観点からは「同意できなかった。

二〇二〇年三月末にコロナウイル禍もあって、ロシア側は他国とともに国連事務総長に制裁対象国での制裁緩和に乗り出すよう提言したが、米国と同盟国はこれの採択を阻止した。

第14章　金正恩の北朝鮮との、困難だが率直な対話

二〇〇八年以降の関係の冷却化

平壌との直接的な関係が薄れるにつれ（この事情についてはここでお世辞を述べる必要はない）、モスクワは朝鮮半島問題解決での役割からおしやられ、この地域での影響力、他国との関係（中国、韓国、日本）でも低下したことは歴史の示すところである。

不幸なことに、二〇〇八年の六者協議が終了して以降、そしてクレムリンでの政権交代後北朝鮮との関係はもっぱら残余的といえた。前章で見たように、モスクワはこの「甘やかされた子供」の振る舞いに失望し、北朝鮮の責任もあって六者協議は停止し、北朝鮮の核・ミサイル実験を認めることはなかった。ロシア指導部の中でも親西側的潮流は、悪名高い体制との関わりを持とうとはしなかった。平壌が核・ミサイル分野で挑発を繰り返し、またその韓国との関わりは、〔二〇〇八年の〕ジョージア戦争以降複雑化していたモスクワの西側との関係にさらなる苛立ちをもたらした。クレムリンからすれば、北朝鮮との関係で、

対米関係や韓国との関係を悪化させたくはなかった。韓国の李明博とメドベージェフ大統領とが数度会見し「戦略的パートナーシップ」を宣言してからは特にそうであった。李大統領が提起した統一の概念を、クレムリンは少なくとも公的には否認しなかったが、北朝鮮は強く反発した。

北朝鮮との関係の雰囲気にかんしては、ロシアが二〇〇九年に北朝鮮が発射した人工衛星を非難してからは、国連事務総長の同様な声明（それは拘束的な決議採択を防ぐことには貢献したが）にロシアは反対しなかった。

二国間関係では事件も生じた。二〇〇九年二月一七日、ハバロフスクに根拠をおく汽船オムスク一一二が、韓国釜山港から中古車を積んでウラジオストクに航行中嵐に遭い、北朝鮮領域にはいった。二月一八日一八時、舞水端《ムスダン》岬沖五・七マイルの地点で北朝鮮の国境警備隊に拘束された。この解決にはかなりの外交的努力を要した。

平壌は二〇〇九年四月の核実験に関連した国連安保理決議一八七四にロシアが賛成したことに相当な不快感を隠さなかった。ロシアはそれを好まず、外務省は北朝鮮にたいして、「ロシア側は、国連安保理の正しく、そしてバランスのとれた対応に対し、北側の六者協議からの撤退と核計画の再開で応じた。われわれは国連安保理決議一七一八におうじて、また二〇〇五年九月一九日の中国、北朝鮮、韓国、ロシア、米国、そして日本の共同声明の規定に従って、北朝鮮が朝鮮半島非核化のための交渉のテーブルに戻り、そして北東アジア地域の諸国の健全で平和的な安全保障を見いだすことを促すものである」とした。

二〇〇九年四月末にセルゲイ・ラブロフ外相が平壌を訪れた。外相が北朝鮮を訪問したのは、上述の事件の二週後であり、朝ロ関係の緊張を緩和し、状況を外交のトラックに戻す意図もあった。しかし北朝鮮側はロシアの朝鮮半島政策に不満であり、このことを明示的に表明した。

ロシア外相は、平壌の要人との対話で、「すべての各国が六者協議に復帰すべき」ことを表明した。「我々は六者協議という確固たる基盤に戻らなければならない。これは二〇〇五年九月に朝鮮半島の非核化という出発点を作った。すべての参加国がこの約束にコミットした。これらすべての約束を例外なく実行しなければならない」。しかしこの言葉を聞く耳が北にはなかった。多国間協議の活動は再開されなかった。北朝鮮外相朴宜春とラブロフ外相は会ったあと、最高人民会議議長（国家元首）金永南とも接見した。しかし金正日とは会えなかった。外相はロシア大統領からのメッセージを持参したにも関わらず、最後まで会見要請に回答はなかった。

この訪問で唯一「明るかった」のは、「ロシア世界」財団が平壌外語大学に作った、ロシア・センター開幕式に外相が参加したことであった。北朝鮮の情報閉鎖という条件下ではこのセンターは「ロシアの窓」となり、多くの行事やコンペ、コンクールを行い、北朝鮮のロシア専門家養成に貢献した。

状況を改善しようとロシア連邦議会のS・M・ミローノフ議長が二〇〇九年一一月二四－四日訪問したものの、あまり成功したとはいえなかった。金正日は接見しなかった。訪問は全く行事日程通りであり、両者はアジアの平和と安全保障について全く一致しない立場を形式的に述べ合っただけであった。ロシア側は核不拡散体制を弱めるどのような立場にも不同意を表明した。

両国間関係でも突破は見られなかったが、相互貿易の停滞と未払い問題が決着しないことに由来する新規計画の不在と、そしてグローバルな金融的経済的危機の結末もあった。北東アジアに南北コリアも参加して大陸横断の交通回廊とエネルギー・ネットワークを作るという話は、南北関係の悪化によって実際的な進展はなかった。北朝鮮側は、ロシアと韓国との軍事テクノロジー協力に不満を述べることを抑えることはなかった。

それから一一―二年は両国外交関係のレベルも次官止まりと低レベルで、新しい突破はなかった。それは必ずしもロシアが悪いからではなかった。それでも文化交流は続けられ、金正日は、ロシアのバレーや合唱団が好きであった。二〇〇九年七月六日、平壌の大劇場でロシアのナデージナ名称国立バレーアカデミー舞踊団「白樺」のコンサートが開かれた。

二〇一〇年三月には第九章で見てきたように、両国関係は、北朝鮮の北方限界線近くの韓国のコルベット艦「天安」が沈没された事件で挑戦を受けた。韓国が北朝鮮を非難した。ロシアは双方から距離をとり、紛争に巻き込まれることを回避し、ただ「大変残念な事件」とだけ触れた。ロシアは国連安保理で北朝鮮を糾弾することもなかったが、韓国側の見解を批判もしなかった。ロシアは両コリアとの関連で、「地域での緊張のエスカレートを防ぐ必要があり、現在の二つのコリアについての現在の危機を解決するよう相談することを続ける」と表明した。

ロシアは韓国側の公式見解は受け入れなかったが、それは北朝鮮の小型潜水艦から発射された魚雷によって沈められたというものであって、モスクワは信頼できる資料にかけるといった。ロシアは北朝鮮側のスポークスマンがいった、「韓国側の天安号が北朝鮮側により沈められたという完全に偽造された意見は韓国や世界の世論を惑わすためだった」という見解にも反応しなかった。

しかし韓国の李明博大統領の個人的招請によりロシアから海洋専門家が送られ、彼らは韓国側の意見を正当化するように思われた。しかし専門家はそれをすることなく、ロシアに戻るとコルベット艦はどうやら戦時の機雷に衝突したことがもっともありうると述べた。しかしこのコメントは公的になされたものではなかったし、情報を提供するものでもなく、従って北朝鮮の立場を正当化することもなかった。このことは北朝鮮との関係を改善するのではなかったようである。

南側も不満だった。韓国の観察者はロシアの順応主義をせめたが、もしロシアが韓国側の結論によりそえば、地域の長期的な利益を損なっただろうし、もし船の難破に関する国際調査団の結論を否認すれば、それはそれで韓国との関係を悪化させる一方で、北との関係も良くはしなかった。

この後、北朝鮮とロシアの関係は低いままだった。北朝鮮との両国の状態と展望について、北東アジアでの軍事政治情勢、そして朝鮮半島での六者協議の再開については、ただ定例の話し合いが続いただけであった。しかし両者の立場が接近することもなかった。両者の共通の祝日である朝鮮半島解放六五周年（二〇一〇年八月一五日）にはロシアの地域開発相のビクトルF・バサルギンが平壌を訪れ、北朝鮮の国家元首である最高人民会議議長金永南と会見しただけであった。両国関係は二〇一〇年の一一月二三日の黄海での延坪島砲撃事件で新しい試練にさらされたが、そこでは死者四名、そして最低一八名が負傷した。北朝鮮外務省は砲撃を始めた件で北朝鮮は無実だといったが、北に責任あることは証明された。モスクワはいらだちを隠さなかった。ロシア外務省は「国家間の関係で武力を行使することにはロシア側は強く抗議する。すべての紛争は平和的政治的、そして外交手段で解決すべきである。我々は、双方が自制し責任ある立場をとることで、朝鮮半島で軍事的対立にエスカレートする手段をとらないように呼びかける」、といった。ラブロフ外相は紛争の拡大が「たいへんな危険」を招いたと、南北関係での敵対を緩和するよう、また「生じたことは非難に値する」とも述べた。

二〇一〇年一二月にモスクワを実務的に訪れた朴宜春外相は不満を表明し、両者は解決策で意見が合わなかったし、またロシアが支持した六者協議についても同様だった。北朝鮮外相は六者協議再開の可能性を拒否し、すべての障害は米国の行動であると非難した。

数日後（一二月一七日）ロシア外務省は、北朝鮮が延坪島近くで韓国軍が砲撃するとしたら、軍事力を行使する準備があるとのべることで、北朝鮮に最大限の抑制が呼びかけられた。状況の悪化をもたらすか、事件を再現させる行動を行わないことが求められた。とりわけ強調されたのは、二つのコリア問題については対話を再開し、もっぱら政治的、そして外交手段を行使して解決すること、であった。

北朝鮮における権力交代以前の関係の安定化と向上

二〇一一年三月になってようやく関係は再開した。三月一一－一四日、平壌で外務省次官級協議が開催された。債務問題の討論と解決策という文脈で、朝鮮半島で新しいプロジェクトを再開させる方途が話し合われたが、そこではロシア、朝鮮民主主義人民共和国と大韓民国を巻き込んだ企画を始めることも議論された。

七月二二日、インドネシアのバリ島でＡＳＥＡＮ会議の合間を縫って、ラブロフ外相と北朝鮮の朴宜春外相との実務的話し合いが行われ、二人は両国協力関係の基本問題についても議論、北東アジアの情勢、核問題をめぐる六者協議の再開の可能性が話し合われた。ロシア側は会議を総括して「我々は北朝鮮が、前提条件なしに六者協議再開問題に準備があると述べたことを歓迎する。そして北朝鮮の同僚は、ロシア側が六者協議の他の参加者、特に韓国と米国とコンタクトし、必要な前提条件を作ることに感謝した」と触れた。もっともこの後は具体的な手段はとられなかった。

しかし双方とも連絡不足のため、相互利益にはならなかった。二〇〇〇年代はじめは、金正日が初めて二〇〇一年にロシアを訪問したとき、金正日は非公式だが「ロシアをもっと訪問する」として毎年訪問することも排除しなかった。しかし二〇〇二年以降高位なレベルでのコンタクトとはなかった。その間金正日の健康状況は悪化し、海外旅行できる可能性は減少した。北朝鮮側はより対応すると述べ、二〇一一年六月に最初の訪問から九年を経て金正日が訪問すると語った。しかしその噂が流れると、ロシア国境のハサンで、韓国や日本のジャーナリスト群が彼の列車をまっていると聞いた金正日は、「安全保障上の判断によって」背を向けた。このことで北朝鮮人の間でロシアへの好感が増えるわけもなかった。

それでも金正日は対ロシア関係にコミットし、雰囲気は改善された。朝鮮解放六六周年の特別記念日である八月一五日に、北朝鮮の中央機関紙の第一面にはロシア大統領ドミトリー・メドベージェフと北朝鮮金正日との間で交換された挨拶の全文を掲載した。北朝鮮人民最高会議議長の金永南のメドベージェフ宛の電文も掲載された。記念日は地方マスコミでも広く報道され、特別記事が現れ、またロシア映画がテレビで放映された。

最後に決定的な突破が生じた。二〇一一年八月二四日には、長らく待たれた首脳会談がウラン・ウデで行われたのは、メドベージェフ大統領の臨時の宿舎である軍事都市のソスノビー・ボルのホテルであった。金正日は、ほかにもブリヤート共和国の経済施設やアムール川のブレイスカヤ水力発電所を訪問した。

外務省の情報によれば、様々な両国間の論点が議論されたが、朝鮮半島の核問題の解決といった地域問題も含まれた。さらには三国間関係（ロシア連邦、韓国、そして北朝鮮）についても、経済協力案件として朝鮮の鉄道をシベリア横断鉄道につなげたり、電力送信網建設や、ロシア連邦から北朝鮮を経由して韓国に運ぶガスパイプラインの構想である。

会見の前夜には、両国の財務当局間で一〇年にわたって交渉された北朝鮮の債務問題解決が申しあわされ、ソ連の後継国家であるロシア連邦への北朝鮮の債務問題について解決することが合意された。それはソ連時代に割引ローンとして出されたものだった。もっとも北朝鮮のロシアに対する形式的な決着の合意文書は二〇一二年九月一七日となった。そしてそのロシア大統領による批准文書は二〇一四年五月五日になされたが、ちょうどロシアと北朝鮮関係の多少の「ルネッサンス」期にあたった。債務総額は一一〇億ドルと見積もられた。ロシアはその九〇%を割り引いた。その残余の一〇億九〇〇〇万ドルは北朝鮮の対外貿易銀行の特別口座に移されたが、それはロシアと北朝鮮との合同の企画をファイナンスするものとされた。

ウラン・ウデ首脳会談では重要な合意に達した。つまり北朝鮮の六者協議への復帰と、北朝鮮を通じた韓国へのガスパイプライン企画に北朝鮮は準備があるという合意である。ロシアと北朝鮮との間でのガス部門での協力可能性について政府間レベルで研究すべきことが合意された。もしパイプラインが設置されたら北朝鮮政府には毎年一億ドルのガス通過代金が期待できると試算された。

このあとロシア経済発展省は、ソ連期に建設された企業を再建し、近代化するという投資計画についてのリスト作りがはじまった。二〇一〇年には朝ロの公式的経済関係はソ連期と比較しても二〇分の一となっていた。九万八六七〇ドルである。

二〇〇八年から始められたロシアと北朝鮮との主要な現代的投資計画である「ハサン－羅津」プロジェクトは、かなりの刺激となった。プロジェクトの投資は、一〇六億ドルの計画規模となる。その枠では五四キロの鉄道がハサン駅から羅津港まで作られ、そしてシベリア鉄道との荷物トランジットターミナルが作られる。

この旅行が二〇一一年一二月に亡くなった北朝鮮指導者にとって最後の旅となったことは象徴的であった。これが北朝鮮の人にとっては特別の意義があった。ちなみに金正日はさらなるコンタクトを準備していた。例えば、一〇月にはアムール州のコジェミャコ知事を接見した。

首脳会談後クレムリンは、金正日が、もし多角的対話が再開されたら、核実験とミサイル実験でのモラトリアム導入も考えると述べていた。米国と韓国とはこの手の約束には消極的であった。彼らは六者協議が始まるまでに（そのあとではなく）、北側がすべての核実験を停止すべきだと要求していた。さらに彼らはロシアと北朝鮮との話の間に、ウラン濃縮問題について論究されなかったと、ロシア側に不満を述べた。

第15章　金正恩時代のロ朝関係――没落と高揚

初期段階の曖昧さ

二〇一一年一二月の金正日の死去はモスクワでは想像外ではあったが、ロシアの朝鮮半島政策を当初はおおきく変化させなかった。韓国や西側の専門家とは異なって、ロシアの専門家は後継問題には十分準備されており、また新指導者が権力を保持することは自明でもあった。

同時に、モスクワでは状況が好転することに多少の期待が生じた。若い指導者が経済体制を変え、内外政策を合理化するという推測も一部でなくはなかった。彼の最初の言明と行動がこのことを示唆した。二〇一二年二月二九日の米朝間の関係正常化と非核化への話し合いにかんする合意がモスクワでも一定の楽観主義を示唆した。

もしこのような展開があれば新しい両国間の協力の範囲は広がったであろう。しかし同時に、プーチンと金正日との二人の間で二〇〇〇年当初にあったような雰囲気に戻ることは期待できそうにもなかった。

金正日時代の個人的な関係の重要さはとっくに消滅していた。二〇一二年以降のプーチン政治の保守化と西側との関係の悪化とは、北朝鮮の米国との関係悪化についてロシアの理解を促すものと思われた。クレムリンが、ワシントンとの同盟関係に忠実な韓国保守派との関係に一定の距離をおくことが期待された。しかしこのようなことも起こらなかったのは、一つには新しい北朝鮮指導部がロシアとの関係改善には熱心ではなかったからだった。

若い指導者のもとで体制が自由化され、協力が拡大するという期待も現実化されなかった。良い方向への期待は第一一章でみたように、二〇一二年四月の北朝鮮のミサイル実験とオバマ政権や韓国の朴槿恵政権による正当化できないほど激しい非難によって葬られた。

クレムリンは騙されたように思ったが、西側や韓国のパートナーはこの感情を補強するためにあらゆることをした。ロシアの政治家も内輪では北朝鮮の同僚を「泥棒やいかさま」と呼んだ。こうして若干の保留はつけたものの、ロシアは北朝鮮への国連制裁に参加せざるを得なかった。こうして両国関係での不信と不満とは増大した。

同時にロシアは平壌が挑発を慎み、建設的対話を行うように説得を続けた。北朝鮮の軽水炉建設とそのための低濃縮ウラン生産をモスクワは次のようにいった。「北朝鮮でのウラン計画の続行には真剣な関心を払わざるを得ない。我々は北朝鮮の平和目的での核エネルギー開発の主権的な権利を疑ってはいない。しかしこの権利が、国連安保理決議の規定に違反し、国際的に受け入れられた不拡散レジームを超えて実施される場合には許容できない」。

ロシアは両国関係での未解決の問題についても同様に建設的対話を求めてきた。こうして我々はロシア外務次官Ｉ・モルグロフと、北朝鮮大使でのちに対外経済相となる金英才《キムヨンジェ》とは二〇一二年七月五日に国境レジームに関する条約を締結した。我が国はまた北朝鮮に食糧援助を直接的に提供しただけでなく、国連食糧計画を通じても提供してきた。

しかしこれら北に対する関与と圧力という矛盾した試みは、結果的にはロシアの朝鮮半島への外交的立場を弱めてきた。ロシアの国益は多く無視され、国連制裁は米中間での討論と妥協の産物である以上、ロシアはこの問題では事実上国連安保理に権利を譲ったに等しかった。

二〇一三年は特に両国関係にとって厳しい年であって、北朝鮮による一連の核・ミサイル実験が朝鮮半島情勢を悪化させた。

一連の事件でページを開いたのは二〇一二年一二月の人工衛星打ち上げ成功であった。ロシアは、北朝鮮が感じるところではこの事態を不公正にあつかい、一月二二日に採択された国連安保理決議二〇八七を支持した。ロシア外務省は平壌に対し、「採択された国際社会の意思である国連決議を正しく受け取り、核兵器とミサイル計画を放棄し、核不拡散体制と国際原子力機関の保障体制に復帰し、包括的核実験禁止条約（CTBT）に参加すべきだ。同時に我々はすべての関係国を信頼し、情勢を悪化させる措置は避けるべきだ」と忠告しだした。

ロシアの国連代表部が「北朝鮮に課せられた手段が、この国で活動する外国の外交使節の活動に悪い影響をあたえない」ことも求めた。

二〇一三年二月一二日の北朝鮮による核実験はより大きな憤激を招いた。クレムリンは国際法を無視した北朝鮮を弾劾し、両国間関係の悪化すら示唆して、「長い間善隣関係を有してきた国についてこう語るのはとりわけ悲しい」と北朝鮮を非難した。

ロシアは、三月七日の国連安保理の決議二〇九四を支持し、「平壌がこの決議に現れた、国際社会の統一された意志を正しく解釈し、これ以上の核兵器計画と全ての軍事的ミサイル計画を放棄すべきこと」を求めるといった。もっとも国連決議二〇九四を採択した時、モスクワは北朝鮮に対する一定の再均衡をとるべきことも強調した。つまり制裁が「国の基本的必要に影響しないこと、制裁レジームが北朝鮮での外交使節の活動を妨げないこと」である。

モスクワは北朝鮮の好戦的修辞が、例えば三月三〇日の北朝鮮政府による南北間の「軍事情勢」に関する声明や「全面核戦争」への警告といった表現のエスカレートには神経質に対応した。

ロシアは二〇一三年三月の、北朝鮮が核保有国としての法的地位を確保するといった朝鮮労働党中央委員会総会決議や最高人民会議決議「自衛のための核兵器保有国としての地位を強化すること」を批判した。ロシア外務省は「平壌の国連安保理決議違反と大量破壊兵器不拡散の根本的レジームへの違反」であると指摘した。

二〇一三年四月五日に朝鮮半島情勢の悪化を理由に、北朝鮮外務省は、ロシアが平壌での外交活動を他の国の外交団同様に放棄し、大使館員を引き上げることを提案した。この方策は結果が伴わなかったものの、状況は悪化の一途をたどり、両国関係は悪化した。

多くの二国間の約束や接触は破棄された。特に政府間委員会は後に延期された。四月のモスクワでの政府間委員会でも、「状況を悪化させる行動を拒否し、国連安保理の有効な決議を順守し、朝鮮半島での核や他の問題の政治的、外交的解決を無条件に擁護すること」を求めた。

他方平壌側は、ロシアが北の「生存のための闘争」としての意味を理解しなかった、裏切りだと考えた。極秘の会話では、北朝鮮の米国との闘争とはロシアの新世界秩序との闘争と呼応するものであると論じられた。父祖世代とは異なってロシアについての直接的知識がない北朝鮮の新世代エリートは、ロシアが朝鮮半島に十分な注意を払っておらず、その政策も偽善的だとみた。

　ただ、公共団体や友好団体、高等教育機関を通じた人道的交流だけが、若干活性化した。ロシアの芸術家グループが北朝鮮への客演で人気を博した。たとえばP・B・オフシャンニコフに率いられた「二一世紀オーケストラ」、V・P・エリセーエフに率いられたロシア内務省軍アンサンブル、といった具合である。ロシアや旧ソ連の映画は北朝鮮で最も人気あるもので、つねにテレビで放映され、フェスティバルで公演された。ロシア語教育は広がり、ロシア文化促進が進められた。以前の「社会主義陣営」の中では北朝鮮がもっともロシアの「ソフト・パワー」への感受性が高かった。一九九〇年代に彼らの間で広がった（もとろん閉鎖的やりかただが）ロシアの政治経済への批判は今やゼロとなった。

二〇一四－一五年の関係改善

　北朝鮮が実施した複雑な「瀬戸際」的外交ゲームでも、同時に支持を得るための些細な機会を見逃せなかったことも重要だ。とりわけ、唯一の同盟国である中国との関係が、特に平壌に対する米国の圧力強化に中国が合流したこともあって冷却したからでもあった。

　中国には、その「気むずかしい」隣人に対して不満である多くの理由があった。主要なものは北朝鮮の核・ミサイルへの野心であり、それは「天下の中心」という彼らの「責任ある大国」としての自己規定を掘り崩していただけでなく、米国が中国の東部国境近くで軍事力増強する口実ともなっていた。金正恩時代の初期には、北朝鮮エリートは中国に遠慮なくなっていた。報道でも「ある大国が」といった形で印刷物でも論及された。そのような揶揄は多くあった。例えば北朝鮮は返せないほどの中国の援助や投資を受け入れながらも、それを着服することをあえて行った。中国の会社「西洋集団」が二〇一二年につくった鉄鋼鉱山会社の北朝鮮当局による没収は注目を浴びた。中国側は強制力でそこから排除されたのだ。会社はこの没収で三五〇〇万－四〇〇〇万ドルを失い、抗議したものの何も得られなかった。この紛争はしかし、規模の違いこそあれ多かれ少なかれあった。唯一の違いは中国側の主導で報道されたことである。金正恩時代の中国投資企業の没収はかなり頻繁であったが、中国当局が関与しようとしても無駄であった。

平壌はあきらかに、これ見よがしにロシアに近づくことで、中国が嫉妬するような策謀のできる自由がある国であると世界にしめした。

同時に、ウクライナ危機とクリミア返還後の西側によるロシアへの「十字軍」は、制裁と大きな圧力を受けている平壌でも、モスクワからのより大きな理解が得られるという期待を膨らませた。ロシア専門家の意見では、「朝ロ関係の変化が起きたのは二つの要因から説明できた。第一は、ウクライナ危機後ロシアを孤立させる圧力と、「ロシア」カードを切ることで金正恩が中国からより独立したいという試み、とである」。

それまでもロシアの専門家は、かつての北京と平壌との主要な「コンタクト」要員であった張成沢の二〇一二年処刑後、ロシアが北朝鮮との関係を改善する可能性はあると見ていた。北朝鮮指導者は旧世紀の一九五〇－六〇年代に繰り返し現れた「中国の覇権主義」の復活を恐れていた。習近平の新しい高圧的な外交政策、そして中国での世代交代も手伝って、北朝鮮との関係には否定的影響があった。平壌からみればたとえ象徴的にすぎないとしても、ロシアは別の選択肢と思えた。

しかし上述した事情もあって、この条件を北が十分利用できるようになったのは二〇一四年になってからであった。北朝鮮の韓国との関係を含めての政策を緩和する試みがこれらの事情に貢献した。この年初め、ロシア外務省は「二月二〇－二五日の朝鮮戦争による離散家族の会合」を含めた政策を歓迎した。

二〇一四年二月、朝鮮民主主義人民共和国は名目的な国家元首、金永南のソチ五輪開会式への出席を予想外にも提案してきた。二月七日に彼はプーチン大統領と短期会見した。彼は上院議長のワレンチナ・I・マトビエンコとの会見をも行った。

その後は、ロシアの北朝鮮への不満の原因は残ったものの、ロシア側のこれらへの事態への態度は変わった。その後三月に北朝鮮がノドン級中距離ミサイルを打ち出したとき、モスクワの態度は「関係諸国が朝鮮半島と北東アジア地域全般での状況悪化させる行動を自制するよう」勧めただけであった。

三月三一日の北朝鮮と大韓民国との黄海の接続地域での砲撃事件に関して、そして「北朝鮮の核実験の新しい可能性を含んだ」相互間の言葉の応酬には、モスクワは、「この地域での周期的な紛争拡大は、米国と大韓民国の大規模軍事演習の時期と一致している」と、責任を相手側に押しつけた。

二〇一四年三月には政治的には重量級のタタルスタン共和国のR・N・ミンニハノフ大統領が平壌を訪れ、二国間の貿易、経済協力について詳細に討論した。

その後関係は急に改善した。二〇一四年九月三〇日には、北朝鮮の外相李洙墉《リスヨン》はロシアに到着したが、それは前外相の訪問から四年ぶりだった。

北朝鮮の主導による、朝鮮労働党政治局幹部会員で書記の崔竜海《チェリョンヘ》の訪問は大変重要な事件となった。この時彼の立場は北朝鮮の位階のなかで第二位の地位であった。彼は金日成一族と近い「名門の」家族の出で、ある報告では金正恩の妹が彼の息子と結婚していた。崔竜海は、金正恩の特別使節として二〇一四年一一月一七日－二四日にロシアにやってきた。彼はプーチンと接見し、北朝鮮指導者からのメッセージを提示した。

モスクワの戦勝七〇周年に際しての金正恩訪露の可能性が話し合われた。このことを聞かれたラブロフ外相は「双方に受け入れ可能な日程で、最高位を含めたあらゆるレベルでの接触の用意があることを確認した」と外交的に答えた。いくつかの報道では、金正恩は事実上二〇一五年五月の最初の訪問を実際に約束したという。西側首脳が戦勝記念の祝日に欠席する中でロシアの外交能力を示し、朝鮮半島問題でのユニークな役割の重要性を強調した。

崔竜海の訪問は経済的な意味もあった。北朝鮮はロシアを引き入れて、朝鮮半島とシベリア鉄道の鉄道連結を目指し、またロシアの投資家を北朝鮮の開城工業団地に招こうとした。モスクワ滞在の最後に崔は地方への旅行としてハバロフスクとウラジオストクに訪問した。北朝鮮は軍事的協力すら申し入れたが、もっともロシアは否定的であった。

専門家の推測では、これらの事件を通じて金正恩は、ロシアと中国のどちらかとえり好みする花嫁のように振る舞った。どちらが「持参金」の好条件でもって親近さを示すかであった。しかしロシアとの接近の真の目的とは、中国を嫉妬させ、それによって新しい譲歩を迫ることを狙ったものだった。

二〇一五年は二重の意味での友好年、つまり朝鮮解放七〇周年と第二次世界大戦勝利七〇周年であった。観察者によれば、ロシアと北朝鮮がこのような決定を行ったのは、ロシアと欧米の関係が冷戦後最悪になり、北朝鮮がその伝統的パートナーである中国との関係がかなり悪化したとからでもあった。

友好年の中心の目玉は、金正恩のモスクワ訪問と想定された。不幸なことに、ロシアは再び、北朝鮮の特性でもある予測不能さとぶつからなければならなかった。最後の段階で金正恩は「国内での複雑な事情」を理由として旅行をキャンセルしたのである。多くの推測が飛び交った。あるものは、金正恩の取り巻きが、訪問行事が多国間行事であるため最初の外国訪問としては不適切だというものだった。別の推測では、国防相の解任で軍の巻き返しがあり、金正恩はながらく国を離れられないというものだった。朝鮮サイドの旅行組織の担当者は指導者を列車で送ることを考えたものの、これはモスクワには不都合であった。結果はどうであれ、ロシアは金の外交的孤立を破る最初の国とはならなかった。

公式的な相互の友好年行事は四月一四日、副首相ユーリー・トルトネフと、大代表団を率いてモスクワ訪問中の北朝鮮内閣副総理の盧斗哲《ロドゥチョル》との間で、ロシア外務省賓館において行われた。行事としていくつかの公式書面が署名されたが、ロシア・朝鮮民主主義人民共和国の行動計画、二〇一五－一六年の政府間文化・科学技術協力計画、国際自動車道路に関する政府間協定、そして両国の中央銀行間の協力メモランダムが結ばれた。

外交関係での接触も頻繁となり、二〇一五年八月五日には、クアラルンプールでの第二二回ＡＳＥＡＮの地域フォーラムに合わせてのラブロフ外相と新北朝鮮外相李洙墉との平場での会見があった。議会間の協力、非政府組織間の接触、文化交換協定が拡大された。

友好年は公式的には二〇一五年一〇月に終わったが、Ａ・ガルシカ極東開発大臣を団長とする代表団が平壌を訪問し、経済協力企画の履行を討論した。

ロシアは北朝鮮の立場を理解した。例えば二〇一五年八月の北朝鮮―韓国の国境線周辺での砲撃事件では、モスクワは「火器を使った紛争を回避し、状況を悪化させる行動を慎むよう最大限の自制」を求めた。同時に北朝鮮と韓国代表団との八月の板門店での朝鮮半島での合意、つまりこれ以上のエスカレーションと爆発的事態を防ぐとの合意を歓迎した。

二〇一六—一七年の当面する危機

両国関係は、金正恩が核・ミサイル計画の積極的履行を再開し、これに対し国際世論が否定的な表明をしたことで悪化しだした。ロシアは流れに抗して泳ぐことはできないと、この否定的な文脈を両国関係にも反映させた。たとえば二〇一六年一月六日におこなわれた北の水爆実験によって両国間関係は悪化し、モスクワは「国際法の重大な違反と国連安保理決議違反である」と表明した。

モスクワは二月のミサイル発射にも「普遍的に認められた国際的な規範に違反している近視眼的な動き」と批判をした。ロシア外務省はこの方針をやめることを忠告した。「平壌の選択した動きは強い抵抗を招かずにいられない。北朝鮮の指導部が国際社会と対抗すべきことは国益に合うかどうか再考すべきである」。もちろん平壌はこの忠告を歓迎しなかった。

北朝鮮との関係を、モスクワは決議二二七〇を核・ミサイルとの「無責任なゲーム」に対する適切な対応と呼んで、不満を表した。

同時に、ロシアは一方的に北朝鮮だけに責めを負わせないようバランスをとった。朝鮮半島情勢について関心の高まりには注意を喚起した。米国と韓国の二〇一六年三月七日にはじまった大規模軍事訓練にたいしロシアは懸念を喚起した。モスクワは「北朝鮮の反応は正当とはいえない」として、「敵対者に対して予防的核の打撃という脅しをかける公的言明は断固として認めるわけにいかないし、このことによって平壌は国際社会に敵対していることを理解すべきである。というのも国連憲章に正式に述べられている自衛権に従って、北朝鮮に対する軍事力の行使を行うという国際的・法的正当性が（各国に）あることを示していたからだ」。

二〇一六年九月九日の北朝鮮の核実験に対するロシアの反応は厳しかった。モスクワは平壌に「否定的結果」が生じることになると警告した。

国連の枠内での一連の制裁措置に賛成したことで、北朝鮮に対するロシア政治の自立性はさらに弱まった。

二〇一六年の総括をしたモスクワは北朝鮮をさして「朝鮮半島での情勢とロケット核実験とを切り離して相互関係を発展させることはできない」と一義的に表明した。

二〇一七年の朝鮮半島における劇的展開を通じて、ロシアの政策は状況対応的でしかなかった。逆説的なのは、米国のトランプ大統領の選挙勝利後の世界大での乱気流と、ＥＵとＧ７を含めた西側陣営の不安定性、唯一の超大国と、中国を含めた他の力の中心との対立を含めて、前例のない西側のロシアに対する敵対さがロシアと朝鮮民主主義人民共和国とを相互に結びつけたことである。

当初、ロシアの立場は曖昧で、むしろトランプ新大統領との関係改善への利害関心によっていた。それ故に、ロシアは米国が北朝鮮に最大の圧力をかけるという方針を支持しており、また朝鮮問題での米国との妥協については中国に任せっきりだった。当時モスクワにとってはより重大な、シリアやウクライナ問題にかかりっきりであったからである。

ロシアが朝鮮半島の核・ミサイル問題と、それをめぐる主要な戦略に接近したのはこの角度から生じたことだった。北朝鮮に対するロシアの懸念はこのように展開したが、二〇一七年三月には六日の北朝鮮の新しいミサイル発射と米韓の大規模合同軍事攻勢演習とにより深刻になった。

モスクワは北の弾道ミサイル発射を非難したが、それは米韓の大規模軍事演習といった攻勢作戦への口実を与えたからであった。それは日米韓の軍事的活動だけでなく、ミサイル防衛システムを韓国に配置することを通じて、ロシアの利益だけでなく、その戦略的パートナーである中国をも脅かした。

同時にロシアは「水爆実験」についての国連安保理決議二三七五の準備段階ではよりバランスを持った地位を保ったが、それは北の利益にもかなった。ロシア外務省は、決議草案作成の二〇一七年九月一一日段階では、「ロシアは中国のパートナーとともに、当初のテクスト作成段階で、北朝鮮経済と北朝鮮の人民に破局的人道的結果をもたらしかねない極めて厳しい米国草案にたいし、かなりの修正をもたらした。その結果、ロシアと北朝鮮との「ハサン－羅津」プロジェクトでの石炭トランジット企画や、この二国の直通航空便が維持されることになった。また北朝鮮の最高指導部、政府と朝鮮労働党のトップに制裁し、北朝鮮に対する石油や石油製品への完全な禁輸を課そうとしたといった要求はなくなった。疑わしい船舶を公海上で臨検するといった条項は緩和され、国際法の基準に則したものになった。北朝鮮の移民労働者を強制的に送還するといった要請も除外された。紛争を激化することの不適切さとか、朝鮮半島問題の政治的外交的解決の優先、といった重要な政治的要素が付加された」。

一二月二九日の火星一五号ミサイル発射といった事実にもかかわらず、モスクワは北朝鮮にたいし核・ミサイル実験を停止するよう呼びかけるにとどめた。彼らはのちになってその停止を行ったが、それはロシアの要請に応じたものではなかった。

二〇一七年一一月三〇日にはラブロフ外相は、制裁の圧力はその限界に達したとして科された制裁を解除し、交渉を通じての政治過程の再開を求めた。彼はこの要求が米国によって完全に無視されたと述べた。しかし、モスクワはすでに展開された事件の囚人となっており、北朝鮮の批判者に不可避的に加わった。

国連安保理制裁決議二三九七はロシアも不本意ながら承認したが、これらの要求は極度に北朝鮮に厳しく、ロシアの要請でもなかった。しかもモスクワは自己の原則に応じて行動した。これは石油製品の輸出、そしてロシア極東では重要な役割を果たしている北朝鮮労働者の二年以内のすべての追放、があった。国連安保理の他のメンバーからの圧力がロシアをいらだたせた。しかし活動はなされ、北朝鮮指導部がロシア要因を真剣に捉えることはなくなった。彼らは、問題はすべて「力の立場から」米国との直接対話ですることしかないと理解した。

公式決議は決議を周知することでは次のように発せられた。「決議の草案を調整する極めて緊迫したやりとりのなかで、当初の米国による極めて厳格な草案、つまり事実上の北朝鮮との貿易経済封鎖と国の全指導者への制裁を意味する草案はかなりの程度修正された」。

ロシア代表団の要請で、大規模なロシア－北朝鮮の石炭トランジット分野での「ハサン－羅津」プロジェクトを継続すること、そして両国間の直通航空路を維持することが決まった。北朝鮮最高幹部、政府と朝鮮労働党幹部への制裁は、石油と石油製品の完全な禁輸同様に停止された。裁判上疑いのある容疑者扱いの監禁、臨検、そして効力といった規定が緩和された。

人道的判断に従って、北朝鮮労働者の無条件での「急激な」、報復的な規定は削除された。今や二四か月以内に祖国への帰国ということになった。その際この要請は、北朝鮮人に限るものではなく、それぞれの民族の立法や国際法に応じて許されない国家の国民の帰還ということになった。

この地域を戦争寸前の危機に陥れた二〇一六－一七年当初の北朝鮮の挑発行為、軍事的レトリック、そして危機にもかかわらず、クレムリンは北朝鮮の立場、すべて巻き込まれた側の合法的な利益を理解した。一方ではプーチンは二〇一六年九月に認めたように、「我々が考えるに挑発的な性格を帯びているとおもわれる北朝鮮側の軍事訓練を批判する」と同時に、「北朝鮮側には忘れられない、イラクやリビアでの戦争の教訓を忘れてはならない」と状況を理解した。彼の意見では、「この場合制裁を利用することは無益であり、効果がない」と。彼が指摘するには、ロシアを北朝鮮と同列に制裁リストに加えながら、その後制裁に参加することを求めるのは不条理である。「彼らは確かに雑草を食べても核を作ることを諦めないという安全保障感覚を理解」すべきだと彼は比喩的に表現した。それにもかかわらずロシアはまもなく歴史的にも厳しい制裁に関与した。最高権力者と、北朝鮮との二国間関係だけでなく、「国際世論」という優先的な協力によって強く制約されている外交当局とのあいだには一定の意見の相違も存した。

二〇一七年には政治外交的努力も活性化し、その過程でロシアは緊張緩和へむけた北朝鮮支持のカードを保持することになった。北朝鮮は表向き中立的であったが、二〇一七年七月に中ロが伴走した「ロード・マップ」や「相互の緩和措置」といった考えに北朝鮮は全体として歓迎した。この考えは二〇一五年に平壌が提起したものであったが、米国が無視していた。事実上この考え方は、北朝鮮の「段階的アプローチ」、「行動には行動で」の原則に近い考えであった。もっとも北朝鮮は「ロード・マップ」には彼らの国益が不十分にしか考慮されていないと、ロシアの紛争防止の考えを評価はしたけれども考えた。

平壌では、全般的理解は当然にも否定的であって、モスクワの制裁への賛成を「偽善的路線」とみた。ロシアが賛成することなくしては国連安保理での二〇一六－一七年の制裁決議はなかっただろうというのだ。もちろん制裁は米国が主導をとり、中国は北朝鮮への不満からこの措置に賛成したが、北朝鮮が考えるには、ロシアは自己利益にも反しているのに、その採択に抵抗しなかったというのだ。

モスクワは制裁を政治的武器として使うことには反対することを表面的にも警告した。二〇一七年四月、ロシアの北朝鮮大使A・マツェゴルは、信任状奉呈時に北に好意的に、「今北朝鮮にとられている一連の制裁は前例のないものだ。北朝鮮に対してとられたすべての決議は核・ミサイル計画発展の停止を志向している。これらは市民生活に影響があってはならず、民生部門の発達に否定的影響を与えることはあってはならない。すでに導入された制裁措置は、北朝鮮がミサイル計画に利用できるすべての回路を事実上閉鎖した。新しい制裁は、人民の生活に顕著な影響を及ぼす」といった。そして「アメリカ人は時には半公式的にも、時には公式的にも、金正恩の政治体制の混乱こそを政治課題としている。彼らは核・ミサイル問題は国の財政的悪化と政治体制の転換によって解決する。もしこれが彼らの目的だったら、それは我々の選択ではない」と付加した。

二〇一七年八月七日、マニラのＡＳＥＡＮ地域フォーラムで北朝鮮外相李容浩とラブロフ外相とは、非公式の場で会談し、朝鮮半島でのすべての否定的なシナリオを避けることですべての国が抑制し、緊急に朝鮮半島の非核化をふくめた政治的外交的な包括的解決に努力することで一致した。北朝鮮の非核化という話はここでは一切なかった。事態が示しているように大陸間弾道兵器を完成するという間際にあった。このような要請は朝鮮側には憤激しか招かなかった。

同時に、朝鮮半島の状況悪化は朝鮮の利益にかなうものでもなかった。討論は続き、九月二九日には北朝鮮外務省の北米局長崔善姫との協議が行われた。「ロシア側では、現存する地域課題を中ロが提起している朝鮮半島問題解決への「ロード・マップ」といったような政治外交的手段で解決することへの共同の用意がロシア側にあることを確認する」と。

二〇一八年の予期せざる北朝鮮との緊張緩和

ロシアが北朝鮮指導部との良好な関係を維持することの重要性は、二〇一八年に予期しないかたちで北朝鮮により始められた「デタント」が表明されたときに現れた。モスクワは北朝鮮との関係の改善という二〇一八年に始められた緊張緩和を全体としては安心した気分で受け止めた。平昌冬期五輪への参加とか、南北首脳会談に至った交渉である。モスクワは北朝鮮外交の積極面に満足の気持ちをあらわした。二〇一八年四月二一日の朝鮮労働党中央委員会総会の核・ミサイル実験の停止決定や核実験場の閉鎖措置である。しかしながら北朝鮮を信用していなければモスクワはこの過程に協力することも、望ましくない傾向を妨げることもできなかったであろう。

中国への金正恩の訪問とか、南北首脳会談の合意表明や米朝首脳会談といった「平和攻勢」を北朝鮮が初めてからようやく三か月たって、ロシア外交はこれに対応しだした。二〇〇八年四月九－一一日には北朝鮮の外相李容浩がモスクワを訪問した。これは四月二七日に予定された南北首脳会談準備に合わせての他の高官を伴った訪問であった。彼はその前にアゼルバイジャンを訪問、非同盟首脳会議に参加していた。ラブロフは「我々は両国関係に関して詳細に討議した。今年は両国の外交関係樹立七〇周年でもあり、この記念日に合わせた両国で開催される行事の印象深いリストに合意した。これらの一連の行事は、ロシアが中国と先年に合意して状況の緊張緩和と交渉促進のための「ロード・マップ」に沿ったものである。これらの過程の成果は、朝鮮半島の平和と安定のための北東アジア諸国を巻き込んだ合意となろう。特に南北朝鮮の指導者がいったようにこの世界でも重要な地域の非核化だ」といった。

ラブロフ外相の当の金正恩との会見を含んでの北朝鮮訪問が合意されたが、ロシア高官との初めての会見となった。

二〇一八年五月三一日に行われたラブロフ外相の平壌への電撃訪問は、金正恩時代の関係史上の主要行事となった。これはシンガポールでの歴史的な米朝首脳会談のわずか二週前の訪問であったにもかかわらず北側が合意したことが重要だった。

ラブロフ外相は、プーチン大統領からの個人的メッセージを持参したが、そこでは最高人民会議議長宛てに、朝鮮半島をめぐる主要な行事が成功することを願ったのである。この対話の内容についてラブロフはのちに「我々は朝鮮半島と東アジア全体の平和、安定、そして繁栄に関心を持っている」と語った。外相は金正恩がロシア訪問をするよう伝達した。ロシア外交陣のトップが「来訪されるならうれしい」とも語った。このような招待は、非公式な情報では二〇一八年九月のウラジオストク経済フォーラムに合わせて計画された。あらかじめ先周りすれば、それまで金正恩はこの種の多国間行事には参加してはこなかった。

北朝鮮指導者もまたモスクワとの協力を広げることに「熱烈な言葉」をロシア大統領に伝えるようにいった。金正恩は「貴殿の平壌訪問は朝鮮民主主義人民共和国との関係を進化、発展させることにロシアが準備できていることを表している。プーチンが米国の覇権に反対していることを評価する。彼は常に鋭敏に発言しており、我々はロシア側とこの問題で交渉する準備がある」と、若き指導者はラブロフに語った。

ラブロフが北朝鮮の指導者とどちらかといえば「全般的戦略問題」を語り、ロシアにとって重要な国の新指導者との知己をえたとすれば、同格である李容浩外相とは「戦術」的な具体的問題での現状とその他の問題とを議論した。二〇一九年にロシアは北への人道主義的援助の最大の提供者となった。そのような支援は拡大する規模で二〇二〇年にもなされた。

ロシア外相の平壌訪問は、韓国や米国でも大きな関心を呼び、公式報道の表明の背後で何が討論されたかについてのそれぞれの解釈が注目された。西側報道では、ロシアが彼らと「同じ船にのって」いるといった印象を広げようとした。彼らはラブロフが北朝鮮の非核化での特殊な問題、例えば、米国の報道は平壊の非核化の一部として北の核・ミサイル武器庫をロシアに移すといった類いの話を推測していた。

アメリカの報道は、ラブロフ訪問についてコメントし、まず第一に、金正恩のロシア訪問と両国間関係の強化と発展とについて集中的に伝えた。

二〇一九年六月の最初の米朝首脳会談にかんするロシアの報道は全般的に積極的であった。もっとも、米国と北朝鮮との間で展開しつつある過程の結果は、米朝接近と北朝鮮の中国からの離間を招き、それがアジア太平洋地域での地政学的な変動となるといった恐れも一部ではきかれた。そのように発展した場合には、ロシアのこの地域での役割は鋭く低下する。ロシアは米朝首脳会談に関して、問題解決によってすべての参加国の利害状況を考えるよう主張した。もっとも北朝鮮は、解決はもっぱら米国との二国間の対話にあるとしか見ていなかった。

もっともこれらの事件によって北朝鮮外交にとってのロシアとの関係は、三次的とまではいえないとしても二次的となったことは秘密ではない。それにもかかわらずモスクワは事態が「ロード・マップ」に即して展開しており、国境周辺での圧力が低下したことを喜んだ。

ロシアは東倉里におけるミサイル実験場と寧辺での核施設の閉鎖という北朝鮮の動きを歓迎し、ワシントンが、米朝首脳合同声明で肯定的に対応すべきことを訴えた。

二〇一八年九月には共和国創立七〇周年を記念して上院議長ワレンチーナ・マトビエンコが訪朝、プーチンから金正恩へのメッセージを渡したことは関係のモメンタムを保つには重要な事件となった。彼女は二〇〇五年の訪朝と比較していかに共和国が変化したかを可能な限り説明した。彼女は「尊敬する指導者金正恩の指導の下で、北朝鮮の首都に新しいアパートと街路ができ、都市のインフラも整備された」と述べた。

金正恩はロシアの賓客を熱く歓迎した。マトビエンコによれば、「金正恩はテレビでみるのと現実とはまったく別人であり、テレビでは峻厳に見えるが、現実はユーモアがあり、微笑し、笑い、冗談を言った。彼はシンプルで、知的で、教育もあり、人間的だ」。西側報道は彼がわずか二週間不在にしたにすぎないのに、報道関係者が彼は健康かと問うたとき、マトビエンコはまったく健康で、大変エネルギッシュだったと答えた。彼女によれば北朝鮮指導者といるとき「彼は平和を求め、このために可能なことは何でもする、しかし米国サイドからも対応した歩みを求めており、約束の履行をステップごとに求めている」と、上院議長は金が南北統一を求めていると答えた。ソウルもこの発言が気に入った。

話し合いでは経済協力も話題となり、そしていかに危機を克服するかを審議した。「北朝鮮ほど苛烈な制裁を食らった国をほかに知らないが、しかしそれでも発達している。もちろんこれは血と汗の結晶だ。しかし制裁によって相手を跪かせることはできないのだと確信する。すべて問題は平和裏に解決しなければならない。それ以外は破壊的だ」とマトビエンコは語った。

ロシアはかつてと同様、国家元首レベルの関係を作り出すことによって朝鮮問題を解決したことがその立場を強めた。長い間待たれていた首脳会談は二〇一九年四月二五日にウラジオストクで開催され、金正恩は列車で到着した。シンガポールでのトランプとの首脳会談には中国機が習近平によって提供された。しかし金正恩の取り巻きはそのような「不安な」輸送手段に異議を唱え、第三国から交通手段を依頼することは指導者の「声望」に否定的なインパクトを与えると言った。首脳会談はウラジオストクで開催された。

プーチン大統領と会った後、金正恩は、北朝鮮のロシアとの関係は上昇傾向にあり、それは両国関係だけでなく、地域の安全保障にとっても好都合だと言った。「我々の話し合いが同様な有意義な建設的なものとなることを望む」とまとめた。プーチンは自己の対話相手についてかなり打ち広げた、自由な討論ができる人間だと呼んだ。

話し合いは朝鮮半島問題の決方法と、両国関係の改善について触れた。主題は朝鮮半島情勢だった。

プーチンは平壌の南北による対話の努力とワシントンとの正常化を歓迎した。「我々は両国関係の歴史を話したし、両国の関係の今日と発展の展望とに及んだ。当然にも朝鮮半島情勢を議論した」。ロシア大統領は会談後、総括的に話した。北朝鮮の報道によれば金正恩は「二回目のハノイでの米朝首脳会談では一方的で非友好的態度をとり、その結果朝鮮半島の状況は今や動かず、危険な淵に来ており、最初の振出しにもどりかねない。彼は朝鮮半島の平和と安全は、全く米国の次の手に委ねられており、北朝鮮としてはどのようなシナリオにも対応可能である」。ロシア大統領は朝鮮側の見解を金正恩の要請によりトランプに伝えた。ロシアは問題解決を多角間フォーマット（六者協議）で解決することにコミットしているが、強調点は長期的展望に置かれた。「私は今この六者の形態が再興されるかはわからないが、北への安全保障を考えるに際しては、国際的保障なくしてはあり得ないことだ」。彼は交渉の再開が北朝鮮次第だとして、「もし、保障が米国一国だけか、南の隣人韓国だけでいいというなら、それはそれで結構だ。もしそれで不十分ならば、そして多分そうなるだろうが、そのときは六者協議のフォーマットへの要求が出よう」とプーチンは会見後指摘した。

会議では、両指導者たちは極東のインフラ企画についての話し合いを議論した。とくに南北の鉄道連結とシベリア横断鉄道への接続、豆満江の自動車橋の連結を語った。

朝鮮民主主義人民共和国の公的報道機関も「北朝鮮とロシアの最高指導者は語り合って、二国間の持続可能で、友好的関係を維持することは、長い歴史と伝統的な友情もあることでもあり、二度の米朝首脳会談後に生じた朝鮮半島の不安定な状況を戦略的に解決することに意義がある」といった。

　金正恩時代になって最初の口朝首脳会談はかなりの国際的反応を呼び起こした。ロシアの朝鮮半島問題解決での役割が高まり、金正恩が敵との対話を行ったことにさらなる支持が高まったことで十分だというものは少なかった。米国では朝ロの接近に隠しようのない失望が広がった。彼らは「北朝鮮指導者はクレムリンとの友情を強調したが、それはワシントンの強硬策とは反対のものである」。ワシントンでは、「プーチンとの会見が、金正恩の国内での威信を高め、トランプ政権との非核化交渉での制裁解除とトランプとの交渉の袋小路を突破するのに、核兵器を所有した体制が国際舞台でも孤立していないことになった」となった。プーチンにとっては、モスクワが世界の指導的力としてロシアの威信が回復するという彼の野心を一層高めた。『ニューヨーク・タイムズ』は、「プーチンは非核化交渉での北朝鮮の支持を公言したが、これはトランプにとっての核外交への接近法とは対立している」と不満を述べた。『ウォールストリート・ジャーナル』は「朝鮮半島問題でのプーチンによる六者協議復活の議論は、トランプにとっては悪いニュースだ。それは彼が繰り返し述べたように、以前の大統領が試みた間違った戦術だからである。彼は、金正恩との直接交渉こそ非核化をもたらす接近だと論じたのである」と省みた。

　以前の米国の国連代表だったビル・リチャードソンは、北朝鮮情勢を熟知していたが、金正恩は「ロシアを巻き込む必要があった一〇年前の六者協議時と同様、米朝協議のどのような決議についても統制を実施するような立場」だと理解しているようだと不満を述べた。アメリカ人はロシアが「首脳会談で地域に影響を与え、トランプに対して強い立場で臨む」ことに決して満足できなかった。

　ヨーロッパ人もまた「モスクワは中ロが作ったロード・マップに従って、国際的制裁を解除することを願っている。しかし米国は圧力をかけるときに平壊を助けている。それはハノイで乗り上げた問題なのだ。

トランプ大統領と金正恩との米朝の直接対話が暗礁に乗り上げたときに、プーチンが会うことは、北朝鮮が中国と米国で圧力がかかったときに二重に抱擁するようなものだ。これは米国というライバルよりもも っと信頼できるパートナーと見せかけている。モスクワにとっては自己の影響力を示し、アメリカという対抗馬よりもより期待できるパートナーであると示すことになる」と評した。

日本の専門家は、「プーチンは北朝鮮との首脳会談で、平壌との交渉ではプーチンは段階的な接近を支持したが、平壌の一歩ごとの歩みに米国が対応した歩みと奨励を求められる。金正恩はといえば、国を痛めている制裁をできる限り速やかに緩和されるべきと考える。以前北朝鮮指導者はロシアから距離をとってトランプとの直接交渉を望んだが、しかし失敗した二月のハノイ首脳会談後に状況は変わった。いまやプーチンはワシントンに圧力をかける重要なカードとなっている」(『朝日新聞』)と述べた。日本人はロシアが「南北朝鮮ガスパイプライン、北朝鮮鉄道の現代化とロシア極東での労働力利用に関心がある。これらの企画を実施する前提には平壌への圧力緩和が必要だ」。日本の報道機関は、「金正恩はロシアに援助を求め、要求水準を下げ、そして段階的な手法での段階的非核化に合意することをもとめた」(『読売新聞』)が、それこそ北朝鮮の要求だった。

韓国のコメンテーターは、「金のロシア訪問は米国への圧力の一環」とみた。このことは「ロシアの朝鮮半島での立場を著しく強めるが、特に金がワシントンとの対話再開への仲介として」である。中国の情報源は、金正恩は非核化交渉でのワシントンとの交渉再開へ「米国に最大限の圧力をかけるため」とみた。

そして中国の報道機関は金正恩とプーチンの両首脳会見を総括して、米国からの「最大限の圧力」を「中国との調整が必要だ」とみた。「中国、ロシアそして北朝鮮の調整を強化することは、半島での平和情勢を強化するし、その非核化交渉を促し、それ故支持に値する」。この呼びかけは中国の立場からは裏庭とみている場所へのロシアの不必要な活動を阻止するためだった。この点では、ヨーロッパの評者が、ロシアは北京との対話で「朝鮮カード」を行使しているというのは面白い。「プーチンにとってはそれ以上のものがある。プーチンはウラジオストクから中国の一帯一路計画の国際会議にやってきた。北京こそ、ロシアが朝鮮方面での活発な政策をとる理由である。

ロ朝首脳会談は、すでに失われたかに思われる朝鮮半島問題での「新しいシルクロード構想」でのロシアの重要性を指摘した」。北京でこそ、プーチンは朝鮮半島問題に関する自己の積極的関与の原因を探すように見えた。

全体としてはロ朝の首脳会談は朝鮮半島問題解決でのロシアの役割を強調したが、それはすでにロシアが失ったものであった。しかし朝鮮半島問題をめぐる国際舞台での金正恩の二〇一八－一九年の一連の首脳会談のなかでは見劣りした。首脳会談後の根本的転換は何も起こらなかったし、誰もそれを考慮に入れなかった。

しかし最高首脳レベルでの「時間調整」は極度に重要だった。二〇一一年以来はじめて、我々は以前にはコンタクトのなかった北朝鮮首脳と、悲観的なものを含む様々なシナリオをめぐって、討論が可能となった。このことをロシア人は金正恩に警告し、さらにおまけに米国にも警告を伝えるようにした。外国人にとっては、ソ連時代に平壌が世界に対しモスクワを通じて意見を表明したことを想起させた。五月三日、プーチンはトランプと電話で話し合い、ロシア大統領は米国大統領に北朝鮮の非核化の立場を伝えた。これを評論家は、北朝鮮は、平壌の各段階の非核化には、それにともなって北朝鮮への圧力が緩和されるべきだと評した。もっともこのような報道機関の推測は間違っている。というのも北朝鮮は後にこのステップ・バイ・ステップの接近法を改定したからである。彼らはもはや制裁問題には関心を持たなくなった。

というのも米朝会談がデッドロックに乗り上げ、制裁体制が続き、ロ朝首脳会談で議論されたことは根拠を失ったからである。とりわけ経済企画分野でそうである。しかしこの問題は首脳会談ではたまたま触れられただけであった。ロシアの大統領はこれらの企画の発展可能性をたまたま述べただけであった。彼はまた鉄道連結とパイプラインの半島通過問題を理論上は述べた。しかしこの南北間を巡る三国関係の企画は、米国の立場と平壌の準備不足、特に韓国にその意思がないことから暗礁に乗り上げた。

首脳会談後は北朝鮮との政治対話が始まった。朝鮮外交のキーパーソンの一人である朝鮮最高人民会議と外務省の崔善姫次官が訪ロし、二〇一九年一一月にモスクワで戦略対話がはじまった。もっとも他の関係分野では進展は乏しかった。さらにはロシア公海での船舶の交流と関係した不愉快な紛争が発生した。数百の北朝鮮イカ釣り漁船が非合法に漁労を行ったからである。この問題も積年の問題であって、住民の抵抗も強まり、ついには銃撃事件を含む問題が起きた。ロシアの国境警備隊は二〇一九年九月一七日、日本海のロシアの排他的経済水域で北朝鮮の二隻の船と、一一隻のモーターボートを見つけた。そのうち一隻が発砲、四名を傷つけた。ロシア沿海地方国境警備隊当局は三隻の漁船と五隻のモーターボート、二六二名の密猟漁民を拘留した。非合法に捕まえた三万箱の烏賊箱などが確保された。密猟者は裁判にかかり、幾人かは実刑を受けた。ロシア国境警護局によれば、一六隻の漁船、三二八隻のボート、そして三七五四人の密猟者が二〇一九年に捕まったが、これは以前の五年分より一四倍も多かった。これは専門家の意見では、平壌が中国側に漁業権を売却したため、漁民が沿岸から移動してきたためであった。

制裁に加えて関係を阻害した要因はコロナウイルスであった。このため二〇二〇年以降は活動がすべて麻痺した。

ロシアは象徴的な友好の姿勢を北朝鮮指導部に示したのは確かである。二〇二〇年五月、金正思に「大祖国戦争一九四一－四五年戦勝七五周年記念メダル」が与えられたが、これは朝鮮民主主義人民共和国で亡くなり、埋葬されたソ連市民の記憶を永続させたことへの個人的貢献ゆえであった。また北朝鮮でのロシア人の墓と記念碑維持のためであった。しかしメダルの規定にはそのようなことは書かれていないことから、幾人かの専門家の意見は分かれた。

平壌の側でもロシアとの良い関係維持が公的にも示威された。ロシア大使館では、「中朝、朝ロ関係と協力関係は日々強化されている」といったやや異例な論文が五月に「今日の朝鮮」というサイトに現れた。「朝ロ関係は、友好、兄弟的な戦闘気分にあり、双方の期待に添うべく急速に発展している。祖先の特別の関心と努力により、朝ロ関係は新しいレベルに至っている。これは尊敬すべき金正恩元帥とプーチン大統領との特別な友情が新しい水準に至ったおかげである」。

平壌ではまた二〇二〇年七月に、プーチン大統領の最初の訪朝と基本的宣言締結の二〇周年が祝われた。

第16章　袋小路からの脱出の試み——北朝鮮との経済協力

二〇一四年までの限定的な協力計画

ソ連崩壊後三〇年間、近隣国北朝鮮との協力関係は危機のために、相互の経済的な相補性にかかわらず、ほとんど展開されなかった。政府の経済計画は利益のなさと、財源不足とにより停止された。北朝鮮輸出用の商品需要は、ロシア経済のペレストロイカによって急落した。ロシアのビジネスは北朝鮮に輸出する気分にはとてもなれなかったが、それは高いリスクのせいだった（支払いの遅れ、紛争、誤解）。北朝鮮は主として中国や他国経由でロシアからの商品を買ったものの、しかしロシアとの直接貿易は「紙上」では年間一億ドル以下であった。

二〇〇〇年代最初の一〇年の後半に状況が悪化したのは第一三章で述べたように制裁のせいであった。北朝鮮との関係は毎年高リスクとなり、外資が関係するようなロシアの真面目な集団は、それを回避した。唯一経済協力企画として残ったのは、羅津を通じたトランジット企画とロシアでの労働力利用のみであった。

しかしそれでもグローバリゼーションが広がる世界のなかで、隣同士の経済関係は孤立しており、特に政治的理由があるとはいうものの正常とはいえない。たとえば中国は政治的理由があるからといって北朝鮮への投資をやめたわけではなく、積極的に投資し、多くの重要な輸出部門を統制している。

相互作用の潜在力は大きくはなく、それはロシアには特別な利益をもたらさない、なぜならソ連期の協力は一方的であって北朝鮮は利益を得ていただけだからという議論は批判を免れない。というのもロシアは北朝鮮の多くの重要地下資源を求めており、その労働資源（ロシアが資材を提供した可能なアウトソーシング、IT幹部の利用）、またトランジットの可能性がある。また北朝鮮は、ロシアの機械製造業、テクノロジー、エネルギーにとっては良い販売市場、そして可能性としては農業・漁業分野での協力が可能となろう。以上述べた協力案件は相互に資することに加え、凍結した案件も相互に利益となる可能性がある。

それと同時に、たとえ制裁が解除されたとしても、客観的には北朝鮮投資のリスクの高さも、経済をオープンなものとしない国内政策もあって、二国協力案件は限られたものとなる。

一九九〇年半ばからロシアは、韓国、北朝鮮、ロシアの三国協力案件を提案している。これは単に関係諸国にとって利益となるだけでなく、この地域での「世界的なインフラ」を作り出すことにもなる。それは北朝鮮を地域の労働分業、投資と技術的資源に組み込み、労働市場を作り、国際協力の基盤を作り、地域的価値（サプライ）の連鎖を作り、経済の技術的水準を高め、経済の現代化を図ることになる。このことはロシアにとっても極東での隣人との新しい経済協力関係には有益である。

このような朝鮮半島の両国を巻き込む企画としては、シベリア横断鉄道と南北朝鮮の鉄道連結、北朝鮮を経由したガスの韓国へのパイプライン、またロシア電力の朝鮮半島への供給、が考えられる。もっとも政治状況もあってこのような企画はまだ始まってはいない。北朝鮮との協力は二国間関係に傾斜しており、モスクワが制裁に関与したことによってその数も減少している。

労働移動

ロシア極東には労働力不足だが、他方北朝鮮には余剰労働がある。従って両国は相補的役割があるはずである。北朝鮮の労働力はほかの労働力移動と比しても明確な利点があるのも事実だ。「植民化」を恐れる中国人ほどには地元住民にアレルギーはない。また北朝鮮労働者には中央アジアからの外国人労働者ほど宗教的な帰属感もない。また犯罪率も低い。二〇一七年には三万二〇〇〇人以上の労働者がロシアで働いていた。そのうち四%の一万四〇〇〇名が極東にて働いていた。残りはロシアの大都会である。最低七〇%以上が建設部門と家屋の修繕にあり、残りは漁労、農業、そして森林伐採に従事していた。

朝鮮人労働者の平均賃金は三〇〇ドル平均と相対的には安いものの、それでも地元で働くか、中国で働くよりは高い。ロシアで働くためには五〇〇－七〇〇ドルの代金か賄賂が必要だが、ちなみに中国では二〇〇ドルですむ。ロシアで平均二－三年の勤労を終えると、間接的には収入の五－七割を国家貢納金として納めるものの、それでも北朝鮮の基準ではこの金は相当なものとなり、期間が終わると二〇〇〇－四〇〇〇ドルを持って帰国できる。これらの資金で、家族経営の小売りの商店を始めるとか、レストラン、裁縫作業場、医療、また子供の教育費に充てることもできる。

しかし西側では、ロシアでの北朝鮮労働は否定的に扱われる。国連で北朝鮮の人権問題が論じられることもあってモスクワでは抑制気味であるし、西側で批判を招いてきたのは、外国人労働者の入国、出国、そして滞在の法令に関しての平壌との合意であった。ロシアが北朝鮮側による移民と亡命を認めないという要求に屈したというのである。このような実情だから西側での北朝鮮に対する敵対者を満足させることはなかった。

しかしもっと重要なことは北朝鮮の労働輸出は、二〇一九年までは核計画などをふくめた北朝鮮国家の収入の大きな源泉ともなってきたことである。そして同時にこの国でのロシアの立場を強めた。国連安保理でのこの問題での決議を緩和しようというロシアの外交官の努力にもかかわらず、その緩和には失敗した。二〇一九年末の国連決議二三九七でロシアは北朝鮮の「収入を得る者」を追放せざるを得なくなった。もっとも一定数の労働者は非合法に働く可能性を得たようだ。だれも北朝鮮労働者の生活水準の低下や、北朝鮮労働者が起業家階級形成の収入源となったり、経済のマーケット化へ貢献したことには気にもとめなかった。彼らの家族の収入も低下したのである。平壌勤務のロシア外交官によれば、一人の労働者は三人－一〇名の親戚を扶養しているという。

「ハサン－羅津」プロジェクト

国際鉄道の通過計画は北朝鮮におけるロシアの最も重要な投資計画となっている。ロシア側の投資計画は、価格は各年度のレートによっているが、三億四〇〇〇万ドルにも達する。このプロジェクトは南北の鉄道連結をシベリア鉄道へと結ぶ大陸間横断という「地球的」計画の「パイロット」企画として位置づけられている。ロシアにとっては、専門家の意見では、この機会は南北朝鮮の鉄道連結を再興してこれをシベリア鉄道に結びつけることにより、

―ヨーロッパとアジアとの自然な「橋」をつくることでアジア太平洋での貿易と経済関係上のロシアの影響力の強化をはかり
―シベリア横断鉄道の貨物量を増大させ、ロシア鉄道ホールディンク会社の市場的立場の強化を図り
―アジア太平洋諸国との関係改善とロシアの地域での影響力を強化し
―あたらしい実効的運送会社を創設することで競争を発展させ実効的運送サービスを向上し
―極東において北朝鮮でのインフラの建設と作動のためのロシア人専門家の付加的業務を作り出すことになる。

北朝鮮にとってもこの企画の利点とは、
―対外投資による国の交通インフラの現代化
―北朝鮮市民への付加的な収入と職業、合弁事業から発するインフラのレンタル収入、そして合弁での資本参加からくる配当収入
―韓国との経済的輸送的な関係の定着と復興
―国の国際市場関係の回復と北朝鮮の投資魅力の増加
が考えられる。

この企画の計画実施への合意は、プーチンと金正日との二〇〇一年合意にさかのぼる。北朝鮮との関係改善の当時の雰囲気もあり、羅津での韓国貨物のトランジットのロシア施設を作ることにより、それをヨーロッパに送るという計画は多方面に期待を抱かせた。二〇〇六年三月のフィージビリティ研究をへて、ロシア鉄道会社と北朝鮮鉄道省とは主要幹線の現代化計画に署名した。二〇〇八年四月二四日の協力合意書によれば、「羅先コントランス」という合弁会社が企画の推進のためにできた。それは株式会社「ロシ

ア鉄道通商館」と羅津港とで七割三割の比率で作られた。

国境駅ハサン（豆満江港）と羅津港との間でロシア・ゲージでの五四キロの鉄道が敷かれ、その輸送能力は一日一二以上の連結列車とされた。いまや羅津の港湾は一四ヘクタールあり、ターミナルも現代化され、荷物積み下ろしと石炭積み出しの多目的の複合体が存在している。凍結しない波止場では五万トン級の大型船が二艘同時に利用できる。現時点では、港湾の石炭の積み出し能力は年間五〇〇万トン以上とされる。

ソウルは当初関心を示したが、その後李明博政権が政権に就いた二〇〇八年初めから、北との関係悪化のために関心が減退した。その結果として、南から羅津を通じたヨーロッパ向けのコンテナー数は低下し、企画は再度調整され、主として石炭の船荷となった。このことは企画の経済指標を悪化させ、これに伴う環境問題など朝鮮側との紛争を生じた。

二〇一三年九月二二日、ハサン駅から羅津駅への鉄道の利用開始の記念行事がとり行われ、二〇一四年七月一八日には、羅津総合ターミナルが完成した。その後ロシアの積極的な姿勢もあり、二〇一三年のロ韓首脳会談でソウルは「成り行きに任せて」放置はしない方向で進めることが決められた。二〇一三年一一月、ロシア鉄道と韓国企業のコンソーシアムは、「ハサン－羅津」プロジェクトでの韓国の参加に関する研究の覚え書きに調印した。この企業体には鉄鋼会社ポスコ、韓国鉄道ホールディング社「コレイル」、そして荷物輸送会社の現代商船、が入っている。当初の見積もりでは、韓国からの投資額は「羅先コントランス」のロシア株式の四九％を買うことにより、南の投資は一億五〇〇〇万から二億ドルとなるはずだった。

二〇一四－一五年には韓国は三回、三〇万トンの石炭搭載を試み、企画の機能とインフラの詳細を研究した。しかし状況は国連安保理決議、とくに二三七五を採択したことにより複雑化した。ロシアは「ハサン－羅津」プロジェクトを国際的制裁から除外することには成功したが、それは北朝鮮以外で生産された石炭を輸送するということだった。

しかし米国とその同盟者は韓国も含めてより厳しい制裁を通知した。とくにソウルは韓国の港湾に入るのには北朝鮮に半年以上前に入港した船舶に限定という制裁を科したために、ロシアから羅津経由での韓国への石炭の輸出は不可能となった。二〇一六年三月には韓国政府は公式に、「ハサン－羅津」プロジェクトへの参加交渉を無期限に延期した。二〇一七年に権力についた文在寅政権も制裁の緩和をできなかった。韓国の計画への参加は、二〇一八－一九年にも検討されたものの参加の可能性は見えない。韓国の法律では事前に申請することなくして北朝鮮を訪問できず、韓国は計画に参加することはできなかった。

大統領特別代表のユーリー・トルトネフは、「われわれは朝鮮半島の緊張緩和の論理で二国間関係の枠で企画の発展を検討したが、この問題をいかに履行するかは南北朝鮮問題、その後の対話の進展いかんと直接関係しており、これは政治的観点から検討されなければならない。今日起きていることは、我々の観点からは非生産的であって、北朝鮮にたいし経済制裁が課されているものの、経済制裁が友好と協力を生み出すわけではない」といった。

企画は活動を続けており、ロシア炭を中国が輸入することを目的に、約六〇人のロシア人と一六〇名の北朝鮮労働者とが雇用されている。二〇一四年の石炭積み出しの開始以来、約五〇〇万トンの石炭が消費者にとどけられたが、それは二〇一四年に一二・九万トン、一五年に一一六・七万トン、一六年に一五二万二〇〇〇トン、そして二〇一七年には二五四万トンとなった。二〇一七年の利益率は二億三九〇〇万ルーブリ、つまり利益率二八％で、産業にとっては悪くない数字だ。

しかし二〇一七年のタフな制裁パッケージが科せられて以降、会社の公式的にみとめられた活動は事実上停止し、石炭供給ルートはこの道から外れ、北朝鮮とはコンタクトを避けるようになった。二〇一八年の第八回政府間委員会会議では、北朝鮮の「ハサン－羅津」プロジェクトは、もっぱら南北朝鮮の参加によって大きく左右されており、ロシアの北朝鮮大使も羅津からのロシアの石炭貿易は、国連安保理からの特別除外措置にもかかわらず、停止したと言った。「羅先コントランス」社は作業での許可証を国連制裁委員会から得ることを義務づけられており（単なる通行でいい場合は別だが）、多くのメンバー国、特に米国は、北朝鮮を「甘やかさ」ないし、あるいはロシアの立場を強化するムードにあるわけでない。彼らはしばしば企画の解決を阻止している。

経済協力での隘路からの脱出の試み

政治的な対立とロシア側の資金が限られていたにもかかわらず、協力面での停滞を打開する努力はなされてきた。とくに北朝鮮では「忍び寄る市場経済」が新たな機会を提供したことは事実である。とりわけ北朝鮮は経済上の主導的パワーとして中国にかわる国を模索してきた。金正恩政府は当初、貿易経済・技術協力の政府間委員会が重要なメカニズムであって、ロシアの共同代表である極東発展相、産業別委員会代表が重要な役割を演じてきた。しかし見返してみると二〇一六－一七年の制裁強化によって委員会の活動とその成果は無駄だった。しかしその間のロ朝協力の潜在性は大きく、もし制裁が解除されたら発達する予想を秘めている。

二〇一四年三月二五－二七日のA・ガルシカ代表団の派遣は、六五年の記念日とソ連、北朝鮮間の北朝鮮への経済協力協定と重なったが、分水嶺となった。この会議の結果として双方は相互の貿易関係を質的に引き上げることが緊急課題であることを承認したのである。二〇二〇年には一〇億ドルの水準になるはずであったが、ルーブル経済圏の国々と銀行間協力の問題を解決することを促すものとされた。

特別の注意が払われたのは朝鮮半島に関する三国間の協力企画であって、たとえば朝鮮半島の鉄道とシベリア鉄道との連結や、北朝鮮を経由したロシアのガスと電力の輸送問題であった。ロシア企業が開城工業団地に参加することも提起された。

その他双方が注目したのは、羅津港での荷積み複合体、北朝鮮採掘産業（「ポベダ社」企画）の現代化、「ベーシック（バゾボイ）・エレメント」社の民間自動車への基本計画、エネルギー企業の再建、である。

両国経済関係に関する委員会の組織構造を完成させ、二国間経済関係の契約・法的枠組みの改善を進めることでさらなるステップも合意された。労働資源動員の小委員会の設置、ロシア連邦極東発展省と北朝鮮の対外貿易相との部門間作業グループの協力について、また国際道路交通と市民の相互通行の準備を進めることも決められた。

この作業はユーリー・トルトネフ副首相の二〇一四年四月二八－九日の北朝鮮訪問中になされたが、このような高位の接触はかつてなかった。

二〇一四年六月、ウラジオストクでは第六回の政府間委員会の会議が行われた。ガルシカ極東開発大臣が注記したように「貿易量や投資協力はロシアと北朝鮮の能力や必要にみあっていない。そのことが二〇二〇年までに相互貿易を野心的な一〇億ドルに設定した理由である」。ガルシカがいうには、そのような問題を解決する方法は相互決済方式を改め、ロシア・ルーブル方式にすることである。ロシアと北朝鮮は輸出入の決済をルーブル建とし、銀行間の問題を決着した。二〇一四年六月には、北朝鮮銀行がロシア銀行のなかに電信口座を開設する最初の合意ができた。後に公開株式会社「地域発展銀行」と北朝鮮対外貿易銀行、朝鮮統一発展銀行の合意も調印できた。すべての必要な銀行間のインフラは整備され、まもなく実行に移された。

ガルシカ大臣は、「我々は北朝鮮の優先企画を支持する特別なメカニズムで合意した。このメカニズムは行政的な障害や問題を乗り越えるための政府間委員会の枠内で必要な合意に調印することからなる。決定はロシアの投資家のみになされた。中国をふくめた他の国の投資家は、ロシア側が得た原則的な接近をまだ持ってはいない。それが今日の交渉の大変有意義な結果である」と語った。彼は政府間委員会がこの企画を伴い、「個別にその論理的結果と現実的成果にいたる」と説明した。北朝鮮側は特別経済圏における投資の特別の条件を提起した。

最も重要な企画は公開株式会社「ロシア鉄道」、科学生産協会「モストビク」有限会社、「セーベルニー・プリイスキー」有限会社、「ベーシック・エレメント」グループ、「アルタイ・ミル」有限会社、公開株式会社「ファルマシンテズ」が発起人となった。もっとも顕著だったのは、共和国の鉄道を二〇年間で（二五〇億ドル規模で）現代化する企画だった。ロシアの大臣は、「ロシアは何も投資しない。これは相補的な商業企画であって、ロシアと朝鮮双方にとって利益となる。この場合ロシアの会社の支出は、北朝鮮のレア・アースと石炭といった天然資源へのアクセスでカバーされる」と語った。

双方は開城の工業団地、および新興の清津経済圏へのロシア投資家の国際化の可能性で合意に達したと語った。

まもなく北朝鮮は長期ビザとマルチ・ビザをロシア市民に初めて発行した。科学生産協会「モストビク」の雇用者がその最初のビザ取得者となった。北朝鮮がこのようなビザを外国人投資家に発行したことはかってなかった。投資家は立法的文書とコミュニケに排他的に始めてアクセスできたが、これは北朝鮮では極めて重要であった。

二〇一五年二月五日にロ朝ビジネス協議会が開始された。四月二五日には約四〇の組織が参加して朝鮮部の会合が行われた。双方の合同事業については、当初の課題は他国での合弁事業の履行に際して双方の不信を取り除くこととされ、協議会はその契約上の義務の保証人となるものとされた。北朝鮮やロシア企業からの応募書類は双方におくられ、また外国のパートナーに送付されるとされた。北側には、ロシア企業の北朝鮮での旅行計画が伝えられたが、それは極東からのビジネス関係者に意味があった。

二〇一五年四月の第七回政府間委員会会議で、協力を貿易、エネルギー、鉱山業に広げることになった。会議でもっとも議論されたのはロシアと北朝鮮の、とくに電力発電企画、特にロシアから北朝鮮の羅先経済特区への電力供給の企画を履行する問題であった。朝鮮側は、電力を羅先だけでなく、清津、端川、元山、金剛山国際ツーリズム地域にすることをロシア側に示唆した。みかえりは咸鏡北道《ハムギョンブクト》の穏城《オンソン》鉱山の銅鉱で支払うこととされた。公開株式会社「ロシア電力システム」は二〇〇〇万キロワットの風力発電所の企画を試行的に作ろうとした。一つは牛岩《ウアム》半島、もう一つは城亭端《ソンジョンダン》半島である。北朝鮮の水力発電所を現代化する企画も合弁事業で計画されたが、第三国の関与もロシア側から示唆された。

ガスプロムEP国際会社は北朝鮮と天然ガス発掘と利用との協力が示唆された。朝鮮の亜鉛産業・磁化クリンカー産業連合会社と「セーベルニー・プリイスキ」会社は、咸鏡南道の端川の資源を利用する可能性を示唆した。双方は、北朝鮮の鉱物資源インデクスを作ることを合意した。ロシア地質資源社は堆積物を商業的に発達させる展望、評価を提示するものとされた。北側でのタングステンやモリブデンの貯蔵である。稀覯金属、ニオビウム、タンタルム、ほかの高い液状ミネラル、また黄海や日本海の大陸棚の石油、ガスの地質学的利用、また採掘された鉱山の再評価、である。ザルベジネオロギア社の新データとアーカイブ資料に基づいて、北朝鮮の領域と大陸棚の地質的地球物理学的な発展計画の展望が予定された。「セーベル」会社グループと北側の「鉄金属輸出入会社」とは年間二〇〇〇万ドルの石炭提供と引き換えに、精錬用鋳鉄を定期的に提供する契約で合意した。

農業関連の産物への関心も表明された。ロシア農業監督委員会と北朝鮮の質保証国家委員会はロシアから北朝鮮に輸出される一六の野生動物と畜産物の獣医的保証を頭書した。北側はロシアからの豚と家禽類の肉類を輸入することに関心がある。ロシアの「スパスキー・ベーコン」社は、咸鏡北道でのサリボン養豚工場でロシアの餌を使って家畜生産を行った。この代理店は北朝鮮からロシアへの輸出を許可された業者となった。

双方は、北朝鮮の農工企業体を、アムール州や沿海地方、ハバロフスク地方で、第三国の投資を利用して北朝鮮に土地を賃貸する形での協力により作り出す可能性も検討した。双方は国境をまたいで自動車橋をつくる可能性も話し合った。

これらの両国の合意は一種の「生産物供与」協定であって、北朝鮮の天然資源利用と引き換えにロシアが投資と供給を保障するものだ。双方は、長期の困難な争点である労働移動や非合法な海上漁撈も話し合った。二〇一七年三月、平壌で第七回ロ朝合同委員会が開催され、政府間の双方の臨時労働活動についての決議の履行に関連する問題を解決する会議をおこなった。モスクワでも四月に非合法で未報告で、規制されない漁撈に関する政府間の協力合意を履行する実際が話し合われた。

同時に韓国側にも三国間会議に参加する形態を再検討するように呼びかけられた。こうして二〇一七年四月にはソウルでロシア極東発展相が、「羅先コントランス」企画が、もし三国が協力すると三国でも真に完全な三国企画となると発言した。「ロシアが韓国の参加を望むのは、原則問題で、長期で、そして非可逆的だ。すべては韓国次第だ」と語った。ソウルでは開城工業団地での三国間協力も話し合われた。そこではロシアのいくつかの企業が、開城工業団地の駐在となる計画も披露された。韓国のビジネス界にも開城企画が国際的性格を帯びることに関心を示した。この期間、ロシア極東の電力を羅先に供給する話や、ロシアと北朝鮮にまたがる豆満江港の舟橋建設や、その他も話し合われた。ロシアと北朝鮮の国境にかかる橋の建設のためのロシア人作業グループも形成された。「統一電力システム」公開株式会社は羅先貿易経済圏への電力提供企画を発達させた。二〇一五年にはこれは現実の計画となった。フィージビリティ調査に加え、エネルギー部門は再生可能な発電装置のための風力測定機を設置し、風力気象資料を集めた。朝鮮側は水力発電所の現代化計画についても援助を要請してきたが、発電効率の改善をめざすものであった。

現物と財政的協力の相互関係を利用して、ロシアの「セーベル」社グループと北の金策《キムチェク》名称冶金工場〔金策は金日成のパルチザン仲間の名〕は月に二〇〇万ドルの結果を達成した。セーベル社側は、金策冶金工場との合弁も稼働した。セーベル社グループは、ほかの北の企業も同様な仕組みでお互いに利益となるスキームでの協力を始めた。

二〇一五年一〇月、ロシアと北朝鮮とは第三国を巻き込んだ貿易の取引高を分析することでの基本合意に達した。この時期中華人民共和国から北朝鮮への輸出の九〇億ドルの三分一はロシア製の産品であった。第三国の仲介を最低限に排除したロシアから北朝鮮への産品仲介は商品価格を安くするだけでなく、供給物の質を高めることになる。

北朝鮮側はロシア・ビジネス界が提案した平壌にロシア代表者をふくめた国際貿易事務所をつくること

に賛意を表明した。ウラジオストクの自由港に、ロシアと北朝鮮の双方の首都に支部をもうけたような通商館を作るというロシア極東代表部の支持する提案を投資の呼び込みと輸出振興のために作る。朝鮮側は制裁措置で禁じられている金融的決着の必要ない方式による商品流通を拡大する。つまり現実にバーター取引で行うと取り扱いが大きくなる。彼らはロシア極東発展省に通商館を通じて行う輸出品のリストを提示してきた。つまり食糧品、建設資材、医薬や医療品、香水、衣料品、電気製品、工芸品、靴、芸術品の類いである。しかしながら国境を越える商品の未解決な関税問題があり、またほかの理由もあって、そのような枠組みはできなかった。二〇一六－一七年、ロシアと北朝鮮はほとんどすべての経済企画を停止し、直接、および第三国を経由した間接の貿易高は数億ドルに換算されたが、次第に衰退した。ロシアの大企業は、西側の第二次制裁を心配して北との協力を危惧した。

制裁期の停滞

二〇一七年を通じた前例のないほど激しい国連制裁にロシアが参加したことで根本的に状況は変わった。計画された企画は全く遂行ができなかった。それはもっとも厳しい国連決議二三九七のあとの二〇一八年三月二一－二五日の政府間委員会会議で明らかとなった。採択された決議は経済協力をほとんど禁止し、協力は実質的に無意味となった。たとえばこの直前の、北朝鮮企業の一〇人のトップによるビジネス使節がアムール州やハバロフスク、沿海地方を訪れたものの、はたしてどのような協力が可能であっただろうか。ほとんどすべての企画は制裁の対象となったからである。

会議に先立って、ロシア側は忠告せざるを得なかったが、「ロシア連邦は国際活動での責任ある参加者である。それ故北朝鮮との貿易や経済的結びつきは、国連安保理の枠内で議論される。ロシア側は北朝鮮との貿易経済、文化協力をこの枠内で議論することを望んでいる」。

しかし国連の接近法は、ロシア側代表者がおそらく意識していたように、北朝鮮の「行動を改める」ために制裁するのではなく、それを窒息させるためにおこなっているということだった。それゆえ、この国との関係やコンタクトは定義上非難に値するものとなる。その例外は純粋に示威効果がある人道主義的企画のみだ。その企画に外国が参加すれば悪意ある関心の標的となり、第二次制裁も可能となる。ロシアはといえば許容される結びつけを維持しようとした。たとえば、同年九月の東方経済フォーラムでは北朝鮮の観光のプレゼンを組織されるように招待された。政府間委員会会議ではロシア側共同議長のA・ガルシカは、「両国間関係で成長が期待できるものは観光だ。ロシアの貴国への関心は高い。我々の協力年の記念として、記念日に合わせたイベントを作るだけでなく、政府でもロシア市民へのビザ簡素化を考えたらどうか」。

この会議では政府間の協力の組織化として、電力エネルギー分野の協力や木材伐採企業や科学技術協力に関する委員会の組織があげられた。「我々は両国間関係の進展の目的で企画を展開してきたし、朝鮮半島の緊張緩和目的で考えている。しかしこれらがいかに実現されるかは、直接国際関係、南北関係いかんだ。これは複雑な問題で、政治的観点から処理されなければならない。今日起きていることは、私の立場では非生産的だ。北朝鮮には経済制裁が課されている。しかし経済制裁によって友好と協力とを生むことはない」とユーリー・トルトネフはコメントした。

上述の「ハサン－羅津」プロジェクトは例外だったが、のこりのすべての計画は停止した。相互貿易は停止したのは、金融的支払の処理ができなかったからである。ロシアは北朝鮮に、国連の安保理決議で許された二〇一九年で約三万三〇〇〇トンのみの石油製品のみが提供できた。しかしこの枠ですら、北朝鮮の敵は、非合法な手段でこの定められた枠を超えていると、この提供すら妨害した。北朝鮮からの合法的な輸入は停止した。コロナウイルスのパンデミックがすべての経済活動を停止した。

ロシアはしかし、隣人への人道援助は続けてきた。二〇一九－二〇年の間、ロシアは最大の人道援助の提供国となった。八〇〇〇トンの小麦が北朝鮮に送られた。これは国連世界食糧計画の枠内で実行された。平壌の世界食糧計画事務所は二〇一九年の北朝鮮への穀物総量が八〇〇万ドルと見積もった。二〇二〇年五月にもロシアからの人道援助は穀物二五〇〇〇トンが送付された。

結語

朝鮮半島は依然として「乱気流」圏から逃れることはできていない。その未来には多くの新しい政治経済的変動、大小の危機や激化が予期されている。とりわけ核抑止という要素に加え、中ロの確固たる立場によって多分、大戦争は抑止されよう。しかしながらたとえ小さな紛争であってもエスカレートすることで、意図しない軍事的危機が生じたり、予期しない衝突が起こりうるのだ。

同時に、逆説的ではあるが、双方とも軍事的手段によって紛争での現実的目標を達成することはできないのである。平壌の体制を打倒し、北朝鮮を崩壊させようという米国の目標は、自分自身の犠牲をともわなくしてはあり得ない。韓国は自己の主導下に祖国を統一すると言うことは見果てぬ夢となった。平壌の巨大な夢もまたそれを実現することはほとんど機会が無い。軍事的紛争は、日本も、中国も、ロシアものぞまぬことである。

他の当該関係国にとって望ましいこともありそうにはない。北朝鮮は自己の核計画を放棄することなくして米国からの承認を得ることもなく、国際社会での根本的再編成がおきようともそうである。自己の近隣の反抗的な隣人である北朝鮮を自己の利益に応えるようなより従順なものにすることをのぞんではいるが、しかし北朝鮮の政治体制の根本改革がなくしてはあり得ようもないし、事実そのことは現在、検討課題ですらない。ロシアは近隣の地域での安定をのぞんではいるが、旧ソ連邦のような庇護者の役割を演じる力も手段も、持ち合わせてはいない。

こうして交渉は停滞したが、いつの日かこれが再開することがあるかもしれない。

原則的にはこうして「平和でもなく、戦争でもない」状況が持続し、双方が長引く交渉でえうことはないものの、北朝鮮が大量破壊兵器の潜在的な蓄積をやめるか、象徴的な制限に踏み切ったとしたら関係諸国にとっては都合いい状況が出現しよう。

このような「対立的な安定」とでも言うべき危機の状況は、予測できる将来のなかでは最悪の選択肢のなかでは最善のモデルなのだろう。

二つのコリアをめぐる関係について言えば、その共存の方式をめぐって、少なくとも一〇年から一五年はまたなければならない。その間に方式はなかったとしても、少なくともその前提条件が出きるかもしれない。

ここでの導かれる結論は以下のようなものである。ここで達成された利益の対立的バランスとは、いわば過渡的な半端なものである。廃れた長期的な過程の結果なのであり、確立するのにも長い時間がかかった。それにくわえて、その主役の一人である米国にとっては東アジアを自己の統制のもとで中国に対抗する舞台として、「管理されたカオス」とすることは悪くないものである。

朝鮮半島を別の形で解決するには、妥協と利益のバランスの目的志向的な調整にしたがってやる以外には道がない。そのこと以外には誰も関心がないのだ。米国や韓国にとっては、「金一族体制」と北朝鮮の核保有を正当化することには妥協できない。

その意味では東アジアにおける「大国間協調」にはまだ道は遠い。このことのためには、北朝鮮は完全に非核化し、以前の方針を放棄し、たとえば北朝鮮が国家としての主体を捨てて、韓国の保護国化するといった完全な方針転換が最低必要だ。あるいは、米国が現状を再認識して、その外交パラダイムを転換し、朝鮮事情に関与することを拒否する、とかである。しかしその双方とも考えられそうにない。

ロシアの外交もこの嵐の波のなかで長期的視座をもって対処するしかない。この正しい航路のためには、歴史的経験を積むか、伝統や心理といった国の特性に慣れる必要がある。筆者はこの朝鮮半島問題の理解に貢献することを願っている。

解題

本書『現代コリア、乱気流下の変容　2008－2023』はロシアを代表する朝鮮半島研究者アナトーリー・ワシリエヴィチ・トルクノフ氏、つまりロシア連邦外務省付属のモスクワ国際関係大学学長らの研究チームが二〇二一年はじめに出版した南北朝鮮のパラレルな現代分析を翻訳したものである。

この著作の重要性について、筆者は二〇二二年はじめ国際問題研究所での第八回朝鮮半島研究会（小此木政夫主査）で報告を行った。本解題はその後二年間におきた変化をも加味して書き直したものである。もっともこの二年間の変化は決して小さいものではない。二〇二二年二月二四日に始まるロシアの「特別軍事作戦」という名の戦争がもたらしたグローバル政治の大転換によってこの作業は中断したが、二三年を通してロシアだけでなく北朝鮮で今起きている状況も考慮、加筆した。読者の寛容と批評を請う次第である。

第一に、このような著作が日本で出版されるにあたって、ソ連崩壊とその後三〇年にわたるロシアと朝鮮半島との関係について触れることで、彼らがなぜ南北双方を俯瞰した朝鮮半島の「パラレル・ヒストリー」に至りついたかを触れてみたい。米国では冷戦後、著名なジャーナリスト、ドン・オーバードーフアー氏らが『二つのコリア――国際政治の中の朝鮮半島』（共同通信社、二〇一五）を出して以来、南北朝鮮を同一のフォーマットでパラレルに分析するという試みが始まった。本書はこの試みを、いわばもう一つの史料の宝庫であるロシア連邦側の史料・情報を読み解くことで行った著作である。以前の一九四五年から二〇〇七年までの版、トルクノフ、V・I・デニソフらの Koreisikii Poluostrovov:metamorfozy poslevoennie istorii（『現代朝鮮の興亡――ロシアから見た朝鮮半島現代史』明石書店、二〇一三）を出版紹介したが、本書はその後の展開を現代まで拡張した性格をもつ。

もっともこのような視点にたどり着くには、ソ連崩壊という未曾有の経験を経て、ロシアがいわば朝鮮半島との新たな関係を持つに至ったが、その過程では幾多の試練を経なければならなかった。

第二次世界大戦末期にソ連が米国とともに戦後のグローバルな構想をえがくなかで、帝国日本敗北後の朝鮮半島問題がしだいに米ソ間での確執と対立を伴う主題となる。それが一九四五年八月に便宜的に引かれた三八度という分断線に基づいて、ついには相互にイデオロギー的にも相容れない南北ふたつの政府を生み出した。さらには一九五〇年六月に始まった三年間の朝鮮戦争によって、それぞれ米ソ、それにうまれたばかりの毛沢東中国をも巻き込む熱戦が展開され、分断はより深刻化した。スターリン死後の五三年七月の停戦でようやく分断が軍事的に凍結・固定された事情は、筆者が監訳したトルクノフ教授が編集したロシア側の史料をもとに編集された『朝鮮戦争の謎と真実――金日成、スターリン、毛沢東の機密電報による』（草思社、二〇〇一）に触れている。

その後も事態はねじれた展開を辿ってきたことがソ連崩壊後のロシア史料から知られるようになった。一九五六年フルシチョフ第一書記の二月末のスターリン批判後、朝鮮労働党党内の中国派の崔昌益・朴昌玉副首相らが金日成の「個人崇拝」への反発から八月宗派事件でその独裁批判を行った。しかし皮肉なことにその秋のハンガリーなどでの民主化動乱が中ソ両党を結束させ、金日成の党内抑圧と独裁を結果的に放置した。そのこともあって北朝鮮では一九五八年の中国人民志願軍の撤退後、金一族の支配はより精緻化し、「主体」体制を完成させた。二一世紀になってロシア史料から日米中の研究者が発掘した東アジア冷戦の隠れたページであった（下斗米『モスクワと金日成――冷戦の中の北朝鮮1945－1961』岩波書店、二〇〇六、沈志華『最後の「天朝」』（上）（下）岩波書店、二〇一六）。こうして金日成による主体体制が確立する一方で、南では一九六〇年のクーデターで軍部の朴正熙による開発独裁から、これに対抗する民主化運動が成立した経緯はよく知られている。

なかでも一九八五年に始まるゴルバチョフのペレストロイカでソ連の外交・安保政策が大転換をとげ、一九八八年のソウル五輪を前に、当時のゴルバチョフ・ブレーンであったプリマコフＩＭＥＭＯ所長らがソウルを訪問、韓国とソ連との国交回復に至る交渉が本格化した。一九九〇年にはソ連と韓国は国交を結び、その二年後には中華人民共和国も同様国交に至った。そうした経過のなか、周知のように一九九一年八月反ゴルバチョフ・クーデターが失敗し、一二月にソ連が崩壊したことで金日成体制はソ連保守派の支えを失った。

一九九二年以降ロシアでは当時の親欧米路線を反映して、ロシア外務省、とくに日本研究者でもあったクナッゼ次官らは平壌との関係を捨て、親韓路線を追求した。この過程で朝鮮戦争停戦五〇年を記念した一九九四年、エリツィン大統領は朝鮮戦争関連文書を関係諸国に解禁、これは先のトルクノフによる朝鮮戦争論の基礎史料となった。それまで朝鮮戦争の開戦をめぐる日本を含む世界の冷戦史の大論争に決着がついた。つまり中国革命に刺激を受けた北朝鮮の金日成のたっての要請で、スターリンと毛沢東が開戦を支持した歴史的経緯が明るみにでた。この史料が開示された直後の一九九四年に金日成が亡くなったことは決して偶然とはいえそうになかった。

もっとも一九九六年クリントン大統領の進めたNATO東方拡大の余波もあってエリツィンの親欧米路線に行き詰まりが見えると、ロシアの親韓路線には重要な変更が加えられる。他ならぬ一月にアジア通のプリマコフが外相となると、韓国と北朝鮮とのバランスをはかる路線にシフトする。ちなみに彼が同時にウクライナ＝ロシアの黒海艦隊共同管理合意を行ったことにも注目したい。こうした流れのなかで、二〇〇〇年にエリツィンの後継指名大統領となったウラジーミル・プーチンが沖縄サミット直前に平壌を首脳として初訪問、南北双方のバランス外交はプーチン政権の国是ともなり始める。

しかもそれは単なるロシア外交の変針だけではなく、何よりも韓国の民主化の影響もあって冷戦期は異論派だった金大中政権が北との和解をめざす南北対話が本格化する。この南北和解の流れもあって二〇〇三年には日米韓と中ロ北朝鮮との六者協議体制ができた。

だがしかし北朝鮮ではこの路線は国内体制の改革を意味しなかった。金正日のもとで、独自核をめざす動きが表面化したことは本書の第一部第一章の中心ともなっている。しかも二〇一一年末には病気で金正日総書記が死去、金正恩が権力を継承する。改革期待が一部ではあったものの、権力の所在と運用のメカニズムは不変であった。かれらは中国流の改革開放路線も拒否し、これを内部で主張した張成沢らは粛清された（第二章）。

ロシアにおける朝鮮学

第二に、ロシアの朝鮮学の背景にふれる。朝鮮半島での政治、国際関係の変容をめぐる状況の解明にとっては、なによりロシアの旧ソ連共産党文書公開が大きな刺激となった。北朝鮮学への新しい研究が日米

は一九九六－二〇〇〇年
や韓国勤務の外交官から研

第三として、本書の内容は読
路線とも違った南北朝鮮、ことに
てグローバル秩序の転換が孤立主義
その結
果を利用し、自己の国内に隔離した中
二〇〇八年以
降の「雪解け」は偽りだった、北朝鮮は
であるといった評価
に改めて注意が向く。

なかでも本書のもっとも衝撃的なテーゼ
ーラだけでなく、北朝鮮の新資本
家層も解放を望んではいないという主張であ
か、朝鮮半島での軍事政治情勢は対抗的な
手詰まりを生み出しており、その結果孤立して
るという逆説を生んだという。ここから二〇一三
年末の南北統一政策放棄が導き出されたのかもしれない。また著者らは非核化にも否定的だ（三三一頁）。

本書の構成

全体は三部構成からなる。第一部の「二つのコリア――分岐する発展経路（二〇〇七－二〇一〇）」では第一章で金正日体制の黄昏と先軍政治の反動、二〇〇九年通貨改革＝中産階級からの「略奪」を指摘、またもっとも刺激的な第二章の「北朝鮮での金正恩時代の始まり――政治統合」では、二〇一一年一二月の「君主的な権力掌握」、そして軍への攻撃と労働党権力の復活、軍民の併進路線の展開、が語られる。なか

でもハイライトは親中的な改革派張成沢の失脚・粛清、兄正男の粛清とその後の安定、トランプとのハノイ交渉の挫折、核ミサイルへの傾斜への分析である。コロナ危機と孤立、金与正の台頭が注目できる。第三章では当初の「改革ごっこ」が挫折、核戦力創設と経済発達の中で、「中国の道」はとらない、と「戦時共産主義への回帰」が語られている。第七章「南北朝鮮関係──上昇と下降」では、「リベラルな十年」から新冷戦への転換の諸相に触れられる。とくに北の核ミサイルと分断問題が二つのキーであって、北の核抑止力は絶対条件となり、韓国保守政権との「氷河期」へ（李明博、朴槿恵）、そして文在寅のリベラル政権の台頭や文正仁らリアリスト・ブレーンの存在の指摘も興味深い。

しかしその後はトランプ大統領と金正恩とのつばぜり合いがつづくなか、二〇一八年平昌五輪（金与正の役割）とミサイル開発、またトランプとの和解期待からの南北デタントが暗転し、二〇一九－二〇年のハノイ会議後は幻滅、それが二〇年半ばには本格的対立へと至った経緯がしめさせれる。

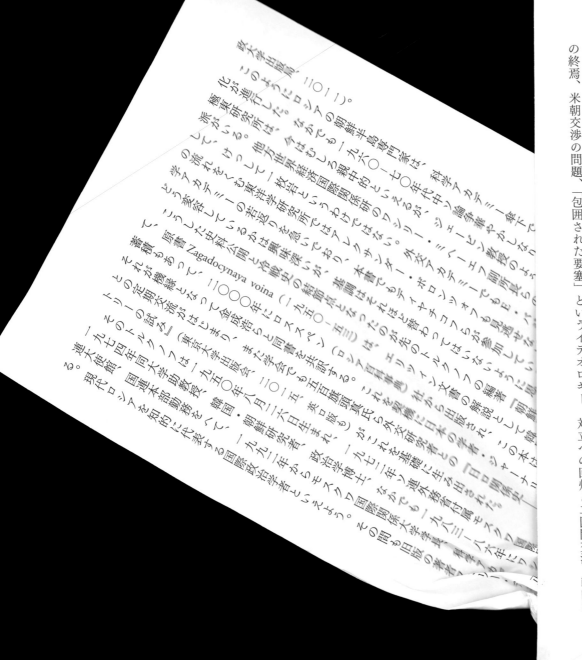

なかでも白眉は、第二部の朝鮮半島の核・ミサイル問題を扱う章であろう。第八章では、核兵器を保持し続けることが北にとって不可避的な結論であると、二〇〇三年のNPT体制離脱、二〇〇五年核兵器の保有宣言、二〇〇六年核実験実施の経緯が示される。韓国リベラルが見た関与政策による体制変容は幻想であった。金正恩時代になると核・ミサイル計画は新しい段階、二〇一八年初期には、北朝鮮の核工業は二〇もの核施設、六〇発の核兵器をもっていると推測している。二〇一六年から一七年一一月にかけて七六発の弾道ミサイル開発が行われた背景にウクライナのユジマシ（南部機械工廠）との関係があるとの指摘も、世界的には報道されたとはいえ、重要だ（一八五頁）。

第九章では、北朝鮮のオバマ大統領と李明博との高まる反目期の多国間・二国間外交、つまり六者協議の終焉、米朝交渉の問題、「包囲された要塞」というイデオロギー、対立への回帰と二国間交渉、戦略的忍耐でオバマの無策、が指摘される。第一〇章では、対決の新段階(二〇一二‐二〇一七年)として、二〇一二年改憲での核保有宣言をし、二〇一六‐一七年のエスカレーション、つまり水爆とＩＣＢＭ保有の声明、またトランプ大統領との「ロケットマン」の応酬に触れている。

これに対し第二部の後半では韓国との交流が焦点となり、第一一章では緩和と停滞が、平昌五輪の効果、リベラルな文政権とのサミット(五月)をへてシンガポールでの米朝首脳会談にいたる過程が一瞥される。しかしハノイでの挫折をうけた外交的停滞と反動、停滞する外交、なによりコロナ危機のインパクトが触れられる。第一二章では北東アジアにおける集団安全保障システムの基盤としての六者協議の利点が、ロシア人らしく非核化メカニズムというより、アジアでの集団的安保の観点からとかれる。

第三部ではロシア外交での朝鮮半島政策が指摘されるが正直言って声明レベルの祖述にとどまっている。ロシア外交のジレンマとはアジアでも弱くなったパワー、また半島へのテコの不在、そして北朝鮮への制裁参加がもたらすジレンマ、が指摘される。つまり核不拡散の観点から欧米と協調すれば、ロシア独自の梃子が失われると言うことだ。もちろん、第一四章で描くように、この袋小路からの脱出の試みとして北朝鮮との経済協力、とくに朝鮮半島の両国を巻き込む企画としては、シベリア横断鉄道と南北朝鮮の鉄道連結、北朝鮮を経由したガスの韓国へのパイプライン、またロシア電力の朝鮮半島への供給といったインフラ投資が考えられた。もっともロシアの経済力の限界もあり、また政治状況もあってこのような企画は始まってはいない。このかん、労働力移動は、北朝鮮労働者が起業家階級形成の収入源となったり、経済のマーケット化へ貢献したとある。ウクライナの南部にこの労働力がどのようなインパクトを与えられるかはこれからの注目点だ。

最後に展望が語られる。朝鮮半島が「乱気流地帯」から脱却するにはまだほど遠いといえる。原則として、「平和でも、戦争でもない」というこの状況は、つまりは当事者が「何もならない」という退屈な交渉に従事していることであるが、それでも安定性が維持されている。その種の「対立的な安定」とは深刻な危機よりも好ましく、おそらく悪い選択肢の中では最良であるともいえよう。米国は、中国に対抗するための重要な「行動舞台」であり続ける東アジアを、自己の支配下におく「操作可能な混沌」に明らかに反対してはいない。

朝鮮問題解決という任務を設定した場合、妥協と利益の均衡を図ることを意図的に探す以外に方法はない。しかしこのことに特に興味を持っているものは誰もいないのだ。

最後に本解題は、主としてウクライナ戦争下でこの本を出す意義、とくに紛争の解決の見通し、ないしは「凍結」の模索のなか、とくにクリミアやドンバスといった紛争地域をめぐる「朝鮮半島シナリオ」、紛争凍結方式が注目されるなかで出版されることの意味を考える。

ウクライナ戦争という文脈である。ロシアとウクライナのソ連崩壊後の両国関係だけでも十分複雑であるが、そのうえに米国のすすめたNATO東方拡大が、米ロ関係を緊張に導いた。西ウクライナのカトリック的なガリツィア（ハリチナ）地方と、正教文化でロシア語話者が多い東南ウクライナとのいわばハイブリッドなウクライナ国家の分裂が、ついにいわば「文明の衝突」に至った。二〇一四年からの内戦的展開が、ミンスク合意の不発、そして二〇二二年二月二四日からのプーチン戦争（特別軍事作戦）へといたり、「ゼレンスキー・ライン」をめぐる消耗戦となった。

こうした内戦というウクライナ紛争の一種の解決＝凍結・解決方式として、今アジアでの「朝鮮半島モデル」が注目されている。二〇二二年九月末にプーチンがドンバス四州併合と部分的動員で消耗戦に転じた段階で、彼らの頭に朝鮮半島での分割がどうやら想定された。ウクライナ軍とロシア軍が決定的な軍事的勝利による解決に至らなかったことから分断を凍結するという意味での朝鮮半島モデルが、紛争当事者双方だけでなく欧米や中国でも言われ出した。二三年一月には、ウクライナ指導者間でも「朝鮮半島モデル」がダニロフ国家安全保障防衛会議書記とアレストビッチ大統領府顧問との論争に発展し、後者の辞任にいたったようである。日本でも昨年三月に日本国際問題研究所が出した『大国間競争時代のロシア』に論及されている。

もっともロシアの政治学者イアン・ティモフェーエフも指摘するが、ウクライナ戦争後のロシアを「大きな北朝鮮」と考えることは、ウクライナを「韓国」とのアナロジーで考えること同様にあまり当を得た考えとは言いがたい。それでもこの複雑な紛争を、一九九一年末のウクライナとロシアとの新興両国家の「国境紛争」から考え、当初両国が国是としたはずの中立の大義に戻って考察するに際して、朝鮮半島の紛争凍結、分断と統合の関係史をもふまえることはとくに現在必要でもあろう。ロシアとウクライナとの将来を議論することはここでの主題ではないが、本書の出版にさいしてこのことも念頭に置かれている。

下斗米伸夫

文献一覧

・ロシア文献

Asmolov K.V., *Korean Political Culture: Traditions and Transformation. 2nd ed.*, M.: Publisher of Dmitry Pozharsky University, 2017. 704 p.

Denisova V.I., Zhebina A.Z. *Korean Settlement and Russia's Interests*, Institute of the Far East of the Russian Academy of Sciences, Center for Korean Studies; ed. V. I. Denisow, A. Z. Zhebina. M.: Rus. panorama, 2008.

Zabrovskaya L. M., *Strategy and Main Directions of Russian Policy in the DPRK after the End of the Cold War*, L. M. Zabrovskaya M .:Maritime University Adm. G. N. Nevelskoy, 2011. 299 p.

Zakharova L.V., *Inter-Korean Economic Relations: From Origins to Contemporality*, M.: IDV RAN, 2014.

Korean Peninsula in Search of Peace and Prosperity. In 2 vols, T. 1.Moscow: IFES RAS, 2019.

Korean Peninsula: History and Modernity. M.: IFES RAS, 2020.

Korea: A Decade of New Opportunities: Papers Presented at XV scientific. Conference of Korean Studies in Russia and CIS countries. M., March 24–25, 2011, Institute of the Far East of the Russian Academy of Sciences, Center for Korean Studies; resp. ed. A. Z. Zhebin. — M.: IDV RAS, 2011.

Nikonov V. A., Toloraya G. D., Vorontsov A. V., *The Korean Peninsula: Challenges and Opportunities for Russia*: M .: Izd-vo MGU,

2011. 75 p.

The Policy of Sanctions: Goals, Strategies, Tools: a Reader, [comp.I. N. Timofeev, T. A. Makhmutov]; Russian International Affairs Council(RIAC). M.: NP RIAC, 2018. 280 p.

Streltsov D. V., *Russia and the Countries of the East in the Post-Bipolar Period*, M.: Aspect Press, 2014. 368.

Tikhonov V. M., *History of Korea. In 2 vols*. T. 2: The twentieth century, Ros. State Humanit. Un-t; *Modern Korea*: M.: Natalis, 2011.

Toloraya G.D., *Asian Neighbors of Russia: Interaction in the Regional Environment: collective monograph*, Toloraya G. D., Trigubenko M. E., Lezhenina T. V. [and etc.]; Moscow: Dashkov i K°, 2016.

Toloraya G.D., *Restless Neighborhood. Problems of the Korean Peninsula and Calls for Russia*, Toloraya G. D., Torkunov A. V., Trigubenko M. E., M .: MGIMO-University, 2015. 346 p.

Toloraya G.D., *At the Eastern Threshold of Russia. Sketches of Korean Politics On-Beginning of the XXI century: Monograph*, G. D. Toloraya - Dashkov and Co., 2019. 530 p.

Toloraya G. D., Trigubenko M. E. *The Korean Peninsula: Challenge for Russian Regional Strategy of the Twenty-First Century*, M.: IE RAN, 2008. 44 p.

Torkunov A. V., Denisov V. I., Lee Vl.F. *Korean Peninsula. Metamorphoses Post-War History*, M.: Olma Media Group, 2008. 560 p.（下斗米監訳、『現代朝鮮の興亡――ロシアから見た朝鮮半島現代史』、明石書店、二〇一三）

Torkunov A. V., *On the Road to the Future* / A. V. Torkunov; ed.-st. A. V. Malgin, A. L. Chechevishnikov. M: Aspect Press, 2010. 476 p.

Torkunov A.V., *Nuclear Tests in the DPRK: Tactical Mistakes and Strategical Problems*. M.: Aspect Press, 2010.

Torkunova A. V., Streltsova D. V. *Transformation of International Relations in Northeast Asia and the national interests of Russia* / Torkunov A. V., Dyachkov I. V., Kireeva A. A. [and others]; edited by A. V. Torkunov, D. V. Streltsov. M.: Aspect Press, 2019.

・英文文献

Armstrong, C. *Tyranny of the Weak*: Studies of the Weatherhead East Asian Institute, Columbia University, Cornell University Press, 2015. 328 p.

Bolton, J. *The Room Where It Happened: A White House Memoir*, Simon & Schuster, 2020. 592 p.

Cha, V. *The Impossible State: North Korea, Past and Future*, 2013. 84p.

Fifield, A. *The Great Successor: The Divinely Perfect Destiny of Brilliant Comrade Kim Jong Un*, Anna Fifield — PublicAffairs, 2019, 25-31p.

Fishma, J. M. *Kim Jong Un: Secretive North Korean Leader* (Gateway Biographies) Jon M. Fishman — Lerner Publications TM, 2019, 48 p.

Haggard, S., Noland, M. *Hard Target: Sanctions, Inducements, and the Case of North Korea*, Stanford University Press, 2017. 344p.

Ku, Y., Lee, I., Woo, J. *Politics in North and South Korea Political Development, Economy, and Foreign Relations*. Routledge, 2017. 246 p.

Kwon Heonik, Chung Byung Ho. *North Korea: Beyond Charismatic Politics*, Rowman & Littlefield Publishers, 2012. 232 p.

Lankov, A. *The Real North Korea: Life and Politics in the Failed Stalinist Utopia*, Oxford University Press, 2014. 336p.

Martin, B. K. *Under the Loving Care of the Fatherly Leader: North Korea and the Kim Dynasty* /St. Martin's Griffin, 2006. 912 p.

Moore G. J. *North Korean Nuclear Operationality: Implications for the Northeast Asian Regional Security and the Nuclear Non-Proliferation Regime*, Stanford University Press, 2011. 320p.

Myers B.R. *The Cleanest Race: How North Koreans See Themselves and Why It Matters*, Melville House, 2010. - 224 pp.

Pak, J. H. *Becoming Kim Jong Un: A Former CIA Officer's Insights into North Korea's Enigmatic Young Dictator*, Ballantine Books, 2020. - 336p.

Panda, A.. *Kim Jong Un and the Bomb: Survival and Deterrence in North Korea,* Kindle Edition, 2020

Park Han S. *North Korea: The Politics of Unconventional Wisdom*, Lynne Rienner Pub, 2005. 193 p.

Park, Kyung-Ae, Snyder, S. *North Korea in Transition: Politics, Economy, and So-Culture*, Rowman & Littlefield Publishers, 2012. - 328 p.

Snyder, S. *South Korea at the Crossroads: Autonomy and Alliance in an Era of Rival Powers*, New York: Columbia University Press, 2018. 145p.

Sweeney, J. *North Korea Undercover: Inside the World's Most Secret State*, Pegasus Books, 2016. 336 p.

Woodward, B. *Rage.*,/ Simon & Schuster, 2020, 480 p

・ロシア語文献

Толорая Г. Д., Азиатские соседи России: взаимодействие в региональной среде: коллективная монография / Толорая Г. Д., Тригубенко М. Е., Леженина Т. В. [и др.]; под редакцией Г. Д. Толорая. — Москва: Дашков и К°, 2016. — 200 стр. — ISBN 978-5-394-02808-3. — Текст: непосредственный. — Гл 7. — С. 122.

Толорая Г. Д., Неспокойное соседство. Проблемы Корейского полуострова и вызовы для России / Толорая Г. Д., Торкунов А. В., Тригубенко М. Е. — М.: МГИМО-Университет, 2015. — 346 с. — ISBN 978-5-9228-1166-8. — Текст: непосредственный.

Толорая Г. Д., У восточного порога России. Эскизы корейской политики на- чала XXI века: Монография / Г. Д. Толорая — Дашков и К°, 2019. — 530 с. — ISBN978-5-394-03142-7. — Текст: непосредственный.

Толорая Г. Д., Тригубенко М. Е., Корейский полуостров: вызов для Российской региональной стратегии XXI века. — М.: ИЭ РАН, 2008. — 44 с. — Текст: непосредственный.

Торкунов А. В., Денисов В. И., Ли Вл.Ф. Корейский полуостров. Метаморфозы послевоенной истории / Торкунов А.В, Денисов В. И., Ли Вл. Ф. — М.: Олма Ме-диа Групп, 2008. — 560 с. — ISBN 978-5-373-02096-1. — Текст: непосредственный.

Торкунов А. В., По дороге в будущее / А. В. Торкунов; ред.-сост. А. В. Мальгин, А. Л. Чечевишников. – М: Аспект Пресс, 2010. — 476 с. — ISBN 9785756706000 –Текст: непосредственный.

Торкунов А. В., Ядерные испытания в КНДР: тактические ошибки и стратеги- ческие проблемы. // По дороге в будущее / А. В. Торкунов; ред.-сост. А. В. Маль- гин, А. Л. Чечевишников. — М.: Аспект Пресс, 2010. — С. 346. — ISBN 978-5-7567-0600-0. — Текст: непосредственный.

Торкунова А. В., Стрельцова Д. В. Трансформация международных отношений в Северо-Восточной Азии и национальные интересы России / Торкунов А. В., Дьячков И. В., Киреева А. А. [и др.]; под редакцией А. В.Торкунова, Д. В.Стрель- цова. — М.: Аспект Пресс, 2019. — С. 273. — ISBN 978-5-7567-1025-0. — Текст: непосредственный.

終わりに

ロシアの最新の学者による朝鮮半島論である本書の強みは、北朝鮮建国に関与したこと、市場改革の経験、民主化の限界、対米関係の推移に関する分析、である。

先ず第一にいえることとは、中国型の北朝鮮改革・開放論が機能しなかったことへの注目である。あまりに巨大となった韓国経済からすれば、北朝鮮の経済優位は、まったく閉ざされ利用できない核・ロケットなど軍産部門に限られよう。旧ソ連・東欧では、しばしば若手党官僚や対外部門にはそれなりのノメンクラトゥーラにも解放・市場経済への強力な支援者があったし、旧ソ連でもエネルギーや鉱物資源民営化をめぐってレントリースを求める支配層の変容がしばしば七〇年代末までに萌芽的に現れていたとすれば、北朝鮮では金主と呼ばれた新資本家も統一と解決に熱心ではなかった。

したがって閉鎖的政治体制、権威主義、ミサイル・核依存といった金正恩体制の本質的特徴は、これからも維持され、南北統一も「一五－二〇年単位ではあり得ない」という本書の指摘を否定することは難しい。それどころか昨年末には統一を断念するという歴史的にみえる決定さえ行った。せいぜい六者協議再開を通じた外交努力に満足せざるを得ない。

主としてウクライナ戦争下でこの本を出す意義、とくにこれから「朝鮮半島シナリオ」、紛争凍結方式がでている。それへの意義を中心に、ソ連崩壊をへた北朝鮮体制の分析がいまの紛争理解にも役立つと思われる。

なお本書の韓国部分については創価大学の江口満教授が、北朝鮮部分や日本語版を含む序文、結語は下斗米が翻訳した。その際、第一七－八章は韓国とロシアの経済関係であるので、了解を得て割愛した。また引用部と文献リストも多くはロシア語文献で特徴的なもの以外は割愛していることをお断りしておきたい。なお、校正段階で共同通信の平壌特派員だった井上智太郎氏からの貴重なコメントを得たことを感謝とともに記したい。出版社の作品社青木誠也氏、編集の労にあたられた閏月社の徳宮峻氏、そして赤羽高樹氏には、お礼の言葉もない。

ウクライナ戦争の早期の停戦をのぞみつつ、二〇二四年二月二四日

下斗米伸夫

[著者紹介]

トルクノフ、アナトーリー・ワシリエヴィチ

1950年生まれ。国際政治学者、政治学博士。モスクワ国際関係大学学長、ロシア科学アカデミー会員、国連代表部で外交官として手腕を発揮。その後外務省付属大学に勤務。

トロラヤ、ゲオルギー・ダビドヴィッチ

1956年生まれ。朝鮮担当外交官の後、東洋学を研究。モスクワ国際関係大学教授。

ディヤチコフ、イリヤ・ウラジミロビッチ

2011年よりモスクワ国際関係大学で日本・朝鮮の研究に従事。

[監訳者紹介]

下斗米伸夫（しもとまい・のぶお）

1948年生まれ。政治学者、法学博士。成蹊大学教授、法政大学教授を経て、現在法政大学名誉教授、神奈川大学特別招聘教授。著書・訳書多数。

[訳者紹介]

江口満（えぐち・みつる）

創価大学文学部卒、ロシア科学アカデミー哲学研究所倫理学研究科倫理学（ロシア）修了。ソビエト国営モスクワ放送アナウンサー兼邦訳者を経て、現在創価大学文学部教授。

Современная Корея. Метаморфозы турбулентных лет (2008 - 2020 гг.)

Автор: Торкунов Анатолий Васильевич,
Толорая Георгий Давидович,
Дьячков Илья Владимирович

Издательство: Просвещение / Олма, 2023 г.

現代コリア、乱気流下の変容
2008－2023

2024年 4月25日　第1刷印刷
2024年 4月30日　第1刷発行

著者――A・V・トルクノフ
G・D・トロラヤ
I・V・ディヤチコフ

監訳者――下斗米伸夫
訳者――江口満　下斗米伸夫

発行者――福田隆雄
発行所――株式会社作品社
〒102-0072 東京都千代田区飯田橋 2-7-4
TEL. 03-3262-9753　FAX. 03-3262-9757
https://www.sakuhinsha.com
振替口座 00160-3-27183

装丁――小川惟久
編集・校正・本文組版――有限会社閏月社
印刷・製本――シナノ印刷株式会社

ISBN978-4-86793-029-8 C0031

スリーパー・エージェント
潜伏工作員
アン・ハーゲドーン　布施由紀子訳

《アメリカ探偵作家クラブ〈エドガー賞〉犯罪実話賞ファイナリスト》。オッペンハイマー率いる核開発計画施設に潜入した〈原爆スパイ〉の秘密！　ソ連はなぜアメリカによる広島・長崎への投下からわずか4年という短期間で原爆を開発できたのか？　その鍵を握るアメリカ生まれの赤軍スパイ、コードネーム＝〈デルマー〉は、いかにして、最高機密取扱資格を得て、〈マンハッタン計画〉に潜入したのか？　米国人ジャーナリストが秘密の生涯に迫る。

ISBN978-4-86793-005-2

ロシア・サイバー侵略
その傾向と対策
スコット・ジャスパー　川村幸城訳

ロシアの逆襲が始まる！　詳細な分析＆豊富な実例、そして教訓から学ぶ最新の対応策。アメリカ・サイバー戦の第一人者による、実際にウクライナで役立った必読書。
「サイバー空間におけるロシアの侵略は、本書で描かれているように、通常の兵器がまだ使われていない時期にすでに始まっていたのです。同じサイバー脅威にさらされている日本の皆さんにもぜひ本書を手に取っていただき、われわれの教訓と脅威への対処法を学んでいただきたいのです。」Dr.コルスンスキー・セルギー駐日ウクライナ特命全権大使 推薦！

ISBN978-4-86182-954-3

軍事大国ロシア
新たな世界戦略と行動原理
小泉悠

復活した“軍事大国”は、21世紀世界をいかに変えようとしているのか？　「多極世界」におけるハイブリッド戦略、大胆な軍改革、準軍事組織、その機構と実力、世界第2位の軍需産業、軍事技術のハイテク化……。話題の軍事評論家による渾身の書き下ろし！

ISBN978-4-86182-580-4